教育部人文社会科学重点研究基地
郑州大学公民教育研究中心研究成果

青年学术丛书·哲学

YOUTH ACADEMIC SERIES·PHILOSOPHY

英国青少年公民教育研究

李 丁 著

人民出版社

责任编辑：武丛伟
封面设计：肖　辉

图书在版编目（CIP）数据

英国青少年公民教育研究 / 李丁　著 . – 北京：人民出版社，2012.5
ISBN 978 – 7 – 01 – 010760 – 8

I. ①英…　II. ①李…　III. ①青少年教育：公民教育–研究–英国
IV. ① D648.3

中国版本图书馆 CIP 数据核字（2012）第 051536 号

英国青少年公民教育研究
YINGGUO QINGSHAONIAN GONGMIN JIAOYU YANJIU

李丁　著

人民出版社 出版发行
（100706　北京朝阳门内大街 166 号）

北京集惠印刷有限责任公司印刷　新华书店经销

2012 年 5 月第 1 版　2012 年 5 月第 1 次印刷
开本：710 毫米 × 1000 毫米 1/16　印张：16.25
字数：250 千字

ISBN 978 – 7 – 01 – 010760 – 8　定价：38.00 元

邮购地址 100706　北京朝阳门内大街 166 号
人民东方图书销售中心　电话（010）65250042　65289539

目　　录

第一章 引 论

　　当代中国正在着手实施和加强公民意识教育、改善未成年人思想政治道德状况、提高青少年思想政治教育的水平和效率。基于当代中国所面临的国内外时代背景，出于对现阶段我国公民教育和青少年思想政治教育的思考，本书希望通过研究和学习英国青少年公民教育的途径，借鉴发达国家先进的公民教育理念和方法，推动新的历史条件下我国青少年公民教育的历史进程。

一、研究背景与意义

　　在当代中国，公民社会和公民教育是社会现代转型和发展的产物，公民社会和公民教育的学术理论研究，是社会文明进步的客观要求，也是社会成员提高自身素质、增进自身福祉的主观愿望。学习英国等西方先进国家科学的公民教育理念和方法，是加强和推进当代中国青少年公民教育的现实需要，具有深刻的时代背景和积极的理论和实践意义。

（一）研究背景

　　在中国特色社会主义理论的指引下，经过 30 多年的改革开放，我国的社会主义现代化事业，特别是在经济发展和物质文明建设方面，已经取得了举世瞩目的伟大成就。2010 年，我国即已超过发达资本主义国家日本，跃升为全球第二大经济体。但与此同时，我们也面临着尽快完善社会主义市场经济体制，稳健地进行政治体制改革，大力建设社会主义政治文明和精神文明的艰巨任务。若在这些方面迟滞不前，改革开放的伟大成就很可能得而复失。

国内学者一般认为，当代中国市场经济体制的完善和政治体制改革的深化，迫切地呼唤着社会主义公民文化。要实现这种艰难的文化转型，当务之急是要借鉴发达国家在实现现代化过程中所积累的宝贵经验，在市场经济和公民社会的孕育发展过程中，将公民文化建设置于国家建设的优先地位。而公民文化建设的根本任务和目标，就是要通过长期、广泛、深入的公民意识教育，培育一代又一代具有现代公民意识的社会主义公民。正是基于理论界的这一共识，2002 年 11 月 8 日，中国共产党第十六次全国代表大会报告提出了"健全民主制度、丰富民主形式，扩大公民有序的政治参与，保证人民依法实行民主参与、民主选举、民主决策、民主管理、民主监督，享有广泛的权利和自由，尊重和保障人权"①，中共十六届三中全会提出了"坚持以人为本，树立全面、协调、可持续的发展观，促进经济社会和人的全面发展"的积极主张。在此基础上，2007 年 10 月 15 日，中国共产党第十七次全国代表大会上又明确地提出了"加强公民意识教育，树立社会主义民主法治、自由平等、公平正义理念"②的主张。

这一重要号召表明，所谓公民意识，其核心就是对"民主法治、自由平等、公平正义"理念的认知。具体说来，它是公民对自身的法律地位和公民身份的自觉认识，包括公民的人格尊严意识、权利意识、自由平等意识、宪法意识、民主法治意识、公民责任意识等。不言而喻，只有全民族普遍地确立起这样的公民意识，并切实付诸负责任的公民行动，我们构建和谐社会的

---

① 江泽民:《全面建设小康社会，开创中国特色社会主义事业新局面》(2002 年 11 月 8 日)，《江泽民文选》，人民出版社 2006 年 8 月第 1 版，第 554 页。

② 胡锦涛:《高举中国特色社会主义伟大旗帜，为夺取全面建设小康社会新胜利而奋斗》，人民出版社 2007 年版，第 30 页。

大目标，才有可能达成。其实，早在 2005 年 2 月，胡锦涛在构建和谐社会省部级干部研讨班上讲话时，就已将"和谐社会"定义为"民主法治、公平正义"的社会，他指出："我们所要建设的和谐社会，应该是民主法治、公平正义、诚信友爱、充满活力、安定有序、人与自然和谐相处的社会。"[1] 由此可见，我们要达成"民主法治、公平正义"的和谐社会的伟大目标，就必须在思想政治领域，普遍地、长期地"加强公民意识教育"，就必须尽快结束过去那种"法治很不完备，也很不受重视"[2] 的状况。因此，不久前颁布的国家中长期教育改革和发展规划，特别规划了当代中国公民教育的发展大计。

国内学者一般认为，要切实有效地搞好全民族的公民教育或公民意识教育，首先"要从娃娃抓起"，也就是从青少年的公民教育抓起。青少年是社会的未来，现在对青少年的教育如何，决定着未来社会的品质和发展方向。要将青少年培养成为合格的社会主义公民，就要从小学、中学乃至大学的公民教育做起。而对青少年实施的公民教育，是最根本的思想政治教育和道德教育。在胡锦涛发出上述号召以后，这一点几乎成为我国教育界的共识。于是，有关公民教育，特别是青少年公民教育的学术研究，也越来越受到国内理论界和教育界的强烈关注。

温家宝曾经指出，民主、法治、自由、人权、平等、博爱，这不是资本主义所特有的，这是整个世界在漫长的历史过程中共同形成的文明成果，也是人类共同追求的价值观。[3] 同样可以认为，提倡"民主法治、自由平等、公平正义"的公民意识教育，也"不是资本主义所特有的"，社会主义社会也应该如此，更何况"公平正义也是社会主义制度的首要价值"。因此，立足于中国的特殊国情和现实需要，借鉴发达国家卓有成效的青少年公民教育

[1]　胡锦涛：《在构建和谐社会省部级干部研讨班上的讲话》，《人民日报》2005 年 2 月 20 日。
[2]　《邓小平文选》第 1 卷，人民出版社 1994 年 10 月第 2 版，第 332 页。
[3]　http://www.news.163.com/07/0316/12/39N4HH3H0001124J.html.

之理论成果和实践经验，必然是也应该是我国青少年公民教育的正确方向。

正是在这一大背景下，本书以"英国青少年公民教育"为主题，旨在通过比较全面系统的研究、分析和总结，阐明英国青少年公民教育的成就和问题，以为我国青少年公民教育的顺利开展提供经验和借鉴。

（二）研究意义

"公民"概念本身和"公民教育"、"公民教育学"、"公民学"之类概念均源自于西方文明。自西方的文艺复兴之后，随着市民社会的兴起，古希腊时代的"公民"概念得以复兴，"公民教育"遂成为伦理学、政治学和教育学的重要范畴；随着现代文明和人文社会科学的发展，"公民教育学"、"公民学"在西方发达国家早已发展成为独立、成熟的学科或研究领域，从学理上为西方的公民文化建设和公民教育（包括青少年公民教育、学校公民教育）提供了坚实的理论支撑。

早在20世纪的二三十年代，"公民教育"和"公民学"之类概念就已传入我国，学术界就已着手相关的学术研究，政府部门也相应地颁布了《小学公民课程纲要》和《初级中学公民学课程纲要》等，在中小学开始实施公民教育。但新中国成立以后，由于特殊的历史原因，"公民教育"概念曾长期地为"德育"、"思想政治教育"所取代。直至1985年，中共中央发布《关于改革学校思想品德和政治理论课程教学的通知》，决定在初中开设公民课程。从此，"公民教育"开始引起重视。自20世纪90年代以来，特别是自中共中央2001年颁布《公民道德建设实施纲要》以来，"公民道德建设"、"公民教育"，特别是"学校公民教育"的重要性和迫切性日益彰显，并有学者编著了《公民读本》、《新公民读本》等公民教育类教材，促进了公民教育在一些中小学校的实施。

但是，从整体上看，我国目前的"公民教育"研究，无论是理论层面的，还是应用或实践层面的，都同发达国家存在较大的差距。就公民教育的应用而言，各级各类学校公民教育的目标和内容为何？途径和方法为何？

如何在课程和活动两方面实施有效的公民教育？其教育效果如何评价？在整个教育系统，如何建构科学的、系统的、相互衔接的公民教育体系？本书将在深入探讨英国学校公民教育的基础上，对所有这些问题给出探索性回答。

本书研究的意义有如下几个方面：

第一，有助于深化我国公民教育的理论研究，为构建中国特色社会主义公民教育学提供一些参考。在英国，由政府主导实施的青少年公民教育，尽管时间并不太长，但长期以来在改进青少年教育措施、提升教育理念等方面却经历了一个相当长的积极探索过程。数百年来英国在自觉的教育改革和实践中所取得的有益经验，而今已经成为当代英国公民教育的重要理论基础。相比之下，我国关于公民教育的理论研究和实践探索，却相对短暂和有限得多。主要由于传统历史文化中的局限性因素的作用和近现代中国社会发展中的曲折遭遇的影响，中国对公民的理解与在公民教育方面的实践和研究，可以说仍然处于艰难的起步阶段。显然，英国在这些领域所进行的可贵探索，对于我们一定具有积极的参考和借鉴价值。

第二，有助于推动我国青少年公民教育，特别是学校公民教育的整体实施。公民教育乃是国家和社会有意识地培养爱国明礼、遵纪守法、勤奋敬业、团结合作、开放包容、务实求是以及身心健康的积极社会成员的心智塑造活动。学习和借鉴国外先进的教育育人理念和正确有效的科学方法与形式，对于推进、加强和改善我国公民教育的质量和水平，具有很强的现实意义。

第三，有助于增强我国坚持实施公民教育的决心和信念，加强发展公民社会、改进和提高公民教育质量的勇气和动力。英国公民教育的全面振兴至今不过才十来年，而英国进行教育的制度性改革和积极的实践探索却要追溯于久远的中世纪。上千年来的教育革新和探索的努力，足以表明英国改善和加强民族教育的理念和信念、勇气和毅力。从 20 世纪最后的二三十年开始至今，英国人一旦对公民教育有了深刻的认识，便确立了明确的发展目标和任务，树立了坚强的决心和意志。自1998年《科瑞克报告》(*Crick Report*)发表和21世纪初工党政府首次将公民教育课程纳入国家课程体系以来，英国实施和改善青少年公民教育的决心和信念就不曾有过动摇。对于人类实践而言，深刻的科学认识、坚强的意志和毅力、远大而明确的抱负和规划、坚定的决心和信念，是所有实践活动的动力和精神支撑。对于我国而言，从英国教育改革和发展公民教育的具体实践中获得启示和借鉴，以提高我国对发展和建设公民社会、实施和改善公民教育的深刻认识，坚定推行公民教育的信念和信心，其必要性和重要性是显而易见的。

第四，有助于推进和拓展对外开放，促进多领域、深层次的世界文明的积极交流与合作。我国开始于20世纪70年代末的改革开放运动，实际上是一场有历史起点却永无终结的社会发展运动，它涵括社会生活的各个领域、各个方面和各个环节，是有先有后、有浅有深、有多有少而逐步推进和展开的社会自我改造运动。公民教育是文化和教育领域的实践活动，但它同经济、政治、社会等其他各方面有着密切的内在关联。因此，公民教育领域的国际性交流与合作，既是其他方面的开放和交流所不断推动的产物，也是加大开放力度、拓展开放领域的体现，还是促进和扩大对外开放的重要力量。学习和研究、借鉴和运用英国青少年公民教育的积极经验，表明我国的对外开放已经从改造自然世界的领域拓展延伸到改造人和塑造人的领域。毋庸置疑，这一拓展和延伸，将由于对人的认识的改变而强化我国在其他有关领域的对外开放，并将有可能从认识的深层次上提高国人对改革开放的思维水平。

第五，有助于促进中英外交关系的进一步发展，推动两国资源的相互借重与整合。英国是老牌的资本主义强国，在世界民族国家体系和资本主义体系中一直保持着强国地位。中国长期以来十分重视对英国的外交关系，尤其注重同英国在文化教育方面的友好合作与交流。学习和研究、借鉴和运用英国公民教育的积极经验，是中英文化教育互动的重要内容，具有前沿性、前瞻性和开拓性。在这一层面上的友好交流与合作，对两国传统的教育合作和交流既有改造和提升的意义，同时又是该领域深化和拓展合作交流的积极尝试与探索。

第六，尤其有助于改善和提高我国教育改革的理念和教育实践的素质与水平，增强自主地进行公民教育的能力。中国教育有着自身悠久的历史和厚重的历史文化传统，但教育理念和实践指导思想还存在着一定的局限性。长期以来，广大青少年一直是作为"小写的人"而成为教育客体的。这和西方的"人本价值观"有着重大的区别。在当代，英国公民教育的核心价值观和精神理念处处彰显着儿童青少年在整个公民教育体系和过程中的"大写"地位。尽管，英国公民教育的这一价值理念无法根本地为资本主义制度所践履，但对中国的借鉴意义却是显而易见的，但就其表现的形式而言仍然是值得我们深思和借鉴的重要因素。

第七，有助于通过发展公民社会、塑造合格和优秀公民、提高全民族公民素养和德性、促进和发展社会和谐、实现持续的又好又快的科学发展。公民教育的根本任务在于培育和塑造积极健康的公民灵魂，造就合格和优秀公民，公民教育研究的根本任务在于指导符合中国发展要求的公民教育的实践。而向英国等发达国家学习先进的公民教育理念和方法，正是出于建构科学的中国公民教育体系、指导和推动正确的中国公民教育的实施的考虑。当代英国的青少年公民教育立足于改善儿童、青少年的现实状况，着眼于个体和国家未来发展的战略利益，通过帮助未成年人自身的健康成长，保持在世界体系中的强国地位和实现社会良性运行的根本利益。它重视国家精神的凝聚和感召，强调社会的团结和包容；它推崇法治和高尚道德的宣传教育和参与训练，珍视人权和人格的德性修养。英国青少年公民教育将西方的现代精神和理念植于自身体系之中，成为主导和指引理论研究与实践活动的动力和灯塔，并通过理论研究、政策研制、实践贯彻予以体现。从理论和方法上，为我国进行公民意识教育和青少年思想政治教育提供了良好的范例，值得我们客观地加以研究和有的放矢地吸收与借鉴。

二、研究概况与文献综述

（一）当今世界公民教育研究之概览

当代世界的公民教育研究，随着20世纪80年代以来各国公民教育蓬勃开展而呈现出学术繁荣景象。由于政治、经济、文化等社会因素的制约和影响，公民教育的理论研究以欧美发达国家最为活跃；随着全球化趋势的日益加强和世界民主化潮流的日益扩张，国际合作研究和交流也在朝纵深发展。从发展的角度看，各国由于社会发展阶段的不同任务和特点，出现过不同的思潮和学派　较早时期的公民教育研究，可谓自由主义公民观的一统天下；随后则因公民共和主义与社群主义学说的影响，而较重视文化同质和政治忠诚的研究，以"个体在政治结构和制度系统中的地位问题"为讨论重点。20世纪60年代末，西方国家的民权运动、妇女解放运动、"新左派"学生运动风起云涌，引发了公民教育研究的热潮。价值澄清模式、理性构建模式、道德认知发展模式等学说的提出，使公民教育朝学科化方向发展，理论构建逐步完善。但是受同时期理性主义和科学主义的影响，公民教育以实证研究为主，更多地采取了统计法、数据分析法、逻辑推理法等。这一时期的公民教育研究过分追求量化，出现学院式倾向，和公民教育的社会性、应用性、实践性的本质有所背离。20世纪80年代至今，由于社会科学和人文学科的蓬勃发展，世界民主化运动在全球化浪潮之中碰撞交融，各国公民教育研究获得了新的生机与活力，其研究内容日益丰富和广泛。同时，心理学、政治学、教育学、社会学等学科在公民教育领域的融合和交流不断加强，形成新时代公民教育学科发展的新趋势。随着人类面临的由于过度工业化和不健康的生活与消费模式而衍生的全球性问题日益严重，世界各国的公民教育开始倍加重视公民素质中的科学精神、人文品质、价值取向等现代性因素的培养。这些方面的学术研究的现实化倾向极其明显。进入 21 世纪以来，世界各国爱好民主自由、追求公平正义的广大人民，十分珍视各自在政治、经济和文化等方面的公民权益，随着全球性的文化交流与融合的深化，文化多元主义逐渐成为时代潮流。与此相适应，公民教育的理论研究也呈现出多元化的发展趋势。

在当今世界的公民教育研究领域，出现了不少具有重大影响的国际性组织，比如联合国教科文组织"国际教育局"、"国际教育成就评估协会"（IEA），等等。联合国教科文组织"国际教育局"在世界公民教育研究方面发挥着重要作用。该组织于 1994 年主导了《以合适的教育培养合适的公民》的研究项目，对包括英国在内的 36 个国家的公民教育状况开展了调查。其目的是要通过建立起有效而适用的公民教育课程和教学方法，帮助世界各国完善公民教育的实施办法。1996 年至 1997 年，另一国际性组织"国际教育成就评估协会"（IEA）也开展了一系列公民教育国际性比较研究，对 24 个国家开展了关于公民教育背景、内容及过程等方面的调研，对一些具有共性的结构性问题进行研究，并出版了《各国公民教育：IEA 公民教育计划的 24 国案例研究》。1999 年，该协会又对 28 个国家和地区的 9 万名 14 岁学生进行了调查，目的是要了解调查对象的公民知识和公民行为状况，并于 2001 年出版了《28 国的公民资格与教育：14 岁儿童的公民知识与参与》。此后，该组织每隔几年都会出版多国公民教育调查的相关研究成果，为世界各国的公民教育研究者提供有价值的数据和资料。[①] 还有许多著名的研究者推出了许多有影响的专著，例如美国学者加布里埃尔·亚伯拉罕·阿尔蒙德和西德尼·维巴合著的《公民文化——五个国家的政治态度和民主制》，在对美国、英国、德国、意大利和墨西哥 5 国居民的基本政治态度进行大规模抽

---

① 参见姬振旗：《二十世纪八十年代以来的英国中小学公民教育研究》，河北师范大学 2007 年博士论文。

样调查的基础上，对五国的政治文化的模式和特征进行了比较研究。此外，再如 O. 埃奇拉弗（Orit Ichilov）主编的《变化中的世界之公民和公民教育》（*Citizenship and Citizenship Education in a Changing World*）、K.J. 肯尼迪（Kirry J.Kenedy）主编的《公民教育和现代国家》（*Citizenship Education and the Modern State*），对包括英国在内的若干国家公民教育进行了深入研究。

（二）中英两国对英国公民教育之研究的总体状况

1. 英国学者的英国公民教育研究

当代英国学者在研究本国的公民教育时，对"公民"等基本概念作出了新时代的阐释。1998 年发表的著名的《科瑞克报告》（Crick Report）对公民概念作了比较权威的界定。以此为基础，英国学者对公民身份和资格等问题也进行了大量探析。其中，D. 希特（Derek Heater）于 2004 年编著的《公民教育的历史》（*A History of Education for Citizenship*），梳理了英国 18 世纪到 20 世纪的公民教育，指出了英国公民教育发展的迟滞性，同时探讨了英美等西方国家公民教育的发展历程；D. 劳顿（Denis Lawton）于 2000 年编著的《公民教育的背景概览》（*Overview: Citizenship Education in Context*），研究了英国政府 20 世纪公民教育的有关报告和文件；J. 哈里斯（Jose Harris）于 2004 年编著的《国籍、权利和美德：实现大不列颠公民资格的若干途径》（*Nationality, Rights and Virtue: Some Approaches to Citizenship in Great Britain*）考察了英国公民身份、公民资格的变迁史，展现了各个时期"好公民"的政治与社会标准。此外，安迪·格林 2004 年编著的《教育与国家形成：英、法、美教育体系起源之比较》，通过对英、法、美教育体系的比较研究，揭示出阶级、政党、宗教以及政府干预等因素对英国教育的特殊影响。遗憾的是，这些研究并未着力探讨英国公民教育发展缓慢的历史缘由。

值得注意的是，英国伯明翰大学公民教育研究中心（CitizED）是英国现今最具代表性的专业性学术团体，在推进当代英国的公民教育研究方面，发挥着重要的带头和组织作用。该中心成立 8 年以来，一直倡导公民教育的国际合作和交流，其所组织的国际性学术论坛，适应公民教育全球化的发展趋势，通过每年由"会员国"轮流举办学术交流研讨会的形式，广泛吸纳世界各国的公民教育界人士，对世界各国公民教育的研究和实践发挥着积极作用。该中心多年来的国际性学术活动，吸引了包括中国大陆、香港、澳门和台湾地区在内的各国各地区的公民教育理论工作者和实际工作者，以中小学教师、大学教授、公民教育研究生为主，他们的兴趣多数集中在中小学乃至幼儿公民教育的技术性研究方面，以道德教育和宗教教育为鲜明特色。透过这一窗口，既能了解英国公民教育的现状、前景和挑战，也可窥见其他许多国家的公民教育研究的发展水平。

2. 中国学者的英国公民教育研究

最近十多年来，我们中国学者开始关注英国公民教育问题。2000 年，褚宏启发表《教育现代化的路径》，对英国教育现代化渐进式发展的历史成因作了分析；2003 年，陈鸿莹的《英国公民教育简述》对英国公民教育的发展历程、渐进性和矛盾性特质进行了系统分析；同年，蒋一之的《英国公民教育的历史变革与现状分析》对英国公民教育的历史阶段性和改革自觉性作了分析和说明。此外，还有冯周卓和付泉平的《公民权责教育：英国公民教育的新动向》、吴雪萍和张程的《促进社会和谐的英国公民教育》等论著，都从各自研究的侧面对英国公民教育作了局部领域的探讨。

（三）中英两国学者关于英国学校公民教育的研究

英国学者的研究主要围绕学校的课程计划、指导方针、调查数据以及相关政策展开。资格与课程官方网站（http://www.qca.org.uk/curriculum）、国家课程在线网站（http://www.nc.uk.net）、国家课程行动网站（http://www.ncaction.org.uk）是提供英国公民教育研究文献资料和信息的主要网站。这些网站近年来推出了一批重要的公民教育理论家，主要有 B. 科瑞克（Bernard Crick）、D. 克尔（David Kerr）、D. 希特（Derek Heater）等人。国家教育基金会（NFER）、教育标准监督局（OFSTED）、社会服务志愿者组织（CSV）等权威性组织和团体推出了一大批学术成果，多见于《牛津教育评论》（*Oxford Review of Education*）、《公民研究》（*Citizenship Studies*）以及其他哲学、社会学、宗教学、政治学、教育学等学科的专业杂志中。在当前所有关于英国公民教育研究的文献资料中，前面提到的《科瑞克报告》比较具有代表性和权威性，为公民教育研究者以及政府和教育机构所广泛关注。

在中国，陈光辉、詹栋梁的《各国公民教育》，秦树理主编的《国外公民教育概览》，吴文侃主编的《中小学公民素质教育国际比较》，蓝维等主编的《公民教育：理论、历史与实践探索》，唐克军的《比较公民教育》，以及台湾学者张秀雄主编的《各国公民教育》等，都不同程度地涉及英国公民教育问题。鉴于英国《1988 年教育法》明确了公民教育在国家课程中的地位，又于 2002 年开始在学校开设专门的公民教育课程，学校公民教育因此成为 20 世纪 80 年代以来英国公民教育研究的一个热点。相应地，对英国中小学公民教育的研究，也成为我国学术界的热点问题。为"洋为中用"而比较研究的范式，是我国学术界研究英国中小学公民教育的一大特色。

1. 关于英国中小学公民教育的课程内容

台湾学者张秀雄认为它涵盖了个人生活、社会生活、道德生活和精神生活四大层面；大陆学者陈光辉和詹栋梁则将之概括为宗教教育、道德教育和民主教育三方面。[①] 另一位大陆学者秦树理将之归纳为：（1）社会与道德责任；（2）社区参与（参与到学校社团、地方社区和全球社会生活中去）；（3）政治意识。[②] 另外，还有人指出，英国学校公民教育还重视对学生进行政治、生活、历史等常识教育，以帮助其适应社会客观要求和实际生活；第二次世界大战后甚至提出培养"世界公民"的主张，因而第三世界发展研究、

---

① 陈光辉、詹栋梁主编：《各国公民教育》，台北：水牛出版社 1998 年版，第 146—154 页。

② 秦树理：《国外公民教育概览》，郑州大学出版社 2005 年版，第 21、11 页。

多元文化研究、环境教育、人权教育等，早已被列为英国学校公民教育的必备要素。①

2. 关于英国中小学公民教育的实施方法

学者们主要持五种观点，认为：（1）实施策略有课程安排、教学策略、班级经营、行政措施和宗教教育五个方面；②（2）主要采用学科渗透的方式进行，并采用一些参与和互动的公民教育方法，如讨论师生共同感兴趣的问题，讨论有争议的问题，参与实际的选举活动，开展网络在线讨论等；③（3）实施方法以公民科和历史科为专门课程，以宗教教育和道德教育为主要手段，以"个人、社会与健康教育"为辅助课程；④（4）采取从学科渗透到专门教学与多种方式相结合的方法，即传统上主要是学科渗透法，公民科成为法定的国家课程之后，除公民科之外，还有其他一系列不同的形式，在校内可以借助其他学科进行，在校外可以通过参与地方社区的活动来进行；⑤（5）将学校课堂教育同社区活动教育相结合。⑥

3. 关于英国学校青少年公民教育的特点

有学者研究出三大特点：一是贯穿以人为本和人的发展精神于公民教育之中，而且相当重视儿童阶段人的发展的教育；二是十分重视"公民（培训）学校"的建设，将公民参与和培养未来社会合格和理想公民的目标置于重要地位；三是重视自由平等和民主人权教育，强调学校、家庭、社区各方面的协调互动。例如 T. 亚历山大（Titus Alexander）编著的《公民学校：公民教育和个人发展的实践指南》（*Citizenship Schools : A practical guide to ed-*

---

① 蒋一之：《英国公民教育的历史变革与现状分析》，《外国教育研究》2003 年第 11 期，第 37—41 页。

② 张秀雄主编：《各国公民教育》，台北：师大书苑 1996 年版，第 96 页。

③ 秦树理：《国外公民教育概览》，郑州大学出版社 2005 年版，第 22—24 页。

④ 高峰：《公民教育在英国》，《上海教育》2004 年第 12 期（B），第 60—61 页。

⑤ 蒋一之：《英国公民教育的历史变革与现状分析》，《外国教育研究》2003 年第 11 期，第 37—41 页。

⑥ 陈鸿莹：《英国公民教育简述》，《外国教育研究》2003 年第 9 期，第 37—41 页。

ucation for citizenship and personal development），C. 卡特（Charlotte Carter）等合著的《学会参与：人权、公民权和社区发展》（Learning to Participate: Human Rights, Citizenship and Development in the Local Community），以及由布莱克苇尔出版公司（Blackwell Publishes）于 1996 年出版的《教育与人的发展手册：学习、教学与教育的新模式》（The Handbook of Education and Human Development: New Models of Learning, Teaching and Schooling），都充分地阐述了上述特点。此外，在笔者看来，重视爱国主义的公民教育，也是英国学者所强调的学校公民教育的一大特点，例如 B. 海恩斯（Bruce Haynes）主编的《爱国主义和公民教育》（Patriotism and Citizenship Education）就是证明。

（四）中国大陆学者研究英国青少年公民教育的主要成果

中国大陆学者对英国青少年公民教育的研究迄今为止仍以期刊论文或学位论文为主，尚未见到研究性专著。期刊论文主要有：郑航的《英国中小学公民教育的发展及其特点》（《外国中小学教育》，2000 年），唐霞的《浅析国际视野下的英国中小学民主公民教育》，高峰的《英国学校公民教育新解》（《首都师范大学学报》，2007 年），顾瑶韵的《英国中小学媒介素养教育述评》（《外国教育研究》，2008 年），杨燕的《英国中小学公民教育管窥》（《江西教育》，2008 年），姬振旗的《英国中小学公民教育问题探析》（《外国教育研究》，2008 年），吕耀中的《英国学校公民教育新举措》（《当代教育科学》，2009 年），钱扑、李明丽的《中英公民教育教材比较研究》（《教育科学》，2009 年），楚琳的《当前英国国家课程体系中的中小学道德教育内容及特点》（《学术研究》，2009 年），等等。学位论文中较有影响的有：2007 年海南师范大学乌兰的硕士论文《英国中小学公民教育研究》，2007 年河北师范大学姬振旗的博士论文《20 世纪 80 年代以来英国中小学公民教育研究》等约十多篇。

值得注意的是，2002 年 7 月问世的全国教育科学"九五"规划教育部重点课题之一的研究成果《比较教育论丛：中小学公民素质教育的国际比较》，从中小学公民教育国际比较研究的视野，介绍了英国中小学公民素质教育的传统与变革、现状与特点、问题与对策。该书由国内 12 位专家学者以及一位英国资深教授共同编撰。其主要观点是：尽管各国的历史传统、政治经济发展状况各不相同，中小学公民素质教育的发展目标、改革内容各有差异，但也存在一些共同的特点和发展趋势，各国所积累的一些基本经验具有很强的共性，例如：（1）调整培养目标，以适应新世纪对公民素质的要求；（2）改革课程结构，全面提高中小学生的公民素质；（3）采用多种形式，全方位地实施中小学公民素质教育；（4）改进教学方法，有效地实施中小学公民素质教育。关于我国中小学公民素质教育问题，该书认为，应当发扬优良传统，借鉴国际经验，全面推进中国特色的中小学公民素质教育；并提出以下建议：（1）明确中小学公民素质教育的性质与目标导向；（2）形成以公民道德教育为核心、全面发展的公民素质教育模式；（3）营造推进公民素质教育的社会环境。

三、本书结构、研究方法与创新之处

（一）基本结构与研究方法

1. 基本结构

本书分为六个部分，分述如下：

第一章为"引论"，阐述本项研究之背景与意义，概述英国公民教育，特别是英国青少年公民教育之研究现状与论著文献，介绍本书的基本结构和研究方法以及可能作出的突破与创新。

第二章，论述英国青少年公民教育的社会历史文化条件和思想理论基础，及其历史上、现实中的总体曲折过程和未来的发展趋势，并揭示其在漫长的历史进程中所形成的鲜明特色。

从第三章到第五章，分别介绍英国青少年公民教育的目标与内容、主体与客体以及实施与管理，以系统的观点阐述这些要素之间的联系。

第三章，从历史演变的视角对英国青少年公民教育的目标和内容进行深入分析和阐释，并对英国青少年公民教育将公民性及其培养作为重要目标与核心内容作介绍和论述，以揭示英国青少年公民教育目标和内容以及公民性内涵的科学性及其重要价值。

第四章，介绍英国青少年公民教育的主体与客体及相互关系。在本章中，师资和公民学校分别被作为一种十分重要的和新型的主体加以分析。

第五章，从内涵与外延的角度对英国青少年公民教育的课程和教学、管理和评价、保障和支持等具体实施情况进行介绍，从而使前两章的内容更加具体化、明晰化；特别是从外延（即保障与支持）的角度，为英国青少年公民教育内涵的深入提供重要补充，使对英国青少年公民教育的论述更加充实。同时，本章还重点介绍英国青少年公民教育在培养广大青少年公民性这一问题上的作为，以凸显公民性培养的特点。

第六章，介绍英国青少年公民教育的改革。本章以《科瑞克报告》为界限，以介绍英国历史上和当代重大教育改革的历程为主线，从历史、现实与未来相统一的立场，指出近年来数届英国政府的改革措施对英国青少年公民教育的可持续发展提供了动力。本章照应第一章的论述，体现出英国青少年公民教育在历史中孕育、在改革中前进的内在逻辑。

第七章，对英国青少年公民教育的成就和经验、问题和教训进行归纳和总结，并对其根由作出分析。

最后的结论部分基于前面各章，特别是第六章的论述和分析，着重阐述了我国现阶段以社会主义核心价值观体系为灵魂、以国家中长期教育改革和发展规划纲要（2010—2020 年）中关于公民教育的精神为指导，进一步完善学校思想政治课的理念和方法，提出了加强和改善我国青少年思想政治教育的若干对策。

2. 研究方法

本书主要采用：（1）文献整理分析研究法；（2）实地调查实证研究法；（3）比较研究法；等等。

（二）主要观点与可能的学术创新

如前所述，对于英国的青少年公民教育，国内外学术界成果卓著，为本书更为全面、系统的研究提供了文献资源条件和可资借鉴的研究方法。

但是，现有的国内研究成果，在有关中小学公民教育的论述方面，尚缺乏公民教育学科内在的整体性关联，本应凸显的人的发展的核心价值取向不够清晰。本书的重点在于揭示英国青少年公民教育的发展规律，阐明英国青少年公民教育培养公民性的科学理念和有效方法，以资我国的青少年公民教育之借鉴。对青少年公民教育的准确界定，对大中小学校公民教育的区分和衔接关系的把握与表述，对中英青少年公民教育基于国情差异而进行的借鉴和交流的意义等，都是本书要努力解决的难点问题。

1. 主要观点

第一，英国青少年公民教育的几点经验：（1）英国在历史上和现实中之所以能一直保持世界强国的地位，同长期以来英国青少年公民教育的稳定实效性所带来的较高的国民素质、较强的公民文化软实力是密切不可分的；（2）英国青少年公民教育以培养青少年的现代公民性为第一目标，极有利于每一位公民确立起崇高的民族精神、虔诚的宗教信仰、民主法治素养、自由平等理念、公平正义品质和权利义务意识；（3）以学校为主渠道，社会各方面相互配合、相互支持，这是英国青少年公民教育的主要途径；（4）课堂教学、参与训练相结合，是学校公民教育的重要形式；（5）不断完善课程体系、修缮教学计划、优化教学资源、改进教材编订，成为学校公民教育的重要经验。

第二，英国青少年公民教育对我们的几点启示：（1）坚信对青少年的公民教育才是培养人才之本，要大力推行和发展对全国青少年的现代公民教育，以培养现代公民性为第一目标；（2）珍视民族精神的凝聚力和教育感化作用，重视社会主义核心价值体系在公民教育中的主导地位，造就中国特色社会主义的合格公民；（3）尽快全面地实施学校公民教育，把它作为学校思想政治教育的核心任务，使理想信念教育、思想道德教育、公民意识教育、公民技能训练等相互渗透、相互融通。这几点都是我们既往的青少年教育所未曾做或未做好的，必须引以为戒！

2. 创新观点

一、本书研究各级学校未成年公民教育，还对成人青年的继续教育给予了关注，将整个的儿童青少年作为整体对象加以考虑。二、本书以事实为根据，史论结合，论从史出，引出可资借鉴之经验；同时以时间为经、要素和国别为纬，纵有梳理，横有交叠，以此呈现英国青少年公民教育的整体概貌。三、本书以英国、中国、世界相关联之视角，既有纵的历史回顾，横的国别比较，又置于全球化的场域之中。四、本书既有对已有公民教育理论的继承和借鉴，又有自己的思考和阐发；既有对英国有益经验的借鉴吸收，又有超越英国狭隘经验的创新观念，显示出一定的学术勇气。五、本书将"公民性"概念引入公民教育的研究视阈；将公仆教育和公民意识教育的结合呈现于结论之中；以图解表达对相关概念和理论的理解与阐释，体现了一定的学术创新精神。六、出于叙述和表达之需，本书设计和利用了相应插图与现场图片，或可激起读者的阅读兴趣。所有这些，或可说是本书的特色，也是可能的创新观点之所由来。

第二章　英国青少年公民教育的进程与特色

在英国青少年公民教育发育和成长的历史上，1642 年霍布斯出版了他的《论公民》，较早地对公民问题进行了研究；1765 年，英国化学家兼牧师约瑟夫·普里斯特利（Joseph Priestly）发表了《论一种旨在文明而积极生活的自由教育课程》（*Essay on a Course of Liberal Education*）一文，该文被认为是推行公民教育的最早意见；①1935 年、1939 年、1947 年英国公民教育协会先后出版了《中学公民教育》、《小学公民教育》、《学校生活中的民主》（*Democracy in School Life*），分别阐述了公民教育的含义、目的以及在中小学的实施途径，并主张以培养民主社会中的健全人格为公民教育的目标；1949 年，T. H. 马歇尔在伦敦经济学院发表了关于"公民权与社会阶级"（Citizenship and Social Class）的演讲，② 极大地推动了英国社会对公民和公民教育问题的研究，也为英国社会对公民教育的实践探索提供了动力。随着 1998 年《科瑞克报告》的发表，英国青少年公民教育进入到了由国家统一规划实施的阶段。这一结果得益于长期以来英国国内外有利的客观历史条

①　18 世纪后半叶，法国兴起了把公民教育纳入国家教育系统的思想。约瑟夫·普里斯特利是受此影响而提出他的主张的。

②　该著作通常被看做马歇尔基于英国历史和经验对福利国家起源的探究，而他所提出的"社会权利"则为福利国家的建立提供了重要理论根据。这种观点在社会福利和社会政策研究中已得到广泛认可。参见钱宁：《从人道主义到公民权利——现代社会福利政治道德观念的历史演变》，《社会学研究》2004 年第 1 期；郑秉文：《社会权利：现代福利国家模式的起源与诠释》，《山东大学学报》（哲社版）2005 年第 2 期。

件，并显示出英国青少年公民教育的鲜明特色。经过漫长、曲折而艰辛的探索，英国青少年公民教育的目标和内容逐渐明朗鲜明起来，为振兴后的具体实施准备了条件。

第一节　英国青少年公民教育发育生长的条件

英国青少年公民教育于 20 世纪末由国家实行统一规划实施，实现了振兴。这一振兴，是在特有的历史条件的推动下实现的，也是在西方公民理论的启发和指导下实现的。

一、思想文化条件

"公民"和"公民教育"概念最早萌生于古代希腊和罗马的政治哲学家们的思想，肇始于先哲们对人类公平正义秩序的思考与探寻。而后来任何一个国家和地区的公民教育思想，不过是人类始于古代希腊和罗马的政治哲学发展史的一个特殊阶段而已。因而，论述包括英国在内的公民教育，需要探讨各个主要历史时期的各种主要思想和文化。

（一）思想启蒙

在欧洲历史上，古代希腊罗马的政治哲学思想、中世纪末期文艺复兴运动的人文主义思想、近代欧洲启蒙运动的资本主义民主政治思想，作为本质上一脉相承的思想体系对欧洲文明的成熟、延续和发展均起着重要的奠基作用。英国公民教育的实践和理论自然也是这一思想体系历史地发挥作用的结果。英国本土的政治思想家们长期坚韧的探索所闪烁出的思想理论成果，则是直接促进英国公民政治和公民教育孕育和成长的智慧之光。

1. 古典政治思想的启迪

欧洲的政治哲学思想，源于古代希腊和罗马。在古代希腊，公民对于城邦是最基本的要素，"公民"（polites）一词即源于"城邦"（polis），意指"属于城邦的人"。因而，古代希腊的政治哲学思想自始就"具有鲜明的公民学的性质"①。这一时期的希腊人留给后人的政治思想遗产，是人类思想进步和理论探索的基础。

古代欧洲，特别是古代希腊的文明，主要体现于《荷马史诗》所歌颂的英雄主义以及为维持共同体生活秩序并实现和保持繁荣与安定而需要的自觉集体意识。这里，人们鉴于不得不处理"大我"和"小我"之间的对立和冲突，故此产生了"节制"与"隐忍"的美德昭示。这种客观上的事实状态和主观上的意识自觉，显然推动和引导着古代希腊政治哲学的诞生。而古代希腊随后对荷马英雄主义世界观的反省，恰恰就是古代希腊社会哲学萌芽的标志。②

《荷马史诗》之后，公元前 8 世纪至前 5 世纪，是古代希腊雅典政治思想兴起和繁荣的时期。③这一时期，城邦社会和生活的现实，时时处处启示着人们对于"竞争"与"合作"、"自然"与"律法"、"公平"与"正义"、"美德"与"至善"、"克制"与"奉献"的考辨与神往。这些属于人类真正的美德和品性的东西，亦开始成为人们"客观、谦虚地无止境地探求"的"理性之光"。其间，在整个希腊雅典社会，普遍的国家情怀、城邦共同体的归属认同以及公民的责任义务意识开始形成，并有力地推动着城邦国家的和谐与稳定、繁荣与发展，同时也提升着人们的心灵境界与思维素养。而与此同时，思想家们则开始对这些普遍存在于生活秩序之中的诸多问题付诸理论思考，提出了许多具有奠基意义的政治哲学观点。泰勒斯（Tales, 约公元前 624 年—前 547 年）首先提出"城邦是自然界的一部分"，德谟克利特（Democritus, 约公元前 460 年—前 370 年）继而认为人类社会是物质世界的

---

① 许耀桐:《西方政治学史》，外语教学与研究出版社 2009 年 9 月第 1 版，第 9 页。

② 参见陈思贤:《西洋政治思想史》（古典世界篇），吉林出版集团有限责任公司 2008 年 8 月第 1 版，第 34 页。

③ 黄俊杰:《古希腊城邦与民主政治》（台北：学生书局 1981 年版），第 2—22 页。参见陈思贤:《西洋政治思想史》（古典世界篇），吉林出版集团有限责任公司 2008 年 8 月第 1 版，第 70 页。

有机组成部分，并强调公益高于私利、国家高于个人，认为国家善治，必成为公民"最可靠的庇护所"①，其间的普罗泰戈拉提出了对公民实行政治教育的主张。继此，苏格拉底（Socrates, 公元前 469 年—前 399 年）指出"美德即知识"，强调道德对于城邦的重要性和知识与教育对于政治治理的重要价值，主张通过教育养成美德和善行，认为"化民成性"、健全公民灵魂，使其富于知识、理性和教养，养成至善之德，乃是城邦国家政治治理的第一要务。

随后，柏拉图（Plato, 公元前 427 年—前 347 年）指出社会分工形成等级差异。他在《理想国》②中提出了理想城邦的基本原则（即分工、等级、至善三项原则）、基本制度和生活方式,③在《律法》④（柏拉图后期的对话）中，他提出了公民德行和公民守法的问题。他指出，所谓"正义"，是指"我们灵魂所处的一个最佳状态与最能持久的状态"，其具体含义和要求"乃是说实话、做适当的事"，"是帮助朋友、打击敌人"，"是依照法律规定之对错而行事"⑤等。在城邦社会里，全体公民各司其职、各守其序、各尽其责，既分工又互助合作，国家即实现理想和正义。⑥所谓"善"，乃是人类的一种至上的德性，它要求人们灵与肉的和谐与一致，以"善"的知识滋养其灵魂，为获得幸福铺平道路和创造条件。在"善"的追求和践行之中，个体之"善"与共同体之"善"，均为人们生活与行动的普遍规范，是人们言

---

① 北京大学哲学系编译：《古希腊罗马哲学》，商务印书馆 1982 年版，第 120 页。

② 柏拉图：《理想国》（第 4 卷），外语教学与研究出版社 1998 年英文版，又译为《共和国》、《国家篇》，均为柏拉图成熟期的对话。

③ Allan Bloom. *The Republic of Plato*（2nd ed.），Translated, with Notes, An Interpretive Essay, and A New Introduction. Basic Books, 1991.

④ 参见柏拉图著，王晓朝译：《柏拉图全集》，人民出版社 2002 年版。

⑤ F. M. Conford tr. , *The Republic of Plato*（Oxford University Press, 1951 年），Part 1. 参见陈思贤：《西洋政治思想史》（古典世界篇），吉林出版集团有限责任公司 2008 年 8 月第 1 版，第 71 页。

⑥ 柏拉图：《理想国》（第 4 卷），外语教学与研究出版社 1998 年英文版；另见商务印书馆 1986 年版。

与行的标杆；因而，不仅个人要追求善，而且集体亦应视"善"为奋斗的最终目标。因此，作为共同体最高形式的城邦和国家，须以政治"经世"而致于"善"，并使全体社会成员"各得其所"和"各尽其才"，最终趋于人类和谐幸福之大同境界。所谓"道德"与"律法·乃同属于指引与规范人们言行之准则。不同的是，前者系精神的东西，属于心灵的内在约束，后者则关乎"物质利益之分配"①，属于身体的外在强制。道德与善相一致，须经由解释世界的哲学才能达到；政治与律法相同一，则需在哲学即知识的指导下实现灵魂向身体、理念到现实的转变。另外，城邦和国家是公民共同体的组织形式，不仅要保护好全体社会成员，而且还担负着教育和培养公民的责任和义务。最后，柏拉图还提出了"统治权的划分"原则②，这一原则将君主政体和民主政体的优点结合起来，要求一个健全的政府必须将"平民"的成分与"某种个人权威"结合起来，将"君主政体"与"自由"结合起来；同时要求权威不能堕落为独裁和专制，自由不能发展为无政府的自由。③柏拉图的这一混合政体理论成为西方近代分权制衡思想的源头。

亚里士多德（Aristotle, 公元前 384 年—前 322 年）将"政治"界定为"集体道德化"的进程，将"城邦"描述为"至高而广阔的社会团体"④。在《政治学》中他精辟地指出，"人类自然是趋向于城邦生活的动物"⑤，社会性和政治性乃人之本性。个人只有在社会和国家中才能培养善良的德性、养成健康的体魄和享受富足幸福的生活，从而实现三种"善业"的和谐共进。在《伦理学》中，他提出了城邦公民的社会公德问题，即一个人究竟需要具备

---

① 陈思贤：《西洋政治思想史》（古典世界篇），吉林出版集团有限责任公司 2008 年 8 月第 1版，第 77 页。

② 参见［英］泰勒：《柏拉图生平及其著作》，山东人民出版社 1991 年版，第 669—670 页。

③ 参见王彩波：《西方政治思想史——从柏拉图到约翰·密尔》，中国社会科学出版社 2004年 9 月第 1 版，第 33 页。

④ 亚里士多德：《政治学》，商务印书馆 1965 年版，第 3 页。

⑤ 亚里士多德：《政治学》，商务印书馆 1965 年版，第 7 页。

什么样的美德品行才配称为人的问题，指明友谊、公正、自重、慷慨、中庸、明智、克制等是重要的人性要素。

可见，古希腊的政治哲学思想以探讨公民与国家及其关系的现实问题为核心，迸发出了至今仍熠熠生辉的理性之光。它们无疑是人类发展史上十分宝贵的精神文化遗产，对启蒙运动时期欧洲近代思想的孕育和后来英国的公民教育思想的产生具有重要意义。

2. 中世纪末期人文主义精神的昭示

发生于 14 世纪至 16 世纪的欧洲文艺复兴运动，是一次反封建神学的社会思想革新运动。它打碎了宗教神学的精神枷锁，使西方社会自此开始摆脱了封建教会统治的桎梏，催生着早期资产阶级思想的萌芽。这一思想的革新运动首先满足了市民和商人新兴阶层张扬个性、实现自我、追求合理利益的主张，引起了西欧封建庄园经济向资本主义经济的过渡，极大地推动了社会历史的发展。

人文主义思想与基督教神学针锋相对。后者所宣扬的"原罪说"，使人在所谓的上帝面前，消极无为、被动救赎，其实质在于顺从教会的黑暗统治。在教会神学的思想禁锢下，人们无任何的自主和积极的自由，如同行尸走肉，唯有苟延残喘。人文主义则承认个性自由、人格自主，追求公正与平等，张扬人的主体性和能动性，鼓励全体社会成员的实践创造性。它所高举的旗帜就是：肯定人们追求幸福生活和拥有爱情的权利；鼓励探索自然和勇于冒险；提倡理性和科学，坚持和维护唯物主义思想；反对专制和压迫，维护自由和自尊；推崇社会平等与博爱；激励创造发明，为人类科学进步作贡献。作为人类政治思想史上最有影响的思想家之一的"近代政治学奠基人"马基雅维利（Niccolò Machiavelli，1469—1527），以君主治国论否定了中世纪神学的君权神授思想，从人本主义的立场确立起了自由主义思想的基本原则，并以此来看待个人、政治活动和国家，进而奠定了自由和平等的价值观以及基于这种价值观的政治原则的思想理论基础。同时，马基雅维利还基于

"性恶论"①的理论假设，并从实用主义的价值取向出发，为政治制度及其活动设定了解决社会冲突和防范公权力对公民权利实行侵犯的使命与职责。第一次实现了政治现实主义对于政治理想主义的超越，解除了禁欲主义对于个性的禁锢与摧残。

人文主义起始于古代希腊，经过文艺复兴运动得以强化，在继后的欧洲启蒙运动中获得了进一步的发展，最终形成了自由民主、平等博爱的资产阶级思想。它所产生的时代，给人类带来了"一次最伟大的、进步的变革"，它为人类第一次孕育出并诞生了在"思维能力、激情和性格方面，在多才多艺和学识渊博方面"都堪称为"巨人"的杰出人物。②这些历史的巨人们对反动宗教神学的反叛精神，对"羊吃人"的不平等社会无情鞭挞的批判勇气，以及对转型时期欧洲政治演变趋势的充满智慧的谋略和远见③，起于意大利，"如同一场风暴刮过欧洲"④，为包括英国在内的整个欧洲迎来了一个崭新的世纪。它使人们的社会生活充满生机和活力，在人们的心灵中播下了希望的种子，迸射出了激昂的青春的火花，为人们积极地推动历史进步提供了强大的精神动力。它同时以其划时代的革新锐气和对于宗教的软弱与妥协，引发了此后18世纪欧洲启蒙运动。

3. 近代资本主义民主政治思想的指引

发生在18世纪的欧洲启蒙思想运动，显然是继续完成文艺复兴运动的未尽事业，进一步把彻底反对封建专制统治的斗争推向深入，并最终催生了资本主义民主政治思想及其政治革命运动。这一时期对于人类文明进步的历史性贡献，不只在于政治革命和工业革命将人类引入现代文明的新纪元，更重要的还在于它诞生了一批具有彻底革命精神的启蒙思想家群体，以及这些

① 马基雅维利:《君主论》，商务印书馆1985年版，第80页。
② 《马克思恩格斯选集》(第4卷)，人民出版社1995年第2版，第261—262页。
③ 参见王彩波:《西方政治思想史——从柏拉图到约翰·密尔》，中国社会科学出版社2004年9月第1版，第195页。
④ 方汉文:《西方文化概论》，中国人民大学出版社2006年3月第1版，第94页。

思想家们为人类未来发展所精心设计的"启蒙规划"。这些思想家作为同一个时代的精神的象征，热情讴歌和积极宣扬理性精神、科学方法与民主政治的观念和理想。无论是"重农主义"社会经济学家，还是启蒙主义政治思想家，他们都无一例外地对于个人的利益、权利和自由给予最充分的肯定，并对国家对于公民的职责义务予以最深层的关注。前者以所谓的"自由放任"（laissezfaire）、后者则以所谓的社会契约与政治分权，分别捍卫了个人自由，保护了个人利益、维护了社会秩序，并对它们进行了深度的思考。其中，孟德斯鸠的"三权分立"学说，卢梭的民主政治与个人自由主义思想等等，都无一例外地蕴涵着自由、民主、公正、平等这些为现代公民和公民社会所需要的基本精神与气质。它们为现代公民教育的理论与实践奠定了思想理论基础，确立了基本原则和根本方向。

孟德斯鸠（Charles-Louis de Secondat Montesquieu,1689—1755）在他的《论法的精神》中，提出了自由主义原则和资本主义的"宪政论"，在西方产生了广泛而持久的影响，对推动西方各国的历史进程起到了极大的推动作用。他从"事物的性质推演"[①]中认识到君主立宪政体的历史必然性，在发展洛克学说的基础上明确提出了三权制衡、各尽其职的政治观点，试图以法律防止君主制向专制独裁制度的蜕变，并切实地保护公民的自由和权利。作为"自由与平等的诚实而坚定的信徒"（罗伯斯庇尔语），卢梭（Jean-Jacques Rousseau,1712—1778）以其《社会契约论》影响了法国大革命时代的政治家、革命家以及普通百姓。他关于自由、平等、天赋人权、主权在民的思想见解与政治主张，成为德国哲学的"两个出发点"[②]之一；他关于人的善良意志具有价值优先性和人的本性自由的原则，以及人民有权以暴力对抗君主的暴政的思想观点，激励和指引着人民争取自由、资产阶级争取政治解放的革命斗争；他关于公意、公益与个人意志和

---

① 孟德斯鸠：《论法的精神》（上），商务印书馆1963年版，第37页。
② 黑格尔：《哲学史讲演录》第4卷，商务印书馆1978年版，第237页。

利益相统一、法律是公共意志的体现和社会幸福的保障的观点，为构建安全和谐的社会秩序提供了理论依据。百科全书派领袖人物狄德罗（Denis Diderot,1713—1784）既强调自由的天然性、绝对性，又注意到了平等的局限性，认为天然的或道德上的平等是一切自由的基础。① 德国古典哲学家康德（Immanuel Kant,1724—1804）在其《政治权利原则》中指出权力对于人是天生的、天然的，② 享受权利需要遵循一个普遍的法则，即对他人享受权利不造成破坏。③ 他从自由、平等和独立三个角度来理解公民的权利，并将权利分成天赋的自然权利和有条件的获得性权利，他同时还将公民区分为"积极公民"和"消极公民"。黑格尔（Georg Wilhelm Friedrich Hegel,1770—1831）主张相对自由和理性权利，其内涵包含了权利和自由的历史性和与义务相对应的条件性。他将个人权利与家庭权利、他人权利以及国家利益相统一。他伸张人权，又坚持国家精神和国家利益至上，将为国家服务和牺牲视为个人之义务。④ 杰斐逊（Thomas Jefferson,1743—1826）是美国历史上的著名政治家和民主主义思想家，坚持自然权利原则，由他所起草的美国《独立宣言》重申了普遍人权的绝对性和神圣不可剥夺性⑤。其宪政民主理论表达了下述思想：人民主权原则；代议制；三权分立和相互制衡；地方自治；等等。

　　上述思想或先或后于英国思想家的主张，都由于欧美之间特殊的地缘关系与民族联系而对英国的自由民主及其政治体制发挥着积极的影响，成为或促进或引导英国公民教育的重要思想养料。

---

① 参见北京大学哲学系编译:《十八世纪法国哲学》，商务印书馆 1979 年版，第 425 页。
② 参见法学教材编辑部编:《西方法律思想史资料选编》，北京大学出版社 1983 年版，第 404 页。
③ 周辅成编:《从文艺复兴到十九世纪资产阶级哲学家政治思想家有关人道主义人性论言论选辑》，商务印书馆 1966 年版，第 636 页。
④ 黑格尔:《法哲学原理》，商务印书馆 1961 年版，第 56、103 页。
⑤ 参见《杰斐逊选集》，商务印书馆 1999 年版，第 48 页。

4. 英国本土思想家的推动

在英国历史上，中古时期"有影响的思想大家寥寥无几"，而自近现代开始却"不仅以政治经济学见长，哲学也不输他国，且在政治思想领域卓有成就"①；涌现出了像霍布斯、洛克、休谟、伯克、斯密、密尔、哈耶克②等一代又一代的世界级思想大师。思想巨人马克思、恩格斯关于社会革命的政治思想，尤其是他们曾在英国的理论探索和革命实践，对英国的思想文明自然也产生着重大的影响。③ 这些前人们的智慧之光，无疑也哺育着英国公民教育思想和理论的孕育和生长，并同时对公民教育的实践给予了重要的推动和指引。

霍布斯（Thomas Hobbes,1588—1679），是"各族英国人民抚育出的最伟大的政治哲学著作家"（萨拜因语），他"首先提出了关于国家的思想"④，"第一个系统地阐述了社会契约论思想"⑤，被卢梭称之为"世界罕有的天才之一"。其政治哲学是"英国内战时期无与伦比的最宏伟的产物"⑥。他以其《论公民》（1642 年）和《利维坦》（1651 年）论述了国家与政府、公民权利与义务的内在关系。霍布斯指出，在国家和臣民之间生长着一种相互依存的

---

① 阎照祥:《英国政治思想史》，人民出版社 2010 年 3 月第 1 版，"前言"，第 1 页。

② 哈耶克（Hayek，Friedrich August；1899—1992），奥地利裔英国经济学家，新自由主义的代表人物。

③ 马克思、恩格斯主要是在 19 世纪 50 年代后共同战斗在英国的。马克思最后几十年在英国度过，完成了《资本论》的三个重要手稿，并于 1867 年 9 月 14 日发表了《资本论》第 1 卷，其后第 2、3 卷经过恩格斯晚年整理并发表。而恩格斯在英期间完成了对《反杜林论》（1878 年）、《社会主义从空想到科学的发展》（1880 年）、《自然辩证法》（1883 年）、《家庭、私有制和国家的起源》（1884 年）、《路德维希·费尔巴哈与德国古典哲学的终结》（1886 年）等著作的写作；其中，《反杜林论》被称为"马克思主义的百科全书"，马克思在 1880 年给该书写的《法文版前言》中称它是"理论部分中最重要的部分"，是"科学社会主义的入门"；列宁称之为每个觉悟工人必读的书籍。

④ 黑格尔:《哲学史讲演录》，商务印书馆 1979 年版，第 115 页。

⑤ 王彩波:《西方政治思想史——从柏拉图到约翰·密尔》，中国社会科学出版社 2004 年 9 月第 1 版，第 195 页。

⑥ G.H. 萨拜因:《政治学说史》，商务印书馆 1986 年版，第 516 页。

内在关系，"主权者的利益和人民的利益是不能分开的"，"他们的力量和光荣存在于臣民的活力之中"，主权者的职责所在乃是要"为人民求得安全"。他同时还对自由、平等和信义作了界定和论证，认为：自由，乃是每个人在各自力所能及的范围内毫无拘束地去做一切有利于自己的事情；平等，则是指"自然使人在身心两方面的能力都十分相等"；而信义或者正义，其性质则"在于遵守有效的信约"①。对"自然状态"下社会对平等公正、崇尚和平、秉公利他、诚实守信、感恩从善、劝善自新、谦逊恭敬等的客观要求作出了说明。他"把所有各式各样的人类的相互关系都归结为唯一的功利关系"，提出利益是道德的基础，利己是行为的理性命令，② 自然法是国家和臣民以及社会成员之间维持"自我保存"利益的原则。另外，霍布斯还重视法律，指出专制政体下法律即"主权者的命令"，坚持在法律框架内谈论权利和自由，主张在法律之内公民的基本自由权利神圣不可侵犯。

洛克（John Locke, 1632—1704）是著名政治思想家，他对英国和人类的重要理论贡献有三个方面，即关于国家和政府、关于道德和信义、关于教育等等的理论创造。洛克反对霍布斯专制主义政治倾向，主张政治自由主义，在《政府论》上篇中驳斥"君权神授"，在下篇中宣扬人民主权与基本自由和权利的私有性和不可剥夺性。他将霍布斯思想中的"臣民"提升为"人民"，将由国家掌管的"主权"修正为"最高权力"；他坚持人民的基本权利（如生命权、财产权和个人自由）等不可让渡、天赋权利不可侵犯，提出自由与生命共存，并首次明确而系统阐述了"天赋人权"的理论；他把平等置于自然法的最高地位，从而彰显了社会契约和国家法律的普遍约束力；他反对专制政治，主张在君主制、寡头制、民主制之上建立复合政体，产生了权力制衡思想的萌芽；赋予人民对于"最高权力"的选举权和罢免权，从

---

① 霍布斯：《利维坦》，商务印书馆1985年版，第92、109页。

② 参见宋希仁主编：《西方伦理思想史》，湖南教育出版社2006年4月第1版，第259—263页。

而扩充和增强了人民对于君主和国家的对抗的张力，① 在最大限度上保障了人民的自由权利不遭到长期剥夺；他强调法律的权威和对于自由的保障，认为法律的目的是"保护和扩大自由"，而废除和践踏法律就是实行和支持暴政，因此需要国家和人民共同和平等地遵守并维护法律的公正实施。② 洛克对道德作了唯物主义的理解和阐释，指出生活经验、国家教育、习俗熏染和权威影响，是人们获得道德原则的基本途径和方法；认为道德法和舆论法是道德评价的工具，法律是道德的最后保障。另外，洛克还对一些道德的基本原则作了分析和评价，指出：信义、公道、践约，只不过是人类用以维护互相关系的手段而已；良心、公道、虔诚、感恩、正义和贞节，由于它们和利益密切相关而因地因人而异；幸福，乃是指每个人在其欲望获得满足的感受之中，人们只有遵守法律和践行道德，才能促进普遍的幸福和保障个人的幸福。洛克认为，"自然中最可宝贵的莫如忠实、称赞、尊严和光荣"③。洛克十分重视公民人格，认为公民个人的独立、自由和权利是国家"最高的法律"。洛克的政治思想偏重于公民个人的权利，盛赞公民个人的主体性。他将自由看做是不被人支配的一种主体独立的属性或能力，将主体性和自由视作发挥创造性的前提，并希望政府为此而行公正之政，实施温和之举。洛克政治思想总体上倾向于人民的立场，主张采取复合政体，实行德治和法治，推行道德教育。

除霍布斯、洛克外，还有其他思想家对现代民主政治和公民思想进行过深入研讨，并提出了具有一定价值的思想理论观点。爱德华·柯克爵士（Sir Edward Coke, 1552—1632），提倡自由权利，主张以司法独立防范腐败滋生，一生捍卫"法律至上"的神圣权威，是著名的法学家和宪政学家，是

---

① 参见洛克：《政府论》上篇，第222节；下篇，中国政法大学出版社2003年版，第149页。
② 罗克著，关文运译：《人类理解论》上册，第330–331页。参见莱布尼茨：《人类理解新论》上册，商务印书馆1982年版，第263页，注1、3。
③ 参见小詹姆斯·R.斯托纳：《普通法与自由主义理论》，北京大学出版社2005年版，第48页。

17 世纪英国的法律泰斗和"英国革命之先驱"。他晚年对法律教育表现出极大的关注，认为"法律是一门需要长时间地学习和历练的技艺"①，因而要求法律教育必须理论、案例和实践相结合。弥尔顿（John Milton, 1608—1674）也十分崇尚自由和权利。他指出，自由、财产、生命安全等属于自然权利；言论、信仰、出版以及婚姻家庭生活等的自由则属于基于自然权利基础之上的社会权利，是"一切伟大智慧的乳母"。认为自由是人民的最基本的权利，人民享有"绝对的自由"，国家的职责首先在于保障和维护人民的基本自由和基本权利，试图通过地方对中央的权力制约，实现人民的绝对的自由。他反对专制，希望君主做人民的公仆。詹姆斯·汉灵顿（James Hanington,1611—1677）指出，理性产生美德和自由，情欲导致罪恶和禁锢；国家和政府以理性治国则为法治，以情欲治国则为人治。他还认为，只有基于理性的法治国家才是最理想的政府形式，也只有这样的国家才是最自由的国家。"国家的秘密在于均分和选择"，这才是好的国家治理结构。他还主张实行轮换任期制，以完善和巩固国家政权，保障人民的自由和权利。杰纳德·温斯坦莱（Gerard Winstanley, 1609—1660）是"最彻底的共和主义者"的重要代表，认为共和国的全体公职人员都是人民的公仆，必须接受公民和职能机关的双重监督，以此防止专制制度的复辟。

大卫·休谟（David Hume, 1711—1766）对增进公益的行为给予了肯定，他支持新闻自由，并且也是民主制度的同情者，主张将政治权力分立、分散，并且支持将选举权延伸到所有拥有财产的公民，同时也要限制教会的权力。亚当·斯密（Adam Smith, 1723—1790）以《国富论》和《道德情操论》给后人留下了珍贵的思想遗产。他在休谟"同情说"的基础上，指出"'同情'是人类社会生活和道德生活的真正基础，是人与人、阶级与阶级、团体与团体能够相互合作的根本原因"。同时认为，人类有一种"互通

① 马克思称赞掘地派运动"是最彻底的共和主义者"，属于"真正能动的共产主义政党"。《马克思恩格斯选集》第 1 卷，第 173—174 页。

有无"的互助倾向,"每个人改善自身境况的一致的、经常的、不断的努力是社会财富、国民财富及私人财富所赖以产生的重大因素",① 他重视美德,认为德行是人类社会伟大的支撑,美德是人性中最崇高的最美好的激情,践行美德必定使人类繁荣兴旺,它们和明智、谨慎一起,"最可能保证每项事业的成功"②。弗格森(Adam Ferguson, 1723—1816)曾被美国社会家柏克和巴安斯称为"真正的社会学家"③。认为习惯对于人和社会都很重要;家庭是最早的社会组织和整个社会的基础;依恋、利他和追求进步是人的自然倾向与本能,个人渴望上进是社会进步的动力;竞争和冲突对个人福利和社会进步有重要意义。④ 埃德蒙·柏克(Edmund Burk,1729—1797)是 18 世纪英国著名的政治家,长期为社会的发展、政治的变革寻找着平衡和稳定的机制,他坚守信仰自由,维护宪政制度,反对制度专横,其保守主义的倾向中流露着对自由的珍爱。关于人民与国家的关系,柏克认为:人民绝非人群的简单聚合,它是一个"正义"的道德与政治的结合体,是现代国家由以建立和存在的社会合法性基础,也是国家得以受到保护的最具权威性的力量。对于现存国家的生命和利益而言,它既是保障,也是屏障和堡垒。人民在本质上是国家,他们理应是国家的主人。国家是人民依靠责任、信任、信誉的道德约定而凝结的生命机体。忠诚、信义、真理、公正既是国家也是人民的利益之本、生存之基、力量之源。而任何蔑视和践踏这一约定的言行不仅可以毁灭国家的生命,也能葬送人民的前途。⑤ 边沁(Jeremy Benthem, 1748—

① 侯钧生:《西方社会思想史》,南开大学出版社 2007 年 9 月第 1 版,第 207 页。
② 参见〔英〕亚当·斯密著,谢祖钧译,孟晋校:《道德情感论》,陕西人民出版社 2004 年 7 月第 1 版,第 345 页。
③ 侯钧生:《西方社会思想史》,南开大学出版社 2007 年 9 月第 1 版,第 213 页。
④ 亚里士多德和霍布斯主张,和平与安定是社会的重要目的,显然弗格森对此持不同的观点。在笔者看来,两者对于人和社会都具有价值:和平和安定应该成为人和社会的基础,冲突和竞争恰恰是进步的动力;而前者必须是积极的和平与安定,即健康的和谐。
⑤ 〔英〕埃德蒙·柏克著,蒋庆、王瑞昌、王天成译:《自由与传统——柏克政治论文选》,商务印书馆 2001 年 1 月第 1 版,第 76 页。

1832）是 19 世纪英国杰出的自由主义政治思想家，其《政府片论》（1776年）和《道德与立法原理》（1789 年）为 19 世纪英国的自由主义思想奠定了基础。他认为：趋乐避苦、趋福避祸、趋利避害，是人的本性；个人按功利原则行事，以实现个人幸福最大化为目的；政府按功利原则行事，以实现最大多数人的幸福。他还指出：国家是对个人的一种强制性力量，是个人实现自身功利的一种"必要的邪恶"；君主专政、贵族专政都是代表个人或少数人的利益，无法履行"功利"最大化的承诺，权力属于人民的代议制政体，实行分权和法制，赋予人民以思想言论等自由，将人民利益和统治阶级的利益融合起来，是最符合功利原则的理想政体；国家和政府必须接受人民的监督和批评，并保持不断的自我完善和改进，人民对于政府，则要"严正地服从，自由地批判"[1]。其次，他同时还重视法律的作用，认为法律是用以保护人民生存、安全与富足的手段，并赋予法律同国家一样的性质。威廉·葛德文（William Godwin, 1756—1836），是英国历史上最重要的无神论思想家之一，其《政治的正义及其对道德和幸福的影响》"对英国和整个欧洲大陆各国都产生了重大的影响"[2]，尤其对英国哲学思想的影响具有独特性，在这一点上可能"当代的书籍中没有一本能与之媲美"[3]。他认为，诸如法律、制度、教育等社会性环境对人意义重大，好的环境需要理性和道德原则主导社会的制度体系，好环境即"健康的环境"和"政治的正义"造就好人；人的完善和素质的提高离不开好的教育，好的教育有助于改变人的恶习和偏见，必能造就出真正为社会谋福利的圣贤；教育不应该千篇一律和整齐划一，必须有助于促进人的心灵与理性的独立和发展。他关心儿童教育，认为儿童应该在真正有学识的人的指导下进行自我教育。关于个人和社会的关系，葛德

---

① 法学教材编辑部编：《西方法律思想史选编》，北京大学出版社 1983 年版，第 480 页。

② 侯钧生：《西方社会思想史》，南开大学出版社 2007 年 9 月第 1 版，第 218 页。

③ Becker-Barnes: *Social Thought from Lore to Science*, Washington, D.C.: Harren Press, C1978, Volume2, p. 477.

文指出，个人是社会的基础，社会是个人的条件，社会必须尊重个人利益，个人应该对社会保持忠诚并尽义务。关于法律的作用，他认为在人类理性充分发展和社会进步之前，需要通过司法的活动使人摆脱恶习和自私，并替理性的自由活动扫清障碍。

约翰·斯图亚特·密尔（John Stuart Mill, 1806—1873）是英国 19 世纪著名的自由主义思想家和充满社会道德和有着更高精神追求的文明使者。① 他以其《论自由》（1859 年）、《代议制政府》（1861 年）和《功利主义》（1861 年）全面系统地阐述了他有关自由、政体的政治思想。他将利己主义和利他主义相结合，反对赤裸裸的利己主义，主张"待人如己"、"爱人如己"。认为良心和社会情感是人性中的"强大的原动力"，人们要以这一"内部制裁力"行善积德、利他为公。坚持个人自由和社会控制相统一的立场，主张国家和社会控制之内，个人自由神圣不可侵犯，控制个人行为需要受到惩罚和干预。密尔高度赞美个性，视之为培育天才和智慧的土壤，反对压制个性自由的一切专制，认为国家的强制性因素和社会文化的软性因素可能对个性造成伤害。密尔还对好的政府所必须具备的品质给予了分析，指出：承认国家主权集体所有和赋予公民参政权力的代议制政府是最理想的政府形式；好的政府应该是有助于推动社会和人类进步，促进人民的美德和智慧，以增进人民的福利为唯一目的；法律与美德、智慧、效率相适应；实行最开明的行政管理，实行最公平的财政制度；代议制条件下，必须提防特殊利益集团对国家公共利益和人民利益的挑战；必须增进公民的知识、增强他们的能力，以便于有效地从事对政府的监督、制约和管理；必须提高政府公职人员的道德水准和智力水平。斯宾塞（Herbert Spencer, 1820—1903）是英国 19 世纪实证主义政治思想家，著名的"社会达尔文主义"的创立者，被誉为"维多利亚时代的亚里士多德"。他认为社会不是一般的有机体，它是"超有机体"

① 参见张桂琳主编：《西方政治思想史》，中国政法大学出版社1991年5月第1版，第371页。

(super-organism)，它"是一系列个人的一个集合名词"①，"各个组成部分变得越来越相互依赖"②，而任何"个体的性质决定了集合体的性质"③。家庭、礼仪、政治、教会、职业、工业等制度器官构成了社会有机体的三大功能系统，即支持系统、分配系统、调节系统。他还认为，人类文明由于分工的发展而愈益显现出从"同质向异质的转化"的趋势④，社会中的每个个体决定着社会有机体整体的面貌⑤。不仅如此，斯宾塞对公民社会和个人自由也有自己的见解。对于前者，他认为：公民社会"是由志愿的契约关系，更重要的是由强烈的共同道德结合在一起的"⑥，一个民族或一个社会要更进一步发展，就要进一步激发其成员的道德感、同情感以及合作意识和利他意识。它们是支持个体适应社会生活和促进有效合作与团结，从而实现公共福利和个人幸福的条件与保证。⑦ 对于后者，斯宾塞指出：个人自由包括财产自由、交换自由、契约自由、信仰自由、言论和出版自由等，是一种"自然权利"，每个人都应平等地享有同等的自由；个人享受自由需要注意自我约束，并与他人享受自由相协调，严禁对他人自由的侵犯和干涉，同时必须服从和有助于公共利益的增进；利己和利他必须统一起来，两者之间利他主义具有更优越的价值，伸张社会正义和实现利己主义都需要依靠利他主义；个人自由事关个人的生存和国家与社会的发展，国家和政府不得干涉和侵犯个人自由，保障和维护个人自由体现了政府的正义性。

---

① Spencer, H., *The Principle of Sociology*, Volume 1, New York: D. Appleton and Company, 1925, p.447.

② Spencer, H., *The Man Verses the State*, p.53.

③ Spencer, H., *Social Statistics*, p.17.

④ Spencer, H., *First Principles*, New York: D. Appleton and Company, 1910, p.314.

⑤ 周晓虹：《西方社会学历史与体系》（第 1 卷），上海人民出版社 2002 年 5 月第 1 版，第 73 页。

⑥ Ritzer, G., *Sociological Theory*（Four Edition），New York: The Mcgraw-Hill Companies, Inc. 1996, pp.35–36.

⑦ 周晓虹：《西方社会学历史与体系》（第 1 卷），上海人民出版社 2002 年 5 月第 1 版，第 76 页。

　　英国著名政治哲学家、自由主义大师阿克顿勋爵（Lord Acton，1834—1902）注意到了政府公权力的腐败现象，基于绝对权力导致绝对腐败的智慧识见，他提出要赋予和扩大公民对政府权力进行监督的权利。来自于平民阶层的自由主义战士潘恩，指出了经济平等对于政治自由和平等的极端重要性。他以《常识》，反抗政治的专制和独裁①；以《人权论》，反抗社会的偏见和歧视②；以《土地正义论》，反抗经济的剥削和剥夺；以《理性时代》，反抗神学的愚弄和欺骗。③英籍奥地利思想家哈耶克（Hayek，Friedrich August，1899—1992）是 20 世纪西方新自由主义的重要代表，他认为人的自主和自由包括政治自由、思想自由和经济自由。他呼吁"一个积极向上、有所作为的政府""有意识地创造出一种尽可能有利于竞争的制度"，④同时运用法律的武器为存在着种种差异的各种人等提供平等的正义。

　　综上所述，在欧洲政治思想史上，古代希腊思想家们将政治与道德视为一体，将国家与社会视为一体，这成为公民共和主义理论的思想基础。文艺复兴时期马基雅维利的人本主义立场和 18 世纪欧洲启蒙运动思想家们的资本主义民主政治精神，尊重人格，崇尚自由，提倡平等，呼吁民主，推崇博爱，树立起了公民自由主义的思想大旗。英国本土的政治思想家们前后一贯地执著地从事着自由价值的艰辛探寻。而这些思想、精神相对于拥有几千年封建专制传统的中华古国显然具有独特鲜明的地域特色和民族气质。

　　特别值得一提的还有两点。（1）英国的功利主义，在历史上虽不站在最先进、最完善的地位，但它在英国，尤其是近三百年来，却最具有积极的影响。它站在与英国保守派对立的地位，代表英国人民中先进势力的气质和灵

---

① 参见［美］托马斯·潘恩著，何实译：《常识》，华夏出版社 2004 年 1 月第 1 版。
② 参见［美］法斯特著，徐汝椿、陈良廷译：《公民汤姆·潘恩》，人民出版社 1954 年版。
③ 参见托马斯·潘恩著，马清槐译：《理性时代》，商务印书馆 2004 年 1 月第 1 版。
④ 参见邓正来：《自由与秩序：哈耶克社会理论的研究》，江西教育出版社 1998 年版。

魂，动员和鼓舞英国人民敢于和政（治）教（皇）合一的极权制度宣战。"政治哲学在任何时候和任何国家，说到底都是现实政治的某种反映，也必然通过这种或那种方式对现实的政治生活产生长久的影响。"① 这就表明，产生于现实政治实践和生活的西方政治哲学的思想理论，表现出英国等西方国家的某种政治现实，给予它们的公民运动的实践和公民教育的思想探索以长久的积极影响。可以断言，这些政治思想的历史的进步内在地涵育着公民性的气质。（2）著名的"休谟难题"，认为"应然"源于"实然"，应以"实然"为基础和出发点，伦理实践中对"应然"的期待，必须充分考虑到个体"实然"的主观要求和客观需要。"实然"则需要以"应然"为目标，自觉地进行自我完善和提高。这一伦理哲学的思想，显然将集体和个体、将未来和现实，将应然和本然有机地结合在一起，从而建构起一个相互贯通和衔接的系统整体。这对后来公民性意涵的丰富和教育实践的实施，无疑有很强的启示。

由此可见，思想哺育灵魂，提供动力，指明方向；然而，文化却实施熏陶，滋润土壤，创造氛围，造就声势，夯实基础。

（二）文化熏染

所谓"文化"，乃是指"人类由其自己内在的本性，所产生出来的自由创造之生命的活动"，是一种"最高目的"，一种"止于至善"之善和一种"完满的人格"，还是"人类心灵所作的一种价值创造的历程"②。文化以"形"载其"神"，以"神"立其形。③"当作观念形态的文化还是一定社会的政治和经济的反映，又给予伟大影响和作用于一定社会的政治和经济"。④"文化本身是一个体系，它包括知识、信仰、艺术、道德、法律、习

① 俞可平：《社群主义》，中国社会科学出版社 2005 年 5 月第 2 版，"前言"，第 2 页。

② 田培林著、贾馥茗编：《教育与文化》（上册），五南图书出版社有限公司 1976 年 7 月第 1 版，第 9 页，分别参见第 9、8、17、10、18、19 页。

③ 唐君毅：《中国文化之精神价值》，广西师范大学出版社 2005 年 10 月第 1 版，"自序"，第 3 页。

④ 《毛泽东选集》（第 2 卷），人民出版社 1991 年版，第 663—664 页。

惯以及作为社会成员的人所获得的任何其他才能和习性的复合体",① 有精神的、制度的、器物的三种形态。其中，精神的文化是一种以价值观和包括传统和习俗在内的生活方式为主要内容的"文化细胞核",② 它如同阳光普照大地，又如春雨滋润万物，还如氧气保障生物呼吸，再如血液维持着生命。因此，英国的公民教育无论理论还是实践的探索，自然离不开它所生长的土壤和环境里的文化特质的照射与浸润。

1. 欧洲文化孕育着公民精神的种子

欧洲文化是一个地缘性文化概念，其三大系统（地中海文明系统、西欧文明系统、东欧文明系统）由于自然和人文环境大致相同，加之自古以来相互之间的密切联系，使得在长期的生活和文明发展中形成了基本相同的文化特性和心理气质。这三个分布于同一大陆不同区域的文化系统，实际上，自文艺复兴以来就逐渐融合起来，共同型塑起区别于东方文化的西方文化体系。③ 西方文化不同于东方文化的地方，主要在于由于两个地域政治文化传统的不同而对于各自政治制度的观念认识上的差别。古代希腊罗马时期，智慧、勇敢、正义、节制成为人们所追求的"四达德"。理性、意志、情欲三部分"各安其位",④ 每个人"根据理性原则而具有理性的生活",⑤ 成为社会普遍的自觉。中世纪的欧洲，宗教神学宣扬"原罪说"，自由遭到限制，个性遭到摧残，人性遭到泯灭。文艺复兴之后，个人自由和权利成为是当时社会组织和结构中所固有的东西, ⑥ 实现和维护个人的这些权益则被视为是对人自身所应有的关怀, ⑦ 它不分主体的身份与地位、权力与权威，总是伴随

---

① ［美］威廉·A.哈维兰著，瞿铁鹏、张钰译：《文化人类学》（Cultural Anthropology），上海社会科学院出版社 2006 年 1 月第 1 版。

② 参见方汉文：《西方文化概论》，中国人民大学出版社 2006 年 3 月第 1 版，第 6 页。

③ 苗力田：《古希腊哲学》，中国人民大学出版社 1989 年版，第 297 页。

④ 周辅成：《西方伦理学名著选》（上卷），商务印书馆 1964 年版，第 280 页。

⑤ ［英］休谟著，王淑芹译：《道德原理探究》，中国社会科学出版社 1999 年版，第 117 页。

⑥ ［法］卢梭著，何兆武译：《社会契约论》，商务印书馆 1997 年版，第 9 页。

⑦ ［英］休谟著，关文运译：《人性论》，商务印书馆 1980 年版，第 592—593 页。

着一切人。①

　　另外，英国文化也具有区别于欧洲大陆文化的特质与品性。② 可能由于
地理的因素，但绝对受其社会历史因素的影响，英国人酷爱个人自由主义，
成为世界上"第一个反抗君主（专制）的国家"；特殊的气候和其他复杂的
因素，使英国人"养成一种生活的习惯、储蓄的美德、持久的恒心"，其性
情中"有特殊的力量"。英国人特立独行，敬业勤奋，实干务实，不屈不挠，
勇敢无畏，谦逊严谨，互助接纳，利物济人，绅士相敬，自谦自省；拥有
"银灰色的意志"；"注重个人的发展，每个'我'内，含有强烈的战斗性，
自主、不退让"，其个人主义，并没有摒绝人性内所包含的社会性，依据意
志的强力，训练成责任的情感；团体不得摧毁个性，集体要保证各自的利
益，富于团体合作精神，成为英国政治演变的脉络；敬重英皇，藐视皇权，
直面权威，遵守法则；对宗教虔诚，远胜过于欧洲其他国家，他们将宗教当
作维持个人与社会的必需的工具；英国人拥有自由的思想文化氛围和遵守法
律的习性。法国启蒙思想家伏尔泰曾指出，所有的英国公民"不能同样地有
势力，却有同样的自由"，他们爱护法律，"犹如父亲爱护小孩"。这是造成
英国人的公民气质和促进公民教育的直接的文化因素。总之，英国史是一部
"生存竞争"的历史，这种奋斗成为英国人的活力。这种活力正好是培育公
民精神、孕育公民社会和实施公民教育的必要条件。到了18世纪，英国文
化经历了一次根本性的转变，得益于商业文化对于传统农业文化的胜利，造
就了自由、合作、冒险、稳重的新时代精神，这在根本上是英国社会历史运
动不断推动的结果。

　　毫无疑问，西方文化的上述积极因素，恰恰就是我们今天所称之为公民
所应具有的公民性的基本品质。这种品质和精神在历史的生活实践中不断地
延续、累积，逐渐发展成为一种足以培养合格公民、锻炼公民意志的公民文

①　秦树理：《西方公民学》，郑州大学出版社2008年4月第1版，第170页。
②　参见阎宗临：《欧洲文化史论》，广西师范大学出版社2007年10月第1版，第51—65页。

化。这种文化为公民教育的发育和产生创造了有利和适宜的环境。

2. 公民文化滋润着公民教育的土壤

"公民文化"系由美国政治学家阿尔蒙德（G. A. Almond）于 20 世纪 60 年代初首先提出的政治学概念，其与另一位学者维巴（S. Verba）于 1963 年共同出版的《公民文化》，即以包括英国在内的五国为研究对象。若从政治学角度诠释公民文化，它实际上是指一个民族在其特定的历史、经济、政治、文化和其他一切社会运动的进程中由于这些因素和力量而促成的一整套政治态度、政治信仰、政治情感以及政治活动的方式。[①] 另一位美国政治学家派伊则指出，政治文化是政治系统中存在的政治主观因素，包括一个社会的政治传统、政治意识、民族政治心理、民族精神和气质、社会成员的个人价值观以及公共社会舆论等因素。[②] 关于政治文化的作用，维巴指出，它是由一系列信念、符号、价值基于经验的基础而构成，决定了人们的政治行为的条件，并产生人们政治参与行为的主观意趣与目标指向。[③] 公民文化在其观念形态上一般体现为自由意识、参与意识、权利意识、理性意识等。[④] 公民文化研究的主要内容有：政治认知、政治情感、党派信仰、公民责任感、公民能力与政治参与和政治忠诚的关系、政治社会化、社会关系与公民合作、社会组织与公民合作。[⑤] 在上述学者的理论中，政治文化其实就是公民文化，它是指公民参与政治的态度、方式以及政治价值观等一系列政治心理的各种要素。公民文化从古希腊、古罗马时期就开始孕育、生成。到中世纪衍生出了近代意义上的公民文化，经过启蒙运动的成熟发展之后，实现了向

① 参见阿尔蒙德、维巴：《公民文化》，浙江人民出版社 1989 年版。

② Lucian Pye, *Aspects of Political Development*, Boston: Little Brown, 1986.

③ S. Verba, "*Comparative Political Culture*", Lucian Pye and Sidney Verba（ed.），*Political Culture and Political Development*, New Jersey: Princeton Press, 1965, p.513.

④ 徐大同主编：《西方政治思想史》第 5 卷，天津人民出版社 2006 年版，第 643—654 页。

⑤ Albert Jacquard 著，龚慧敏译，刘伟校：《自由的遗产》，广西大学出版社 2005 年 7 月第 1 版，第 197 页。

公民文化的现代转型。西方国家经历了几个世纪形成的公民文化，体现着自由、民主、权利、责任等现代精神。[①] 在英国的社会历史运动进程中，政治运动和公民运动、政治文化和公民文化几乎有着千丝万缕的关系。这个国家还在中世纪时期就曾多次发生王朝颠覆活动，在历史转折时期又较早地进行了资产阶级政治革命和工业化运动，率先成为现代化发达国家，并对美国、法国、德国、日本的资产阶级政治革命和改良以及工业化运动发挥了积极的推动和示范引导作用。而发生在 18 世纪的苏格兰启蒙运动，则是一次在思想文化领域直接催生公民政治意识和进一步强化公民血性的思想解放运动。它使英国人对于神学统治和专制制度的叛逆精神愈益加强，更加倾向于自由、民主、公正、博爱的现代理念。至此，英国文化在经历上千年的厚积薄发之后，最终离析结晶出熠熠生辉的四个大字："公民意志"。

　　"一种文化发生变革的节奏，其本身是由这种文化的内在特质所决定的。"西方文化"天性就是革新的、运动的，其价值来自于新生事物，来自于对既有观点的质疑，来自于变化"。无论欧洲大陆的还是英国本土的文化精神，显然都有着相同的一种现代性特质，那就是"公民性"的涵养。与此相反，中国传统文化精神之高明敦厚而广大之德慧，乃皆平沉于地下，故此"日成虚饰，而无真生命以实之"。[②] 在中国古代和近代，由于传统文化的消极因素长期主导着民族心理和社会意识，因而无处可以生长出像西方社会那样的公民文化。西方有民主和法治的传统，因而公民文化也就拥有了适宜的环境和肥沃的土壤；反过来，公民文化一旦形成，又能极大地促进、引导和鼓舞民主、法治观念和制度的进一步巩固与强化。但是，思想、文化，终究还是"软实力"，要实现公民制度、实施公民教育，仍必须依靠物质经济条件的保障和政治制度的支持。

---

① 　秦树理：《西方公民学》，郑州大学出版社 2008 年 4 月第 1 版，第 175 页。
② 　唐君毅：《中国文化之精神价值》，广西师范大学出版社 2005 年 10 月第 1 版，第 404—405 页。

二、政治经济条件

人类历史上任何一次政治和思想领域的革命，都离不开物质经济基础的基本保障。英国公民教育作为一种文化和教育运动，自然和英国社会的政治经济和社会条件有着密切的内在联系。这些联系主要表现为：象征着公民自由精神的资产阶级民主政治制度为公民教育提供了制度保障和政策支持；作为上层建筑和社会意识形态之基础的物质经济条件则为公民教育准备了一切必要的设施、经费和经验；至于每一历史时期的社会革命运动，则既为公民教育提供了历史的舞台，也为其培育了肥沃的实践的土壤。对于英国而言，人民对自由的追求，经历了一个曲折的过程，即自 16 世纪从霍布斯开始对自由的思想探索，中间经过 17 世纪中后期为自由而进行的残酷斗争，特别是经过 19 世纪英国工人阶级的自由宪章运动，终于实现了为自由而战的历史性跨越，并不断地推动着实现自由的历史进程。其间，中世纪的压迫催醒了公民的主体性；文艺复兴时期和启蒙运动启发了公民的理性；资产阶级革命和工业革命，促进了公民社会的发育和诞生；宗教改革、宪章运动等，引导了公民权斗争的奋起。这一漫长而曲折的历史进程，总是表现为思想坚韧的探索和循序渐进、审慎而行的实践运动相互为伴、相互借力，从而为公民教育的复兴提供了条件和奠定了基础。

（一）物质经济的基础

14 世纪至 16 世纪的西欧社会，在经历了文艺复兴、地理大发现、宗教改革之后，经济繁荣，技术进步，城市化和近代工业发展迅速。17 世纪之后，科学技术突飞猛进，产业革命全面爆发，首先将英国带进了一个全新的现代化的时代。由于同时进一步展拓海外殖民地，英国很快取代荷兰一跃成为第一个资本主义发达国家，确立起作为"世界工厂"的霸主地位，被称为"日不落帝国"。这样发达的物质经济条件，不仅促进了较高水平的社会分工的发展，也为开展各种政治活动和从事文化教育事业给予了物质技术条件和经费方面的必要保障；另外，经济市场化运动对自由竞争、平等交换、自立自主等的客观要求，以及社会成员对于自由、自主、民主、平等的主观愿望，在主客观两个层面上有力地推动了公民社会的发展和公民教育的迅速展开。

从另一个层面即英国的海外拓展看，英国在1815年6月通过在滑铁卢战役（Waterloo）打败威风凛凛、显赫一时的拿破仑，一跃成为全世界最强大的国家，夺得了南亚的整个印度，使其成为它的殖民地；其后，英国移民者又在美洲建立了政府；再后又以大炮洞开了东方"大清帝国"的坚固海防，以《中英南京条约》掠夺中国的国家资源。自此继续在世界其他地区和国家扩展其殖民地，以攫取更大更多的物质经济利益。无疑，英国在国内的发展和海外的扩张，为其成为世界强国和"世界工厂"创造了条件，也为英国社会的文化教育事业的发展提供了物质经济的保障。

英国近代以来的社会生产发展极为迅速，而且水平极高，达到了世界领先的程度。它为英国社会公民意识的发育和公民教育的产生，提供了可靠的物质保障。主要有四点表现：第一，英国工业化运动和全球殖民扩张，为国内公民运动和后来的公民教育创造了必要的经济基础、物质保障和技术支持；第二，英国18世纪自由竞争资本主义的发展，市场经济的繁荣，以及海外殖民掠夺对个人主义的激发，强化了英国公民的自我意识、平等意识、法治意识、创新意识、敬业意识、权利意识；第三，英国社会进行物质经济基础建设的实践、海外殖民地管理，为公民教育的开展提供了经验和借鉴；第四，英国资本主义追求物质富裕和个人享受的利益动机，为公民意志的孕育和公民教育的产生提供了精神动力。

（二）政治制度的支持

"公民"本质上是"自由"的代名词，公民的精神就是自由的精神。"公民教育"不仅意味着从事这项工作和接受这项教育需要自由，而且这项工作本身就是以培养自由的意志和品格为使命的。因此，公民之存在和公民教育

的开展，需要政治和法律制度为其提供保障。在现代社会中，宪政是迄今
为止人类发明的保障自由的最好的政治。宪政与自由存在着内在的必然联
系。李大钊指出："宪法上之自由，为立宪国民生存必需之要求；无宪法上之
自由，则无立宪国民生存之价值。"① 而法律，只有体现人的理性才算得上治
国的根本之策。英国公民教育的潜流和后来的复兴，乃是由于英国特殊的君
主立宪整体的推动和保障。这一无可争辩的事实，完全可以从公民、公民社
会、公民参与所赖以发育和发生的内在条件中得到说明。这在既实行严格的
专制压迫又有甘愿为臣民的人口的中国古代社会里，简直是不可想象的政治
社会事实。这在实行与英国相似的国家政体的国家中，资产阶级革命胜利后
的美国、法国以及实行维新改造后的日本，也正因为都采取了共和的民主政
体，因而给民众享受结社的自由以及合法地监督政府提供了机会和条件。在
英国历史上，早在 1640 年，克伦威尔（Cromwell）就第一个率先在世界上
举起了反对封建王权的政治斗争旗帜，不仅带来了英国历史的近代转型，而
且也引发了法国和美国相继发生的资产阶级革命，从而将世界引入一个历史
新纪元。1688 年，君主立宪最终获得成功，动摇了英皇的绝对权威，使其
成为只享受国民敬仰而无绝对权力的荣誉性国家象征。这两次历史性的革命
运动，在资产阶级取得最终胜利的条件下，一方面实现并保障了国家的统
一、社会的安定，另一方面不同程度地为英国普通民众争取到了更多的自由
和权利，并享受着宪法所规定的自由和工业经济所铸就的繁荣。

　　毫无疑问，英国自 1688 年光荣革命之后所建立起来的民主宪政体制，
对英国公民意识、公民意志的发育和强化，也同样起到了相当重要的推动作
用。具体表现有以下几点：第一，自由民主运动孕育了公民精神，锻炼了公
民技能，提高了公民素质，改善了公民素养，并与公民精神和意志的发育生
长相融合，从而加速了英国公民运动和公民教育复兴的历史进程；第二，英

---

① 参见《李大钊全集》第 1 卷，人民出版社 2006 年 3 月第 1 版，第 228 页。

国历史上各个时期的社会政治运动的宣言和斗争口号，极大地鼓舞和引导着英国社会的公民运动，并为后来的公民教育提供了重要的理念和思想方法；第三，英国在光荣革命之后成功地建立起来的民主宪政制度和国家政体，为公民的自由政治运动提供了制度保障和支持，也为当今的英国青少年公民教育提供了体制和制度资源。

总之，英国在世界上较早地建立和实行了民主宪政体制的国家制度，在几乎所有其他国家，民主宪政都是在最近两百年，甚至几十年才成为其他许多国家共同的诉求。而正是英国民主宪政的最早建立和实行，才使得英国公民的公民意识、公民意志得到持续的发育和顽强的生长。不过，公民教育决不是"纸上谈兵"，更不是仅仅停留于学术和理论探讨之中，它在任何时候都需要社会实践运动的推动，它需要通过实际的实践活动的体验和洗礼，才能最终形成并发展起来。

三、社会实践条件

任何社会事物说到底都是实践的产物，思想文化的、政治经济的人类文明的成果，自始至终都是人们社会实践的结晶。公民运动实质是人类的自由民主运动，公民教育则是为着适应这一运动的需要而产生，它同时又是在这一运动的推动下发展着的。

（一）民主政治运动的激励

"民主政治"是公元前508年至前507年被引入雅典，并于公元前322年至前321年由于马其顿的侵入而告终。[①] 古希腊所谓的"民主政治"，是多数压迫少数的阶级专制，并非"全民政治"，更非"人民当家作主"。它只是人类向民主政治道路的一次有益的尝试。欧洲中世纪时期的神学专制，则是以"上帝"的名义实行的最残暴的独裁和禁锢。即使是文艺复兴时期的

---

① Mogens Herman Hansen, *The Athenian Democracy in the Age of Demosthenes* (Oxford, England: Basil Blackwell, 1991), p.3.

马基雅维利和此后的霍布斯，他们的政治思想仍然尚未摆脱国家对人民的专制统治的思想藩篱。为了冲破历史上延续千年之久的专制枷锁，英国人首先展开了斗争。先是抗击外族入侵，后是反对宗教压迫，与封建王权对垒，可以说一部英国的历史就是一部为自由而斗争的历史。由于人民的反抗和斗争，13世纪《大宪章》得以制定，1689年《权利法案》得以诞生，1829年天主教徒获得解放，1832年议会改革法出台，1846年《谷物法》被颁布……特别是先后以洛克和潘恩、亚当·斯密和老密尔、理·科布顿和约·布莱特等为旗帜的三个时期的自由主义思想运动以及19世纪英国工人阶级举行的宪章运动等这些不屈不挠的斗争，这些运动和斗争激励和引导着英国人民战胜神学愚弄和蹂躏、摆脱封建专制压榨，并使他们最终走上了自由和民主的政治道路。除了英国人自己进行的政治斗争外，法国和美国这两个西方国家在英国资产阶级革命的影响下，也相继发生了反对封建专制统治和殖民压迫的政治武装革命运动。18世纪中后期美国进行的独立战争及其所制定和颁布的《独立宣言》、美国新宪法、《人权法案》以及三权分立的政体结构，特别是作为"立法机构手中驾驭政府中行政公仆的缰绳"[1]的"弹劾权"，无疑都是民主政治实践的极好范例。18世纪末期法国资产阶级、农民、城市贫民反对封建教会、封建君主专制的政治大革命以及对平等自由、人民主权思想的实践，尤其是革命进程中诞生的《人权和公民权宣言》(1789年8月26日颁布)，依据18世纪的启蒙学说和自然权论，宣布自由、财产、安全和反抗压迫是每个公民的天赋权利，申明人权、言论、信仰、著作和出版等自由必须受到尊重和保护，以及法律面前人人平等和公民的私有财产神圣不可侵犯的原则，阐明司法、行政、立法三权分立的原则，等等。

从1215年的"大宪章"(Magra Carta)改革开始，英国激进派一直在斗争，经过近三百年的宗教战争，直至英国的克伦威尔领导新教徒(Protes-

---

① 参见汉弥尔顿等：《联邦党人文集》，商务印书馆1980年版，第333页。

tant），以军事武装处死了英皇查理一世，终于发生了1688年的"光荣革命"。革命之后，英国遂成为两党（保守党与自由党）争雄的比较自由的立宪国家，同欧洲大陆当时一直受罗马天主教影响的君主与教皇联合专政的极权政治国家，形成对峙的局面。同时，欧洲大陆国家中的激进主义者受其影响，也走上从启蒙到革命的大道。法国18世纪末的大革命，就是法国人民从反对大独裁者路易十四世国王开始的革命。在法国大革命中，路易十四的后代路易十六也被送上了断头台。而英国的新教徒（又称抗议教，以清教徒的名称出现）不满于国内的宗教压迫和政治迫害，乘"五月花"船逃到北美波士顿，成立一个国外的反天主教政府，即新教政府。它和英国国内兴起的苏格兰新教站在一起，同天主教的北爱尔兰进行了经久不息的战斗。这些逃到美洲大陆的英国清教徒，带着往日的意志和精神，为着新大陆的自由，在英国资产阶级革命的影响和启发下首先进行不满于欧洲殖民统治的独立战争，随后又领导发动了"废奴运动"和资产阶级革命。这一实际情况，使英国的激进主义潮流同全欧洲天主教保守势力的斗争加剧，而且直接对法国社会产生影响，并推动了法国资产阶级大革命运动，使得欧美社会的自由民主的政治革命运动联成一体，极大地推动了人类自由运动的历史进程。

英国历史上的这些社会革命运动，从一开始就是在一种公民诉求、公民精神的推动下进行的。它们以自由、民主价值观为取向，既为公民政治的产生创造了条件，又直接孕育和刺激了公民政治的发育和诞生。在这些社会革命运动的过程中，政治革命斗争和以文明进步为指向的社会运动与公民的政治、公民的诉求、公民的精神、公民的力量始终都是融合共生的，而前者的胜利正好使后者得到强化和提升，并为后者的发展提供条件、动力和经验。

（二）实践经验的引导

斯普兰格（Eduard Spranger,1882—1963）认为，教育是一种文化活动（Kulturaetigkeit），而文化却"是人类心灵所作的一种价值创造的历程"。① 文化滋润人、塑造人，而教育则改造人、培养人。康德认为"文化"即"自然的目的"（Kultur ist der letze Zweck der Natur），而教育则是实现这种自然的目的的手段。公民教育作为一种"社会再制"，首先是要造就参与这种"社会再制"的合适的人口。为了保证"社会再制"的方向，一切参与其中的人们需要具备高尚的公民的灵魂。因此，公民教育究其本质乃是一种塑造人的灵魂的工程。但是，公民教育何以塑造健全的高尚的人的灵魂，何以保证培养的社会成员成为国家所需要的合格的公民，显然这既是一个需要理念指导的理论问题，也是一个需要借助正确方法有效实施的实践问题。

对于英国而言，指引公民教育实施的积极因素有三个方面：一是公民教育理论探索的科学观点；二是公民教育实践的方法选择；三是公民教育实践尝试的启发。

1. 公民教育真理观的指引

所谓教育，乃是"人类之间相互影响的活动"，其功用"在帮助人们创造有价值的世界"②，并为"来生"作准备；公民教育的目的"在于发展健全的个性"，并"造成适合于国家及时代需要的有用公民"③。因此，公民教育是最具人类良心的活动领域④。自古代希腊罗马时代以来，不少思想家对公民教育进行过积极的探索，提出了很有价值的观点和主张，给后人留下了宝贵的精神遗产。柏拉图指出，教育的根本目的在于引导人的"心灵转向"，最大限度实现人们各自的潜能，从而满足和服务于国家的需要。他要求取消封建等级教育，以保证人人都可以平等地接受教育。弗里德里

---

① 田培林著，贾馥茗编：《教育与文化》（上册），五南图书出版社有限公司 1976 年 7 月第 1 版，第 9 页。

② 同上书，第 3、18 页。

③ 参见张秀雄主编：《公民教育的理论与实践》，台北：师大书苑 2002 年 10 月第二版，第 3 页。

④ 参见张楚廷：《教育哲学》，教育科学出版社 2006 年 8 月第 1 版。

克·福禄贝尔（Friedrch Froebel, 1728—1852）提出"幼儿园应该养育和保护好儿童与生俱来的善良天性"。由前人的教育思想看出，教育是个体幸福和发展的"助推器"，其目的在于提升人的境界。①它必须解决人的"人品"、"幸福"、"意义"、"信仰"、"价值观"、"自我认同"等问题。它指出问题，传播理论，讨论意义，启发心智，介绍榜样，培植信念，言传身教，归根结底是如何理解和发展人的心灵的问题。②在英国的公民教育实践中，各级各类教育得到普及，儿童教育和发展问题受到普遍重视，民主法治价值观教育不断通过各种形式和途径得到加强，显然都是和这些教育思想观点的影响密切相关的。

2. 公民教育实践的方法借鉴

公民教育不仅是一种古老的传统教育，同时也是一种随时代而不断改革发展的创新教育。因此，公民教育的方法既需要应时代之需而坚持创新，也需要学习和继承前人的好的方法论经验。在此方面，"苏格拉底方法"和"柏拉图式"教育理念等都给后人提供有益的启示。"苏格拉底方法"要求，教师引导学生，同学生进行非正式的自由交流，支持学生"随心所欲、来去自由"，以问题的逻辑性、真理性、时政性、重要性推动并由此掌握整个教学环节。"柏拉图式"教育理念强调，重视文学、艺术的课程地位，强调博雅教育（liberal education）。亚里士多德提出通过实践进行美德教育。洛克强调环境与教育的巨大作用，强调在体魄与德行方面进行刻苦锻炼，认为教育应当"培养儿童所固有的观察、思维和感受的能力"。他主张严格、慎重地挑选德性好、能力强，并且娴于礼仪、精通人情世故的导师，从幼年起就对未来的绅士进行家庭教育。卢梭提出自由主义的儿童教育思想，其主要内容有：儿童天性善良，教育必须积极探索一切适合于儿童发育成长并为儿童所乐于和易于

---

① 参见李石岑：《教育哲学》，商务印书馆1925年版，第23—24页。

② 张法琨选编：《古希腊教育论著选》，人民教育出版社2007年3月第2版，第10页。

接受的教育方式和方法，并在实践中运用它们；儿童的身心处于发展变化之中，教育需要准确把握儿童身心发展的阶段性特征，及时有效地实施恰当的儿童教育；教师和整个儿童教育的过程应该承担起"看护"儿童善良天性的职责；实行男女有别的教育。约拿·海恩里奇·费斯泰洛奇（Johann Heinrich Pestalozzi，1746—1827）提出了"实物教学"法，认为：教育必须重视实物教学和道德的关联性，并实现实物教学的道德教育目的；儿童之间智慧和潜能并无根本差别，重视对贫困儿童的教育。他主张，教育应当"发展儿童的道德、智慧和身体各方面的能力"。杜威提出教育"即生长"、即"生活的预备"的观点。弗里德里克·福禄尔认为，幼儿园应该养育和保护好儿童与生俱来的善良天性；必须发挥实物教学的道德教育功能。另外，古代雅典还有运用生动和形象的悲喜剧表演，以"重复地将公民们身为公民所会有的关切表达出来"①的传统；公元前5世纪希腊城邦的一批自称"智者"的职业教师，则通过向学生传授有关辩论、诉讼、演讲、修辞以及政治参与等的知识和技巧，进行对人与社会的探讨。这些方法，体现着主体性、平等性、创造性的立场和原则，对当代英国公民教育别开生面的课堂教学、参与教育无疑产生了重要的影响。

四、公民理论基础

西方公民理论主要有：公民共和主义（Republicanism）、公民自由主义（Liberalism）、公民社群主义（Communitarianism）、多元文化主义（Multi-culturalism）。它们作为特定历史时代的思想政治理论，对公民教育的理论和实践具有很强的理论指导意义，今天依然是英国青少年公民教育重要的理论

---

① Christian Meier, *The Political Art of Greek Tragedy*（Baltimore, M. D. : The Johns Hopkins University Press, 1993, English translation by Andrew Webber），p.3. 转引自参见陈思贤：《西洋政治思想史》（古典世界篇），吉林出版集团有限责任公司2008年8月第1版，第39页。

支撑。

（一）公民共和主义

共和主义（有时又叫古典共和主义或公民人文主义）的传统源于古希腊、罗马的政治思想，主张以公民德行或公民资格来界定公益（public good, 指公民在公共领域中所形成和追求的共同目的），并将民主政治视为达到公益目标的一种途径。亚里士多德（Aristotle）是人类历史上共和主义公民身份古典范式的奠基者。之后则由斯多葛学派（Stoicism）创立者芝诺（Zeno）传承于古代罗马，为西塞罗（Cicero）所发扬光大。到了西欧近代启蒙运动时期成为马基雅维利（Niccolò Machiavelli）和卢梭的思想来源。共和主义这种思潮和政治哲学的主张曾是主导 18 世纪以前西方政治思想的重要理论流派。

共和主义的基本假设是：一个好人有足够的能力成为一个好公民，而使得一个好人成为一个好公民的先决条件是具有公民德行。公民德行即一种公共的精神，是一种每个公民都需要具备的潜在能力，这种潜力使得公民愿意服从于公益和公意，并同时支持和维护共同体利益。以此为先决条件，个人的自由方能实现并获得保障。

古典的共和主义公民观，主要强调四个方面的内容：（1）具有公民资格和身份的共同体成员，同时成为制定和执行公共决策的参与者，即在一个共同体内既是"统治者"，又是"被统治者"；（2）凡根据规定基于自身条件被赋予合法公民身份的城邦成员，必须是"无私地"参与共同体公共事务，即"公家的人"做"公家的事"，在这里，公民既成了共同体的"官"，又是共同体的"工具"，而公益和私利也就自然泾渭分明、互不相干，个人必须以公共利益为其行为的最高标准，并自觉地向公共利益让渡；（3）公民被赋予了"大公无私"的道德要求；（4）公共意志和利益是一种公共善，属于美德之列。

古典的共和主义的公民教育思想认为：一切公民的美德并非自然生成，

需要依靠教育来培养和训练；① 实践和体验是培养公民人格的重要途径和手段；公民应该主动参与服务公益的实践活动，以此促进公民意识的养成；公民权利的实践比公民权利本身更具有意义，因此主动积极和有效地参与公共事务是获得公民资格的必要条件。为此，共和主义公民教育思想设计的课程的内容全面地涵盖了上述几个方面的重要因素（如下图）。关于公民教育方法，共和主义公民教育思想的重要代表人物 Pratte 认为，有以下八个要点：（1）实践公民德性和参与公共事务；（2）批判反省；（3）公正和客观地决策；（4）平等和公开地讨论；（5）互惠和互尊地交往；（6）理性和积极地结社；（7）组织和参与社区服务；（8）强化公民意识和公民认同。

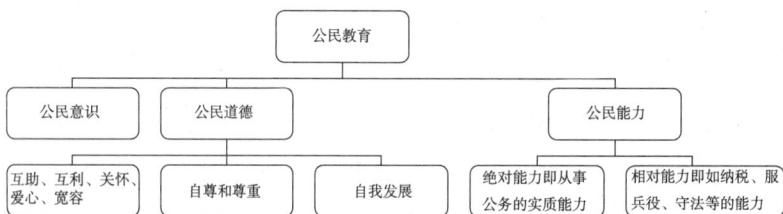

（二）公民自由主义

这是一种形成于自宗教改革与启蒙运动以来的西方自由民主运动之中，以解决"美好生活难题"为出发点的社会思潮。它适应了 18 世纪以后人类崇尚自由、民主、平等、博爱的现代性诉求，满足了共和主义所不能满足的人类的新需求。20 世纪 70 年代以来，罗尔斯的《正义论》以公平的正义原则和差异原则赋予公平、正义和个人权利以优先地位，为公民自由主义注入了新的活力。

自由主义的基本理念是：尊重人性，肯定个人自主性和个人自由权利的优先性，重视人的平等性和政治中立，坚持和认同多元价值观。以自由、平等、民主为核心的自由主义是自由主义公民思想和公民教育的哲学基础。它

---

① Pratte, Richard（1988）. *The Civic Imperative: Examining the Need for Civic Education*. New York: Teachers College Press.

强调：个人权利享有独立和超然性，任何个人之外的利益和意志不得侵害个人的权利、自由以及价值观与诉求，即个人不得遭受任何外界力量的奴役和剥削。个人的权益必须受到与国家之间的"契约"的保护。① 以此为根据，国家和其他形式的共同体应该自觉地担当起实现和保障个人权益的工具，而不得作出干扰公权力和侵犯私权利的行为。与此同时，自由主义的公民观还十分重视权力客体和主体之间的彼此相互尊重和维护，认为个人之间彼此的权利和自由不可以造成相互的干扰和侵害。

另外，自由主义思想流派还有一种假设：在任何一个民主社会中，客观地存在一个公认的正确价值体系和正义原则，这一社会共识是一笔巨大的公共精神财富。然而，人类天生的自我中心的倾向以及彼此缺乏忠诚与信任的事实，致使社会和人际关系总不能持续稳定与和谐。②

关于自由主义公民教育的重要观点，这种思潮认为：自由主义政治哲学是个人、社会和国家生活的基础，是公民教育的灵魂和准则，并成为自由民主社会的理论基础；公民教育的内涵因政治社群性质的差异而各有不同；民主国家的教育体系，必须向公民"人性化地"灌输政治秩序的基本概念与价值观。而公民教育的任务则在于促使公民能够树立维护政治秩序与社会现状的意识，特别是要培养公民对于国家的政治忠诚，同时为现存社会秩序的良性运行作出贡献；现存社会和国家制度与公民精神之间的文化落差，是社会不稳定的因素，成功的公民教育应当成为消除这种落差、培育公民意志和国家目标和谐一致的工具，并以此作为评价公民教育成败优劣的基本标准；自由社会公民教育的根本目标不是追求什么真理，而是"有意识的社会再制"，以培育和陶冶出民主社会所需要的公民性格与人品，从而使公民能够

① 参见 Oldfield, Adrian（1990）. *Citizenship and Community: Civic Republicanism and the Modern World*. London: Routledge, p.188.
② 分别参见 *The Republic*（Trans.）. Desmond Lee, Penguin Books, 1955. pp.129–176；[美]约翰·罗尔斯著，何怀宏等译：《正义论》，中国社会科学出版社 1988 年 3 月第 1 版，第 263 页。

参与塑造以及再造社会的过程。在这个过程中，自由主义不仅维持了对个人自由的承诺，同时也达到了社会正义的目标。显然，自由主义的公民观，强调个人的自由权利和为个人自由选择提供公正环境的重要性，将个人权利视为实现公共利益的自然前提，因而认为只有个人才是社会公正的最高标准和价值。①

关于自由主义公民教育的方法，这种思想则主张，不能强制地灌输某种特殊的价值观和政治主张，必须通过公民教育的培养，使公民有能力自我管理维持社会的和平与秩序，实现自己理想的生活方式。

（三）公民社群主义

社群主义又被称为社团主义或群体主义，系统地批判新自由主义的政治哲学思潮，往往被称为政治社群主义。它是对 20 世纪 70 年代以来以罗尔斯思想为代表的左派自由主义的批判性反映。第二次世界大战以后，以功利和权利为基础的道德理论解构了传统社会的道德规范和价值标准，现实社会正经历着前所未有的道德沦落。社群主义论者面对社会文明高度发达，而道德文化却日渐沦陷的自由主义社会，开始反省和批判自由主义理论的弊端和缺陷，渴望共和主义式的思想和品格的复归。社群主义思想的重要代表麦金泰尔（A.MacIntyre）发现了当代自由主义社会道德混乱和纷争的问题症结，指出道德判断的客观标准的缺失是问题的根本。另一位自由主义学者泰勒（Taylor）认为，个人选择的能力不能离开特定的社会或文化环境，特别是不能离开特定的社会生活实践。而这正是自由主义的根本缺陷。基于此，社群主义论者为了面对和回应现实，首先重申并反复强调了社群与个人间的重要关系及以社群为基础的道德生活的必要性；其次指出了社群对于公民个人的基本价值和主要内容，因而高度重视公民间的共同关系对个人的自我认同的重要性；再次阐明公民作为社群的公民成员，其各自对于社群的认同与

---

① 俞可平：《社群主义》，中国社会科学出版社 2005 年 5 月第 2 版，"导论"，第 1、2、4 页。

优良的公民德性和德行是其公民资格和身份的基本前提与核心。社群主义理论的一个重要目标，是要表明社群组织在现实社会中的重要性，并要求个人的尊严、权利和自由，需要和共同体的利益相统一。可见，作为新自由主义对手的社群主义"既承认个人的尊严，又承认人类存在的社会性"。它宣称："只有公共利益，而不是个人利益，才是人类最高的价值"；它坚持反对在现代西方社会占统治地位的个人主义的自由主义，主张用社群主义的观点处理我们这一时代所有重大的社会的、道德的和法律的问题。

社群主义的公民教育观最重要的目的就在于培养公民个体成员的社群认同感和归宿感，并通过公民主动和积极的参与与有效实践，培育社群公共意识，促进其热心公益的热情和意志，从而重建一种集体价值取向的公民德性。可见，社群主义的公民教育观重视培养公民的公共意识，力求树立良好的社会公德规范，同时强调公民德性的实践，重视公民责任意识的启发和引导，强调普遍的善和公共利益优先的原则，主张通过个人履行对于共同体的义务实现公共利益，并动员共同体成员积极参与服务于社群公共利益的各种社会实践活动。

（四）公民多元文化主义

这是一种自 20 世纪中后期以来随世界全球化、多极化、多元化趋势而出现的一种社会思潮。它是基于现实多元诉求的社会生活实践，为了适应多元诉求对于传统共和主义与自由主义的内在张力而留下的问题空间，并着眼于寻找后两种思想所留下的问题症结，同时试图设计解决问题的办法而产生的。尤其在今天高度文明发达的时代，弱势群体正受到强势群体的影响与压迫依旧是不争的现实，这种社会不正义的情形成为多元主义公民和公民教育观的社会时代依据。

文化多元主义公民观认为：当代社会多元异质，任何单一文化认同的霸权，特别是主流文化的专制，将与时代相悖；自由主义和共和主义各自从自己的立场强调思想文化的"同质性"，显然与多样形态和多元诉求不相适应；

因此，差异共存、包容共生，则是符合社会现实的理性主张。① 多元文化主义论者对当前主流文化和国家政治意识形态实行话语垄断深恶痛绝；但同时对社会多元化所呈现的公民意识的纷乱和分歧深感忧虑，认为思想文化和社会意识领域中的相互拒斥已经到了十分严重的地步，它将对民主公民资质的培育和形成造成阻碍。② 面对这种局面，多元文化论者提出了"差异公民"概念，以将公民个人之间的多样化差异植入公共生活和政治领域，从而消除族群对于个人的打压。为此目的，他们提出了建构一种"差异政治"（politics of difference）的理念和制度主张。③ 多元文化论者的教育基本主张是：必须消解主流和强势文化价值对弱势群体文化价值的控制和屏蔽，教育资源和机会向少数族群开放，教育内容对少数族群独特的文化价值观实行尊重、包容和吸纳，保障、保护弱势族群的文化价值。鉴于异质多元的民主公民社会，公民教育的内涵在于：多样化差异之间的相互尊重。为此，公民教育必须设定正确的目标，即培养和增强积极地面对与解决不同文化冲突的能力和艺术技巧。

上述几种思潮中，"权利"和"义务"是内在于其中的理论焦点。一般说来，公民共和主义强调公民尽义务而要求让渡"私权利"；公民自由主义重视公民个人权利而要求共同体对其加以充分尊重和维护；公民社群主义主张共同体的权利，试图在前两者之间进行调和，结果还是导致了对个人权利的不当的忽视；多元文化主义希望人们尊重彼此的权利，但却留下了尊重差异、淡化共识的印象。虽然，这些公民思潮并不绝对偏袒和忽视权利和义务的其中任何一方，但终究还是难于两全。人类要前进，文明要发展，必须深化对权利和义务及其关系的科学认识。英国青少年公民教育，将国家和社会

---

① Young, Iris Marion, 1995, *Campus Wars: Mulitculturalism and the Politics of Difference*, Colorado: Westview Press.

② 刘阿荣：《多元文化与民主公民资质》，参见张秀雄、邓毓浩主编：《多元文化与公民教育》，台北：韦伯文化国际出版有限公司 2006 年 11 月版，第 6—7 页。

③ 林火旺：《正义与公民》，吉林出版集团有限责任公司 2008 年 4 月第 1 版，第 161 页。

利益同青少年的现实利益和未来的发展利益相统一，从培养和树立公民性做起，通过教学和实践参与，树立未成年"准公民"的公民意识。其公民教育的目标、内容、课程、教材以及公民教育的实践主体，包括对公民教育的评价理念，都离不开上述公民思想的影响和指导。

（五）"公民权"思想

西方公民权思想是一种关于社会平等的政治哲学理念，它从阿尔弗雷德·马歇尔和 T. H. 马歇尔先后于 1873 年发表"工人阶级的未来"和"公民权与社会阶级"的演讲以来，经过吉登斯、雅诺斯基等的不断修正和完善，至今对西方公民政治哲学的理论研究发挥重要的指导作用。

西方公民权思想是 20 世纪中期英国社会学家 T. H. 马歇尔基于经济学家阿尔弗雷德·马歇尔于 1873 年发表的"工人阶级的未来"演说的启发而提出的重要思想。1873 年，阿尔弗雷德·马歇尔在剑桥改良俱乐部作了"工人阶级的未来"的演讲，阐述了他关于赋予工人阶级接受教育与享受休闲的权利以及通过公民教育培养独立性、增强责任感和提高人格素养的思想，表达了他强烈的社会关怀和对工人阶级的同情以及一种基于成员身份的基本人类平等。[①] 他的这一思想与情怀给予了 T. H. 马歇尔思考"公民权"问题的启发。1949 年，T. H. 马歇尔在伦敦经济学院发表了关于"公民权与社会阶级"（Citizenship and Social Class）的演讲[②]，着眼于普通公民群众的权利诉求，表达出一种着眼于权利、身份、地位平等的"有意识的社会再制"的初衷与信念，以及一种民主福利资本主义的"复合社会"（hyphenated society）

---

① ［英］T. H. 马歇尔：《公民权与社会阶级》，剑桥大学出版社 1950 年版，系其在伦敦经济学院的演讲稿的结集。

② 该著作通常被看做马歇尔基于英国历史和经验对福利国家起源的探究，而他所提出的"社会权利"则为福利国家的建立提供了重要理论根据。这种观点在社会福利和社会政策研究中已得到广泛认可。参见钱宁：《从人道主义到公民权利——现代社会福利政治道德观念的历史演变》，《社会学研究》2004 年第 1 期；郑秉文：《社会权利：现代福利国家模式的起源与诠释》，《山东大学学报》（哲社版）2005 年第 2 期。

的思想。他的这一思想在其后期的研究中体现得尤其明显，被洛克伍德赞誉为"在视角和概念化的胆略上都决不亚于那些标志着现代社会学起源的经典文献"。①

　　西方关于公民权思想的贡献，在于公民权概念的提出和对其内涵的揭示，以及对公民权结构要素及其意义的阐述。首先，关于概念和内涵。T. H. 马歇尔指出：所谓公民权，"是给予那些一个共同体的完全成员的一种地位（status），所有拥有这种地位的人就这种地位所授予的权利和义务而言是平等的"②。他认为公民权的内涵有两个方面：一、它是一种地位，既赋予这种地位以权利的意义，又提出义务的要求，两者同等重要；二、它代表一种平等原则，包括三个基本维度：一是民事权（civil rights），二是政治权（political rights），三是社会权（social rights）。其次，关于结构要素和意义。马歇尔指出，公民权表达了两项关切：一是人们基本人类平等为基础的共同体完全成员身份（full membership）而平等地享受到文明体面的生活；二是社会成员基于平等的公民身份平等地享受为法律所规定、受法律所保护的各项基本权利。不仅如此，马歇尔还指出，公民权从"古代"向"现代"转化，经历了两个重要阶段，发生了两次根本性的变化：第一次是，公民权各个要素由于内部结构的分化和演变，而最终能够独立地向前演进；第二次是，公民权由于国家因素的介入而开始从"地方性制度"发展成为"国家性制度"，发生了实质性的改变。与此相适应，公民权的三个要素也经历了"波浪式"的历史演变；其中，民事权主要发展于18世纪，政治权对应于19世纪，社会权则对应于20世纪。这一阶段至今已延续了300多年的时间。这三个要素总体上经历了从"民事权"到"政治权"再到"社会权"的历史过程。

---

① T. H. 马歇尔：《公民身份与社会阶级》。载郭忠华、刘训练编：《公民身份与社会阶级》，江苏人民出版社2007年版。

② Marshall, T. H. , *Citizenship and Social Class*. In T. H. Marshall & Tom Bottomore（eds.），*Citizenship and Social Class*. London：Pluto Press, 1992, p. 8.

　　公民权概念的提出进一步深化和凸显出公民权与社会运动之间的内在必然联系，促成了整个有关资本主义社会阶级结构讨论的重新定向，[①] 具有推动自由民主社会运动的积极作用。其社会历史影响主要有以下几点体现。第一，民事权于 18 世纪最先获得发展，赋予公民以自由地位，具有浓厚的个人主义色彩，但它刺激和推动了资本主义的发展。它与资本主义发展相辅相成、互为条件。第二，政治权在 19 世纪以选举权和被选举权为核心，对议会选举和决策体系产生了重要影响。但当时还只是民事权的一种附属物，充其量还只是公民权的"外壳"而已。19 世纪中期以后，由于工人阶级在政治舞台上的出色表现，一种与政治公民权（political citizenship）相平行的次级工业公民权系统（secondary system of industrial citizenship）应运而生。它是工人阶级提高自身经济社会政治地位的一种重要手段，极大地加速了产业公民民主政治意识的高度觉醒。其要求平等的主张同时又是一项社会正义的原则、"一种新的平等观念，即平等社会价值的观念"，而并非仅仅是"平等自然权利（equal natural rights）的观念"。这一平等社会价值的观念无疑为 20 世纪平等主义政策的发展提供了重要的思想基础，是 20 世纪公民社会权发展的重要精神力量。第三，社会权 19 世纪末期之后开始正式渗入公民权结构之中，是一种公民要求获得实际收入（real income）的普遍权利，这种实际收入并不按人们的市场价值来衡量，它保证了公民对其某种应得性权利的绝对拥有。社会权所带来的第三次冲击几乎直接震撼了资本主义阶级结构的根基，[②] 对资本主义社会的权力结构产生了颠覆性的破坏。显然，公民权的现代发展，及其成为社会分层的一种工具，促进了现代社会"不再仅仅试图减少社会最底层阶级的贫困所带来的明显痛苦，而开始采取行动以改变整个社会的不平等模式。它不再像从前一样只满足

---

① 参见［美］托马斯·雅诺斯基（Thomas Janoski）著，柯雄译：《公民与文明社会：自由主义政体、传统政体和社会民主政体下的权利与义务框架》，辽宁教育出版社 2000 年版。
② 参见褚松燕：《个体与共同体：公民资格的演变及其意义》，中国社会科学出版社 2003 年版。

提高作为社会大厦之根基的底层结构，而对上层结构原封不动；它开始重建整个大厦，哪怕这样做可能会以摩天大楼变成平房的结局告终也在所不惜"。①

在英国历史上，社会民主政治运动的每一步前进，都是特定政治思想和精神理念推动、激励和引导的结果。300 多年前的英国社会，公民和公民教育的概念、公民课的设置，几乎还没有在人们的意识中产生，更没有被纳入国家课程计划，可是在此之前却数次发生了社会中下层人民为争取自由民主人权的基本权利而同国家政权抗争的政治运动。这些民主政治的运动，就是公民性特别是公民精神和意志对社会历史推动的结果，它通过无数次的斗争、辩论、思考和探索，终于强化了人们对于基本权利和义务的认识和意识，并使其逐渐地清晰起来。在公民教育的理论探索和实践过程中，公民权作为现代民主政治的一种理念和精神，特别是作为政治哲学思想的公民权思想，无疑提高了人们对公民教育的认识水平，确立了公民教育促进公民权利精神和义务意识的根本旨趣。

（六）"公民性"观点

自 20 世纪末以来，Arthur，Davison，Stow 等英国学者对公民性（citizenship）进行了研究，指出了公民性具有自由主义式、放浪形骸式、传统保守式、社群主义式四种类型，以这四种类型的公民性为培养目标的公民教育相应地称为自由主义式公民教育、放浪形骸式公民教育、传统保守式公民教育、社群主义式公民教育。第一，自由主义式公民性，包含敬业、竞争、创造的精神，但也有散漫、自利和不受管束的习性。第二，放浪形骸式的公民性，反对德性、公共性和传统，对公共善并不持积极的态度；相反，它是要谋取最大限度的个人自由。第三，传统保守式的公民性，既强调服从权力和屈从、从众、驯良，又重视尊重、责任、自律。第四，社群主义式的公民

---

① 参见［美］托马斯·雅诺斯基（Thomas Janoski）著，柯雄译：《公民与文明社会：自由主义政体、传统政体和社会民主政体下的权利与义务框架》，辽宁教育出版社 2000 年版。

性，强调个人的社会角色，注重个人对集体意志的依赖，关注个人的社会协调意趣，坚持社会的整体性教育价值；主张在共同体内提倡一种民主和参与的精神。但同时也易于传播一种多数主义的思维范式和处世哲学，推崇一种多数主义的道德至上性。上述四种公民性，是公民成长过程中必然具有的性质和发生的现象状况，具有如下特征：

自由主义型（第一种类型）	放浪形骸型（第二种类型）
市场取向	个人主义取向
职业精神	物质主义
精英主义	纵容型
英才教育	享乐主义
功利主义	去政治化倾向
传统保守型（第三种类型）	公共社群型（第四种类型）
传统	集体主义
忠诚	民主
家庭	服务
乡土意识	合作
友谊	利他主义
道德	共同体意识

　　以上四种类型或者途径，也叫作实用主义型、个人主义型、循规蹈矩型和社区公共型。其中，第一、第二和第三、第四分别形成两类完全相反的公民特性。

　　关于公民性的结构和外延，依据英国"国际教育业绩评估协会"的研究，公民性和公民知识、公民能力等密切相关。在其相互之间的关系中，知识是能力的基础，能力是知识的转化和延伸，人们运用知识思考和解决具体问题，两者同时需要以公民性为动力，并由其提供方向；公民性则源于知识和能力，需要知识和能力提供养料，公民性中也具有知识和能力的"影子"；公民性根本上是一种对民主和制度的根本价值的理解和态度，而这种理解则需要知识和能力的支持[①]。因此，公民性的培养，离不开学习和实践。这里，英国学者关于公民性的观点，已经涉及其中的内涵、类型、关系、结构以及培养的途径等问题。

第二节　英国青少年公民教育发育生长的进程

英国历史上虽没有明确的公民教育，但却长期孕育着这颗种子。这颗种子的孕育、萌发、形成、发展经历了漫长曲折的过程，在 20 世纪末终于开花结果，并呈现出茁壮成长的态势。

一、历史发展

英国的青少年公民教育的孕育和生长自有自身的历史轨迹，大致经历了五个阶段。

（一）演进的历史

英国历史上，没有其名却有其实的公民教育可以追溯到 16 世纪宗教改革时期。当时随着国家国民教育制度的确立，中小学教育开始逐渐兴起。尽管那时的各级各类学校还具有相当程度的私营性质，但政府对学校的管理和控制却也日渐严格。这主要是因为，历次的宗教改革并不彻底，而长期的社会革命运动，也与宗教保持着某种妥协。16 世纪宗教改革时期学校教育大都涉及宗教、民主和品格等内容。大致从 18 世纪开始，由于工业革命、技术革命、自然科学发展的影响，学校教育开始增加了自然科学知识和技术的

---

① Liam Gearon, *How Do we Learn To Become Good Citizens*? British Education Research Association, 10,2003.

成分。当时以牧师兼化学家、教育家的约瑟夫·普利斯特利指出：我们必须寻找的首先是宗教的和道德的原则，其次是绅士风度的行为，第三是知识的能力。可见，这一时期的英国教育主要以"精神关怀"为主要旨趣。[①]从19世纪初开始，英国对学校教育频繁地进行改革和调整，逐渐地突出和强化着教育的时代性和社会性，使其主要地适应和满足国家发展资本主义的需要。教育的宗教性质有了淡化趋势，但仍保持着课程的指导地位，主要地在精神上对教育发生影响。20世纪，特别是第二次世界大战胜利前夕，英国即已着手对教育进行改革，以适应战后国家和社会建设的新的时代需要。自此之后，英国政府本着教育反省的精神，开始着力考虑现代条件下培养新型国民的问题。自20世纪70年代保守党执政开始，英国政府推行"自由主义"的国家政策，国家开始酝酿在中小学着手开展公民教育。90年代之后，布莱尔政府实行"新自由主义"的教育改革，而今的卡梅伦政府则实施"大社会"的教育战略。这些教育问题上的政策、战略，体现着英国在全球化进程中，面对日新月异的国内外形势，对公民教育的智慧、勇气与共识。

　　总之，英国教育从封建专制条件下的宗教神学教育，到君主专制条件下的臣民教育，又到资本主义宪政条件下的国民教育，再到20世纪末复兴的公民教育，显示出英国公民教育先后经历"暗流涌动"、"琵琶遮面"、"呼之欲出"、"昂首阔步"的进步历程。这是一条由量的积累到局部质变、最后实现根本突破的发展道路。这一稳健、坚韧的历史脚步注定英国公民教育必将硕果累累，不仅推动英国社会自身的文明进步，而且也必将为人类的发展做出贡献。

（二）演进的过程

英国青少年公民教育演变的过程有五个阶段。

1. 在被压抑中"潜滋暗长"（从16世纪至18世纪中叶）

---

① 秦树理主编：《国外公民教育概览》，郑州大学出版社2005年2月第1版，第17页。

在英国，不自觉的公民教育是在西欧大陆古代希腊和罗马的影响下开始的。直到中世纪基督教传入英国，教育才在教会的组织下，得以重新兴起。然而，当时的教育并没有自身的独立性和自主性，而是逐渐沦为教会控制社会的工具，成为封建神学的帮手。在漫长的封建社会，英国只有贵族、高级僧侣以及其他上层社会家庭的孩子才有接受教育的权利。为培养统治阶级的接班人，各个专门为社会上层子弟所设立的公学，其中心任务和根本目的就在于训练和塑造"英国绅士"，而其所开设课程也就服务于此。自16世纪宗教改革以后，英国的国教（基督教，亚利安教）圣公会（The Anglican Church）认为借教育工作可以增进宗教知识、培养宗教情操，进而控制人们的思想与行为①，并最终控制了国家的教育权。鉴于此，各教区的国教会开始向贫苦儿童讲授《圣经》，传授宗教教义，并作出规定，教师必须只有经教会认可，方能从事教学；这种情况直至进入17世纪后，由于其他教派力量的增长，才发生根本改变。18世纪以后，英国各教派均将教育工作当做一种慈善事业。在当时，平民教育对宗教发展的重要性成为英国国教及其他教派的广泛共识。各教派为此而允许和支持广大的劳苦大众学习基本知识，以通过教育而了解宗教教义，并增强其信奉宗教的自觉性。这一时期，宗教团体举办学校，收纳劳动群众的子弟实行宗教教育，这也成为宗教团体内部神职人员工作的一项重要内容。1640年英国首先爆发的资产阶级革命，虽确立了资本主义制度，但由于这一革命的不彻底性和妥协性，君主政体并没有被彻底废除，反而以更加体面的形式被保留了下来。在这种体制下，一代代国民逐渐牢固地树立起了忠诚女王陛下的臣民意识和服从心理。人们普遍倾向于不问政治、安于现状的消极心态，大都不太关心与自身利益相关的政治制度；而与政治相关的诸如公民、公民权利、公民义务等概念内涵与意义价值，人们对此十分麻木和无知。当时的教育权依旧被牢牢地控制在教会手中。

---

① 陈光辉、詹栋梁：《各国公民教育》，台北：水牛出版社1998年版，第141页。

可见，这一时期，英国还没有正式提出公民教育的概念和目标，也无实质性的公民教育的举措。而在全社会所推行的教育主要的还是宗教神学教育。这种情形下的公民教育既不名正言顺，更无应有的理性自觉，尤其没有真正意义上的实质性健全体制、机制与健康的课程内容。也就是说，英国在这一历史时期，尚无公民教育的确切认知，整个的公民教育还处于悄然的发育和萌动之中。

2. 在发育中走向成熟（从 18 世纪后期开始的 200 年间）

1765 年，英国一位化学家兼教师约瑟夫·普里斯特利发表了《论一种旨在文明而积极生活的自由教育课程》(*Essay on a Course of Liberal Education*)，提出在自由教育课程中传递有关国家结构、法律和贸易的知识的主张。这被认为是推行公民教育的最早意见。[①] 不过，普里斯特利是在自由主义传统影响下提出建议的，因而他要求公民教育成为学校和教师的自由，而反对由国家掌握和控制公民教育。因而，他的提议在此后的近百年里没能产生太大的影响。赫伯特·斯宾塞（Herbert Spencer）曾作过如此评价："在学校课程中，几乎没有一点内容是引导一个人成为公民的。仅存的一小部分在这方面有实际价值的历史知识，也没有被合理利用。"[②]1867 年，英国议会进行改革，扩大了选举权，选民数量开始大幅度增加，选民结构也发生了明显变化，特别是一部分工人和低层农民获得了选举权。[③] 人们透过这一现象逐步认识到教育的重要作用，这就为公民教育的兴起创造了一个良好的社会条件。

遗憾的是，英国截止 1870 年之前，就连正式的国民教育制度亦尚未形成，正规的公民教育和训练自然也就无从谈起。此后，广大草根阶层的子弟

---

① 18 世纪后半叶，法国兴起了把公民教育纳入国家教育系统的思想。约瑟夫·普里斯特利是受此影响而提出他的主张的。

② Derek Heater.*The History of Citizenship Education in England*.The Curriculum Journal.2001,Vol.12,No.1.p.106.

③ 阎照祥:《英国政治制度史》，人民出版社 1999 年版，第 340 页。

由于国民教育制度的确立而开始获得接受初等教育的机会，而政府对公共教育的影响和直接干预能力也逐步增强。然而，地方当局和学校依旧最大限度地把持着各自的教育权利，其课程编制和教学材料的选择由此难于实现统一；而且，道德和知识教育虽普遍受到重视，但以民族团结和爱国心为鲜明特色的民族主义却未直接成为教育目的的重要内容。因而，在中央政府难于对全国教育实行集中指导和统一管理的情况下，公民教育虽因个人的发起和地方教育委员会的介入而有所发展，却终未获得应有的加强。① 可喜的是，自 19 世纪 70 年代始，有出版商开始出版公民教育方面的教材，诸如：1871 年出版的弗里德里克·威克斯（Frederick Wicks）的《大不列颠国会和政府》（该书在其后的 8 年中再版 4 次）、阿诺德·福斯特（Arnold Foster）的《公民读本》（此书在 1885—1916 年间销量仅达 25 万本之多）② 等；再者，一些属于公民知识的读本也开始出现，如《公民的生活和职责》等；③ 另外，教育委员会为小学教师制定了公民教育的指导纲要；最后，通过历史教学渗透公民教育这一形式和途径得到推广。

20 世纪前的英国教育，总体上呈现为统一性不足而混乱有余。进入 20 世纪后，由于《1902 年教育法》的出台，国家开始向穷人提供教育机会，出现了教育管理统一、结构合理、实施有效的局面。英国整个的国民教育制度进一步得到完善和加强。到了 20 世纪二三十年代，由于极权主义给社会和人类带来了灾难性的严重后果，英国在世界大战时期便开展了积极的国民教育，加深了人们对公民教育的认识。因而，在教育改革的讨论中，公民教育曾一度成为热门的话题。二战后，英国表示出对公民教育的积极态度，并于1949 年从国家层面发表了有关公民教育的第一个官方文件即《公民在成长》。

① 郑航:《英国中小学公民教育的发展及其特点》,《外国中小学教育》2004 年第 4 期, 第 1—5 页。
② 秦树理:《国外公民教育概览》, 郑州大学出版社 2005 年版, 第 17 页。
③ 蒋一之:《英国公民教育的历史变革与现状分析》,《外国教育研究》2003 年第 11 期, 第37—41 页。

不过，由于其课程框架合法性不够充分，而学校又坚持原有的课程体系，该文件没有产生实际的效果；同时，英国当时对于公民教育的具体途径、具体形式却依旧朦胧含混；另外，学校教育较之于经济恢复和发展重要性相对不足，因而其增强民族认同感和公民意识方面所发挥的整合功能被相对弱化，以至于在 20 世纪 70 年代末之前，英国的公民教育始终处于一种自发状态。此一时期，探讨、研究多于实际行动，非政府组织或民间团体成为倡导和推行公民教育的主体，而作为主渠道的中小学公民教育依旧处于沉寂状态。

3. 国家代替民间实施主导（20 世纪 80 年代初至 1988 年）

二战以后，各国开始对各自国家进行了重新定位和战略调整，注重以战前经验和教训为鉴戒。英国政府先是以宏观调控，缓解严重的社会矛盾，同时通过扩大公民社会权利，安抚从战争中走过来的人民。随即着手扩大人民的公民政治权利。1948 年《选举权法》被通过，实行彻底的一人一票制。1949 年《议会法》获得通过，代表大众民意的下议院获得更多权利。1969 年，将选民的最低年龄限制从 21 岁降至 18 岁。1972—1973 年，全日制义务中等教育学制正式延长到 16 岁，学生毕业后按规定赋予选举权。这些无疑都是加强二战前就已实行的全民普选制的有效办法。然而，当时教育的状况却与国家政治改革的要求不相适应，学校民主和政治教育亦未能满足公民行使权利的需要。此种形式，使得民主公民教育日显紧迫。英国政府对公民教育的态度也因此逐渐发生了变化。

二战前后，英国政府对公民教育一直持谨慎态度，二战结束数年之后开始倾向于直接形式的公民教育，其公民教育态度亦发生了积极的根本性变化。1945 年，英国课程改革委员会要求将包含有政治、经济内容的社会科列为必修课程；1947 年，英国政府出版了《新的中等教育》（*The New Secondary Education*），明确提倡公民资格（citizenship），实施有关公民（civics）方面的教学（内容包括：地方政府和国家政府、税收、司法体系、英联邦以及联合国）；1949 年，英国教育部出版《公民在成长》（*Citizens*

Growing Up），首次对公民教育的重要性予以郑重确认，明确建议学校每周开设至少一节公民方面的课程，以培养好公民。进入20世纪80年代后，英国面临着严重的社会和道德问题；同时，全球化浪潮日趋鲜明而强烈，公民教育逐渐成为一个广泛讨论的热点问题，并成为一种世界潮流。为了解决日益严重的社会问题和出于适应世界形势的需要，以撒切尔夫人为首的保守党政府开始把公民教育置于重要战略地位，并将确立大众性国家认同、增强公民责任意识和培养"积极公民"作为政府执政的重要任务。这一时期，英国政府发布了一系列的政策和报告，引起了广泛关注。1981年由英国教育和科学部和威尔士事务部联合发布的《学校课程》，包含了公民教育的成分；1985年，以罗德·斯万为主席的一个调查委员会发表其最终报告《全民教育》（Education for All）；等等。

从20世纪80年代初到1988年这段时间，撒切尔夫人吸取往届政府的教训，并顺应世界潮流和适应形势发展的需要，开始关注并认可公民教育，将其作为培养与其整个社会和经济政策相适应的"积极公民"的重要手段。同时制定和颁布了一系列涵盖公民教育成分的政策和报告。不过，具体的公民教育政策尚未正式出台。这一时期的英国政府整体说来还处于积极进行公民教育的前期准备之中。英国公民教育已经是呼之欲出了。

4. 以独立姿态昂首阔步（1988—2000年）

1988年，是英国教育史上值得纪念的一年，《1988年教育改革法》的颁布带给了公民教育一个新的历史机遇，为以后英国中小学公民教育的发展奠定了基础。该法包括与公民教育直接相关的英文、历史、地理等课程，要求学校必须为学生提供广泛而恰当的课程，以"促进学生在学校和社会中精神、道德、文化、心理和身体方面的发展，为这些学生适应以后的成人生活作准备"，并指出这是学校教育义不容辞的责任。之后，全国课程委员会（NCC，the National Curriculum Council）为了保证国家课程的顺利实施，制定了一系列课程指南，并于1990年拟定了《课程指导3》（Curriculum Guid-

ance 3），提出了 5 个由学校自主确定的跨学科主题，其中就包括公民教育。接着，又据此分别制定了 5 个课程指导；① 其中，《课程指导 8：公民教育》（*Curriculum Guidance 8:Education for Citizenship*）是继 1949 年的《公民在成长》之后第二本直接针对公民教育的官方出版物。该文件将公民教育作为 5 个跨学科课程主题之一正式纳入国家课程，在目标、内容和实践活动等方面对公民教育提出了比较详细的要求，标志着英国国家层面上的公民教育在中小学教育中的地位得到了最终确立。1993 年，全国课程委员会再次发表了一份报告，建议把公民教育列为学校必修的核心课程。这就在一定程度上唤起了社会和学校对公民教育的重视。不过，当时的这些"课程指导"并不具备法律效力，因而使公民教育在具体的实施中遇到不少实际问题。对此，英国政府于 1993 年委派迪林（Dearing）爵士对国家课程的总体情况进行了一次全面调查。1997 年英国教育和就业部（DFEE）发表了题为《卓越学校》（*Excellence in School*）的白皮书，提出成立专门的公民教育委员会的建议。同年 11 月 19 日，"学校公民教育与民主教学咨询小组"（Advisory Group on Education for Citizenship and the Teaching of Democracy in Schools）成立，由伯纳德·科瑞克（Bernard Crick）主持并接受资格与课程局（QCA）领导。1998 年 9 月，咨询小组发表了它的最后报告书即《科瑞克报告》。该报告的发表，对于英国中小学公民教育而言具有里程碑的意义。在此基础上，资格与课程局于 1999 年 5—7 月间陆续发表了《英格兰国家课程复审意见》（*The Review of the National Curriculum in England*）。

这一时期，主导英国中小学青少年公民教育的国家职能部门主要是全国课程委员会、下议院的公民委员会和全国教育委员会等。

5. 被正式引入中小学（2000 年以后）

2000 年，英国政府将专门的公民教育正式引入中小学课程计划，首先

---

① 林亚芳:《英国的公民教育》,《江西教育科研》2001 年第 10 期，第 31 页。

从小学开始，在"个人、社会与健康教育"（PHSE）中实施公民教育。2002年8月，公民教育作为专门的国家课程开始在中学实施。至此，英国独立的公民教育体系正式形成，中小学青少年公民教育亦被赋予合法性而得以正式推行。由此可见，自20世纪80年代，先是以撒切尔夫人为首的保守党政府开始倡导并重视公民教育，并将其列为跨学科课程之一。1997年后，以布莱尔为首的新工党政府更为重视公民教育，并将之列入国家课程体系之中。这不到二十年的发展变化，表明英国公民教育在历经漫长的曲折之后最终"名正言顺"而昂首向前。

二、振兴现状

英国青少年公民教育肇始于英国社会追求自由、民主、平等的政治运动，振兴于20世纪80年代末，直到21世纪之初英国政府才最终将公民教育纳入国家课程体系，并给予统一的督导和管理。就实施而言，英国现阶段的青少年公民教育，在中小学阶段非常重视对学生良好习惯的培养、知识技能的训练以及人生价值观的引导，大学阶段比较重视学生就业和社会生活能力的强化。小学阶段的"起跑线"、中学阶段的"生命线"活动、大学阶段的"创业教育"，都是重视习惯、技能、价值观的具体事例。

目前，英国青少年公民教育对学生成长目标的关注点，是通过目标的确立、内容的设计、方法的运用、形式的选择，强化公民性在学生心中的地位，并帮助他们树立和培养积极健康的公民性，以支撑其未来的生活、工作和不断的进步。首先，英国中小学新的国家课程（2000年9月）提出了中小学公民教育的总体目标：第一，培养学生的社会意识和公民意识，使其成为具有责任心和有担当能力的世界公民；第二，促进学生自尊和情感的健康发展，在尊重自我和他人的基础上，学会正确处理个人与他人、与家庭、与学校、与工作以及交往中的关系；第三，学习本国和各国发展的历史，理解和尊重文化和信仰的差异，并从个人、地区、国家和全球的层面为可持续发展做出贡献。其次，公民性因素在青少年公民教育的内容中逐渐增多。上述的中小学新课程就要求必须主要围绕人与人、人与社会以及人与环境的关系进行知识教育、公民责任感与公民能力教育以及公民性的培养。要求必须遵循青少年身心发展的客观规律，循序渐进，逐步提高，并根据学生的主观意愿和需要，始终把自尊心、自信心、独立性和责任感的培育作为公民教育的重要内容，在实际有效的教学和实践参与中不断提高广大学生独立的思考、分析、评价、判断、选择的能力等。再次，《科瑞克报告》提出公民教育通过采取不拘一格的形式和手段，它特别建议要拓展公民教育的活动领域，注意选择和创造丰富多样的教学方法与实践参与方式，有计划、有组织、有步骤地加强青少年公民教育的实践性和实效性。

　　各个阶段的公民教育按照国家课程大纲和要求，结合《科瑞克报告》的建议，分别采取了适宜的形式，进行以培养公民性为主要目标和内容的公民教育。具体是：小学阶段，参与和组织募捐活动、开展健康运动和艺术日活动、组织郊游与访问、举办模拟选举日活动等；中学阶段，跨层次跨学校跨年级和跨班举行小型运动会、组织社区讨论会、开展代际谈心交流或举行或参与绿色环保活动、参与本地和国家政府事务、参加人权日和大屠杀纪念日或欧洲日活动[①]；大学阶段主要是组织和引导参与集会和讨论、听和作报告、出国访问、参与项目合作等。另外，现阶段英国的青少年公民教育还十分重视利用丰富的现代传媒资源，进行青少年学生的全面培养的实践活动。这也是英国青少年公民教育富于时代性的重要体现。

　　就效果而言，按照 1988 年教育改革法对义务教育 4 个关键阶段[②]所

---

① 陈鸿莹：《英国公民教育简述》，《外国教育研究》2004 年第 5 期，第 37—41 页。

② 四个关键阶段为：关键阶段 1 为 5—7 岁；关键阶段 2 为 7—11 岁；关键阶段 3 为 11—14 岁；关键阶段 4 为 14—16 岁。学生通过四个关键阶段的考试，获得中等教育普通证书（GCSE）。

作的规定，目前各个阶段的计划进展顺利，实施良好。不仅"都市学校卓越计划"在普通中等教育（GCSE）考试结果中产生了积极影响，改善了学生的行为，提高了出勤率，而且公共服务协议中减少旷课的目标亦见成效；同时，"专门特色中学"计划的执行也体现出良好的势头。在政府的鼓励之下，不少学校主动向特色学校发展转型①，转型的重点科目也由原先的科技、现代外语、体育和艺术四科目增加到 2003 年 8 月的十科目（如科技、外语、体育、艺术、商业与企业、工程、科学、数学与计算机、人文、音乐）。对于大学公民教育，根据 2002 年开支评估（SR2002）公共服务协议（PSA）目标，18—30 岁人群的高等教育入学率到 2010 年将达到 50%，逐年改进公平入学，降低完成率（未毕业率）。目前入学率已从 1999—2000 年度的 41% 提高到 2002—2003 年度的 44%。对于 16 岁以后的青年的公民教育，政府提出了较完整的一揽子资助计划，鼓励所有的年轻人在财政资助下寻求继续学习的机会。其中，《让所有人成功》就是旨在改革继续教育（FE）和训练的战略计划。这项计划自实施以来进展顺利，收效明显。而《14—19：机会和卓越》这一方案，为 14—19 岁阶段的教育和训练提出了广泛的计划，包括为年轻人提供较少的必修课目，让他们有更多的自由去参与能满足他们需要和志向的个性化课程。对于即将和已经走上社会的青年人，英国国家"职业优秀中心"（CoVEs）"现代学徒计划"（MAs）等则向他们提供旨在满足雇主需要的技能培训和高质量的职场能力培养机会。从生涯技能策略的发起到 2003 年 7 月，150 万成年人已经开始了基础技能课程，而 50 多万成年人已经获得了生涯技能培训合格证。

①　1997 年工党执政之初，这类学校只有 181 所，到 2000 年有 446 所，2001 年 9 月有 685 所，到 2004 年已有 1686 所。到 2004 年 9 月已有 1686 所开始运作所学校在开始运作。这意味着截至 2004 年 9 月已有 54% 的中学已成为专门特色中学。

三、未来趋势

英国青少年公民教育发展至今，总体形势是好的，英国政府对坚持改革的传统的秉承，加之英国社会长期相对和谐稳定的国内形势以及和平、合作、发展的世界大局，必将把该国的青少年公民教育推向一个新的发展阶段。

20 世纪 90 年代，英国"学校公民教育与民主教育咨询小组"发布《科瑞克报告》（1998 年），就公民教育的必要性、目的、内容、方法、重点等作了阐述。同年，发表《我们竞争的未来：建设知识经济》，明确了以加强公民教育为推动社会经济发展的目标。2000 年 9 月，英国中小学开始实施新的国家课程，公民教育作为基础学科之一被正式纳入国家课程体系。从 2003 年 1 月起，几乎所有的 4 岁儿童，88% 的 3 岁儿童，能够受到某种形式的免费早期教育。同年 5 月发布的《卓越与快乐》，概述了英国小学的发展战略，所有的学校都要在 1997 年以来取得的成就之上，达到更高标准；继续把读写算技能置于战略的核心，通过丰富多样和激动人心的课程，使每个科目的教学都相当出色，以多种方式促进儿童发展。该年 9 月，英国政府出于减少教育失败、疾病、物质滥用、十几岁青少年怀孕、虐待和忽视、未成年人犯罪和反社会行为等的目的，颁布了《每个儿童都重要》绿皮书，针对青少年儿童、家庭服务提出改革建议，以保证每个儿童都有机会发挥其潜能。至该年 12 月，524 个确保开端地方计划 ① 全部得到认可和投入运行，提供了范围广泛的社区卫生和家庭服务。从 2004 年 4 月起，如果其父母认为需要，所有的 3 岁儿童都能获得免费的部分时间学习。当年 7 月，英国政

---

① 《确保开端计划》：为了确保每个儿童都有一个良好的开端，保证家庭有一个较好的未来，建立强有力且比较安全的社区，使人们得到较好质量的儿童保育、早期学习和家庭资助，英国政府发起了《确保开端计划》（*Sure Start*），旨在改善包括出生前在内的儿童及其家庭的健康和福利状况，使其做好入学准备。

府公布了《儿童和学习者五年战略》，决议彻底改革教育体系，加强对学生的基础素质教育。① 从 21 世纪初国家策略（如"都市学校卓越计划"、"专门特色中学"等）实施以来，2003 年中等教育普通证书和其他全国性的考试结果表明，各级各类学校在公民教育实施方面取得良好的成绩，不仅有关课程得到了不断的完善，而且学生包括出勤率等的表现也明显出现了好转。2003 年的测验结果表明，各科目在各个水平上都有提高，2004 年则在已有成果之基础上又实现了进一步的提升。而今，英国本届政府又在实施戴维·卡梅伦的"大社会"计划，它将有希望在新时代条件下为培养英国青少年的公民性与世界公民素养等方面做出更大的成绩。

可以预见，英国青少年公民教育在不断改革和完善的基础上，将更为重视未成年公民的公民性的培养，将十分注重通过实践参与、模拟训练、交流引导和指导独立思考的形式和途径，加强"准公民"的精神品质的陶冶和塑造，以培育和训练出有良好德性、能有效参与的未来合格公民。

第三节　英国青少年公民教育的特色

英国近现代历史上大思想家人才辈出，而"名正言顺"的青少年公民教育却姗姗来迟。它经历了被包孕于英国社会各个历史时代的思想政治运动之中，后又终于实现了振兴的这一曲折的历史过程，并形成了自身鲜明的特色。

一、历史进程中的特点

特点是特质的外在体现，特质是特点的本质存在。英国青少年公民教育的特点可以从四个层面进行归纳：一是公民教育的成长和品质的层面；二是公民教育价值关怀的层面；三是公民教育方式方法的层面；四是公民教育的

---

① 参见张蓉编著：《比较教育学》，南京师范大学出版社 2009 年 4 月第 1 版，第 294 页。

途径的层面。

第一个层面。这一层面具体表述为以下四个方面：发育艰辛却终成正果；一水相隔却主动融入；敬重权位却恪守权责；改革自省却不弃宗教；步伐稳健而改革内省。

1. 发育艰辛却终成正果。英国历史上对于自由民主思想的诉求和探索可谓异常悠远而深层，关于教育和公民教育的思考和尝试亦可谓异常曲折而艰难。中世纪晚期自由民主思想经霍布斯等人的探索破土而生，文艺复兴之后的思想启蒙运动经洛克等人的努力影响甚为广泛，第二次世界大战后的公民权思想家经马歇尔的阐释引领潮流。自 18 世纪中后期开始一直到 20 世纪七八十年代，英国青少年公民教育一直处于探索之中。在经历了漫长岁月的探索和选择的痛苦之后，直至于 20 世纪最末一二十年英国才开始由政府正式推行和实施公民教育。然而自此之后，英国人一旦最终作出决断和选择，就义无反顾地坚持推行并不断改革完善他们的公民教育。

2. 一水相隔却主动融入。古代希腊的思想和文化可以说是欧洲各国精神培育的"母乳"，文艺复兴和启蒙运动时期欧洲大陆自由民主的社会、政治和哲学思想，以及 18 世纪之后欧美主要国家的政治革命运动，无疑都是影响人类历史性进步的重要指南和动力。在这些思想探索和运动中，英国人并没有封闭自己，而是以开放的胸襟，自觉和主动地融入，并积极参与艰辛的探索，甚至还以率先的政治革命引领世界。从而形成同欧洲大陆和美国相互促进、相互作用、共同推进的融合关系。事实上，千年以来的英国同欧洲大陆和美国始终是一衣带水而唇齿相依、血液相融、同祖同业的。这是英国人自主、开放、包容、合作的文化心性充分作用的结晶。①

3. 敬重权位却恪守权责。英国公民教育虽经历"暗流"的漫长历史，却始终保持"民间发展"的强劲势力；虽须服从严格的层层监管，却也保留

---

① 参见阎宗临:《欧洲文化史论》，广西师范大学出版社 2007 年 10 月第 1 版，第 52—65 页。

着充分的基层自主。这是由英国人特有的地域文化和民族心性所决定的。英国人坚守自主的意志，奉行个人自由主义，每个人都自称是真实宇宙的缩影。但他们同时也看重群体、社会与国家利益，其个人主义、自由主义，亦绝非自私自利，损人利己。英国人讲求合作和团结，富于团队精神；敬重英皇，服从权力，尊重权威，但同时坚守各自的自由和权利，恪守各自的义务和职责。在他们看来，英皇和国民、自由和服从、权利和义务、权力和自主，都具有内在的统一性。这种文化特质使得英国发展公民教育既保持和谐稳定的发展秩序，又充满生机和活力。

4. 改革自省却不弃宗教。英国人历史上深受神学压迫和欺凌，但他们却钟爱宗教，对其表现出虔诚和膜拜。因为，宗教曾一度凭借权力统治和控制欧洲人长达千年之久。它所宣扬的信念和精神已经深入人们的骨髓和灵魂，蔓延和渗透到人们所有的社会生活。"每个英人可作无神论者，但必须有一个无神论的教会。"①几乎所有西方人都离不开"上帝"，都皈依基督。欧洲和英国历史上即使是最勇敢的唯物主义战士和自由主义斗士也都不曾真心与宗教彻底决裂，历次的思想和政治革命与宗教改革运动，都无一例外地同宗教实行过妥协。上帝是英国人的精神支柱，宗教是英国人的主旋律。上帝和宗教对英国人的关联，恰如仁义礼智信和君臣伦理对中国人的纠结。这是岁月和历史造成的！故此，对英国而言，作为社会生活和社会实践运动的公民教育必然离不开宗教神学的精神指引和营养哺育。

5. 步伐稳健而改革内省。英国人态度严肃，注意力集中，观察冷静，分析精密，认识深刻，充满智慧。②他们也注重实际，追求务实。英国人的稳重和沉静，绝非怯弱和退缩，它只是"一种柔性的抵抗"，他们的性情中"有特殊的力量"③。同时，英国人有创造的趣味，有冒险的胆气。因此，改

---

① 参见阎宗临:《欧洲文化史论》，广西师范大学出版社 2007 年 10 月第 1 版，第 52—65 页。

② 同上。

③ 同上书，第 56 页。

革、进取、创新、奋斗、收获，正是英国人探索和实践的动力；自然也是公民教育从无到有、由隐到显不断前进的动力。数百年来，英国人正是在教育改革的探索中，不断地将公民教育推向前进。

第二个层面。该层面有四个方面的具体表述，即：精神关怀成为 18 世纪以来英国教育重要的人文价值取向；"情感教育"成为 19 世纪英国教育的重要志趣；"好公民"教育成为 20 世纪以来英国教育逐渐明确的重要目标；"公民性"成为当代英国青少年公民教育重要的关注点。

1. 精神关怀是英国教育自 18 世纪以来的重要人文价值取向。这主要是指学校教育对学生身心健康的关怀，对帮助学生建立良好的人际关系的关注，和对促进和引导学生实现个人的健康发展的关心。其中，英国历史上的"绅士教育"，特别是阿诺德所强调的宗教信仰和道德的原则、绅士风度与知识和技能等教育的协调和统一，就渗透着人文精神关怀的基本立场和旨趣。而 1880 年英国政府出于对儿童的关怀，就制定和出台了向儿童免费提供早餐和正餐的法律和福利政策，1899 年伦敦学校董事会还发表了一份颇受争议的报告，建议用公款向儿童提供正餐；进入 20 世纪后，英国政府出于对穷人命运及其社会影响的考虑，于 1902 年颁布了教育法案，要求由国家向穷人提供平等的教育机会；1944 年英国制定的新的教育法案，又将住房、健康、教育、贫穷等社会问题加以统一和协调考虑，使学校"宿舍制度"得以制定和实行。这些都是很好的明证。在英国，"精神关怀"的教育价值取向主要有三个因素：一是学生个体的自尊、情绪、技能，以及他们的生活与人生计划；二是学生社会交往关系的状况和品质；三是学校和教育机构自身内部的道德与关系状况、对学生的关怀和照顾以及这些因素对学生的影响和作用的性质。

2. "情感教育"是 19 世纪英国教育的重要志趣。其特点在于对学生的态度、感受、信念、情绪、情感和激情等因素以及对他们的个人利益和发展以及他们的社会化状况和社会性发展的关注，特别是对学生的精神、道德、文化、心性和身体健康给予了极大的关怀。其中，学生个人的人际关系和交往艺术是"情感教育"的核心。英国的"情感教育"重在对学生加强指导和引导，并将对学生知、情、意、行的要求和期待统一于课程和教学之中。19世纪90年代英国的教育改革法案，就充分地注意到了学生个人精神方面发展的重要性，并强调了教育机会均等、知识技能统一、素质和能力全面发展等的重大意义。

3. "好公民"教育成为20世纪以来英国公民教育逐渐明确的基本目标。20世纪上半叶，英国对"好公民"的要求是：有正确的工作态度、自觉遵守各种制度和规定、奉公无私、谦逊、爱国、勇敢、服从等。1949年英国国家教育部发行的《公民在成长》，主张重新解释谦逊、奉献、自制、尊重等价值观；1965年学校顾问团起草了一份文件，明确提出政治教育要培养未来公民，使"好公民"的内涵具体化，它包括：遵守法规、有正义感、承担义务和责任、真诚、敬业、具有未来远见和胸怀、合作与协商、尊重和包容等；20世纪下半叶特别是70年代之后，由于选举权的再次扩大，英国对"好公民"的要求增加了多元尊重、和谐包容和承担责任的内容；20世纪90年代以后，由于世界全球化浪潮的影响，英国教育继第一次世界大战之后再一次提出了"世界公民"的主张和要求。可见，英国的"好公民"教育就是要社会成员在国内外任何形势下都要自觉地维护国家和社会利益，主动地承担起个人应尽的义务和责任。[①]

4. "公民性"成为当代青少年公民教育重要的关注点。英国青少年公民教育"公民性"的培养和训练，包含着十分广泛的内容。当代英国意识到公民性是一个公民的基本的素质和素养，是公民人格和公民意识的所有特性的总和。它既要通过公民知识的传授、理解、消化和运用，又要通过实践的训练、参与的体验、生活的总结，从而将公民的各方面的内在特性、心性、品

---

① 秦树理主编:《国外公民教育概览》，郑州大学出版社2005年2月第1版，第21页。

质包含于每个人的精神世界，同时通过每个人具体的言行和思维外在地体现出来。

第三个层面。该层面可以表述为五个方面，即：课程体系渐趋完善、教材内容不断充实、教材编订日益合理；公民教育采取了学科"合力"与渗透的方式；教学的组织和安排突出参与性和师生互动的意义；充分利用网络和其他现代传媒的教育价值功能；或设计安排模拟选举，或引导直接参与政治选举活动，或开展其他社区活动，鼓励讨论、辩论和自由演讲，提倡师生、同学、同事、父母孩子等的平等式自由交流和互动。

第四个层面。这一层面可以表述为：英国把各级各类学校作为对青少年未成年公民进行公民教育的主要力量，并通过不断完善和改革的国家课程体系加强青少年公民教育，以期为英国未来社会的运行和发展造就合格公民；英国对学校公民教育，注意到了各级学校的衔接性，充分发挥它们各自的特点和优点，从青少年不同年龄阶段身心发育的实际出发，有的放矢进行有效的道德教育、爱国主义教育、信念和信仰教育、知识和技能教育以及实践教育等，并以国家课程大纲和教育职能管理部门的职权与权威，对大中小学青少年公民教育实行指导和管理。现阶段英国普遍而深入的学校公民教育，显然是我国目前所暂时没有的情形，值得我们借鉴和思考。

二、国际比较中的特色

英国青少年公民教育在同当今世界其他主要国家的比较中，其在历史进程、课程目标、课程内容、管理形式等方面尤显特色。体现在以下几个方面：（1）在历史的母腹中孕育时间最长，降生后成长最迅速，取得的阶段性成就大，发挥的国际影响强；（2）"精神关怀"、"情感教育"、"好公民"教育的人文价值取向强烈而鲜明，其课程体系、教材编排、教学组织、活动安排，几乎都甚为关切"公民性"的培养；（3）以课堂教学和实践参与的形式，通过实施宗教教育，培养青少年健全的公民人格；（4）在经历漫长的摸索和曲折之后，选择将公民教育纳入国家课程体系，并在全国范围内进行统一的督导管理和考核评价；（5）当今之英国青少年公民教育发展迅速，正处在急剧的变革之中。这同目前的西班牙、法国、匈牙利、意大利、澳大利亚、新西兰、荷兰、日本、韩国、新加坡等有着类似的情形；但与德国、瑞士、美国等的公民教育相对稳定的情况略有不同，又与加拿大过于强调技术、数学和科学等学科的重要性而较为忽略公民教育存在极大差异。[①] 在同美国、法国、德国、日本、新加坡等国家的比较中，当今英国的青少年公民教育更为重视国家主义、共同体主义和多元文化主义素质和道德人品的培养，更加重视在全社会，尤其是在学校中的实施；似乎更加重视改革和国际化的发展（近年来，英国在推进本国教育出口方面，其表现尤其活跃[②]）。另外，在同东方的日本等诸国的比较中，英国青少年公民教育更重视宗教精神文化的熏陶，而东方诸国则重儒家道德教育；在同实行联邦制的国家（如美国）的比较中，英国青少年公民教育有集权和指令性倾向。同美国注重"灵活性"相比，英国青少年公民教育比较重视全国统一的课程大纲和督导管理；同法国偏重内容和实质相比，[③] 英国比较重视形式和内容的统一；同日本强调伦理道德相比，[④] 英国较为重视政治价值观的塑造。[⑤] 上述的比较尽管具有相对性，但各国的特色还是十分明显的，这主要是由每个国家各自的历史文化传统所决定的。

[①] 单文经:《加拿大的公民教育》，参见张秀雄主编:《各国公民教育》，台北:师大书苑1996年版，第345—354页。

[②] 朱红梅:《国外的教育出口热——从国家政策的层面分析》，北京大学2007年硕士毕业论文。

[③] 朱谌:《法国的公民教育》，参见张秀雄主编:《各国公民教育》，台北:师大书苑1996年版，第123—140页。

[④] 洪祖显:《日本的公民教育》，参见张秀雄主编:《各国公民教育》，台北:师大书苑1996年版，第1—64页。

[⑤] 张玉成:《英国的公民教育》，参见张秀雄主编:《各国公民教育》，台北:师大书苑1996年版，第65—122页。

第三章 英国青少年公民教育的目标与内容

　　公民教育既是一个有机性的要素结合体，又是一个阶段性的过程集合体。作为结合体，一般由目标和内容、主体和客体、课程和教材、资源和设施、管理和评价等要素组成，它们之间按照一定的联系相互作用、相互影响、互为条件，形成一个系统；作为过程，一般由策划、准备、实施、总结提高等几个阶段组成。每一个阶段都是上述各个要素相互作用的结果（关于公民教育的系统和过程及其内部诸要素的关系，详见本章附图所示）。对国家而言，公民教育是为着培养合格公民的系统工程；对个人而言，则是增强适应社会生活能力的社会实践活动；既是满足国家和社会需要的手段和方法，也是满足个人生活需要的方法或技术。其系统性，乃是它的整体性和全面性，具体则表现为人的因素、物的因素、精神的因素以及它们相互之间的适合性和协调性。在公民教育的系统内，目标、内容是进行青少年公民教育的根本。目标指示方向并规定内容，内容体现目标并界定范围。目标的确立、内容的确定是公民教育整个过程的开始，它们成为公民教育主客体行动的指南和动力，并为其后的具体实施提供了依据。在英国青少年公民教育的目标、内容以及实施过程中，公民性及其培养，始终是居于主导地位的因素，它是公民教育整个培养目标的核心，也是所有公民教育内容的灵魂。其中，民主法治、公平正义、权利义务、实践参与、爱国自律等是公民性培养的内在要求（参见本章末附图："学校公民教育结构关系及运行机制"）。

第一节　英国青少年公民教育的目标

社会实践中，任何目标都不可能是"现成的"，它有一个形成的过程。从历史的演进到最终确立，目标会越来越清晰，也会越来越具有科学性和可行性。英国青少年公民教育的目标经历了一个漫长而渐进的历史演进过程。现代民主宪政体制条件下，英国公民教育的目标，既要为国家造就合格的公民，为国家和社会服务；又要提高公民的生活技能和工作能力，为个人谋求幸福和发展服务。这种目标既是现时的，也是未来的；既有知识的、技能的，还有道德的、政治的。公民教育之道"乃以发展人间身心之所长而去其短"[①]，它的目的"是为了培养国家、社会所需要的合格公民"和"有为公民"[②]。具体地讲，英国青少年公民教育的目标主要是指：塑造公民的健全人格、坚强意志和高尚道德，培养社会成员的法治精神，树立公民的政治理想和提高其有效参与政治的能力和技巧，拓展人们的国际眼界和世界胸怀，为全球化条件下国家的发展培育未来的优秀的世界性公民。归纳起来，英国青少年公民教育围绕公民性的培养，主要涉及知识的传授、技能的培养、道德的熏陶、意志的训练、参与的引导等。

一、英国青少年公民教育目标的渊源与演进

英国青少年公民教育目标在不同时期有不同的具体表现。大致经历了以下几个历史的演进阶段。

1. 臣民取向的阶段。这一时期即自公元 597 年奥古斯丁的到来到宗教改革的近 1000 年内，宗教教育笼罩和包揽一切，学校教育完全处于教会的

---

① 《陈独秀文章选编》（上），三联书店 1984 年版，第 86 页。

② 高兆明、李萍等：《现代化进程中的伦理秩序研究》，人民出版社 2007 年 11 月第 1 版，第 422、423 页。

控制之下，宗教的精神渗透于社会生活的方方面面。此一时期教育的目标在于培养合格的宗教人才。[①]1640 年后，英国爆发了资产阶级革命，并于 1688 年基于同封建主义的相互妥协建立了君主立宪制国家。这一形势下的国家和社会教育服从和服务于为国王陛下培养忠诚臣民的根本目标。这一阶段无论是宗教神学教育，还是新时代资产阶级政治主导下的教育，都是旨在于把社会成员培养和训练成唯命是从、甘为奴隶的教育。人们不问政治，安于现状，主体精神淡薄，更无强烈的公民权利与义务意识。这种麻痹羸弱的臣民心理显然不利于资本主义的继续成长，更无助于民族主体精神的培育。资本主义的本性和社会历史的前进，要求人们具有主人翁意识和主体精神的张扬。自然，这种社会运动的本性成为推动英国民族和社会继续前进的根本动力。它必将摒弃那种培育和教化臣民的传统教育理念和模式。

2. 国民取向的阶段。1765 年，约瑟夫·普里斯特里发表了《论促进积极的公民生活的自由教育》，最早地提出了公民教育的主张。在其主张中，约瑟夫·普里斯特里提倡广泛的、普及的、人人可享有的教育，并建议向公民传授有关国家宪法、法律和贸易等的基本知识。显而易见，约瑟夫·普里斯特里所主张的公民教育已经突破了臣民教育的思想束缚，向着彰显公民性，特别是社会成员主体性的方向迈出了实质性的第一步。

1918 年，英国在世界公民教育思想兴起的背景下，开始了对公民教育的思考。当时的"世界国家联盟"倡导"世界公民教育"，目标乃是促进世界的理解与和平。1935 年和 1939 年先后由英国公民教育协会出版的《中学公民教育》和《小学公民教育》直接表达了公民教育培养公民素质和能力，以支持民主社会健康发展的理念和愿望；特别是《小学公民教育》指出：（1）公民教育必须适应世界的变化的形势，激发和唤醒青少年对国家与社区安宁的责任感；（2）教授学生丰富的社会生活知识和理性思考的能力，以增强

[①]　参见联合国教科文组织国际教育发展委员会：《学会生存》，上海译文出版社 1979 年版，第 199 页。

未来公民责任担当的能力；（3）加深自我与他人、个体与整体相互关系的理性认识，培养交往与合作的能力；（4）掌握现代世界中政治与工业结构的知识。[1]1947年，该机构又出版了《学校生活中的民主》报告书，强调民主在教育上的重要性，主张以培养民主社会中的健全人格为公民教育的目标。1949年，英国教育部发布第一个官方出版物《公民在成长》，提出学校要积极地培养学生理解社区、地区与国家政府的职能及好公民的责任。1974年，英国政治协会发起"政治教育计划"，旨在于丰富中学生的政治常识和增强其民主价值观，提高其政治参与能力。由此看出，这一阶段的公民教育开始注重青少年价值观和实践技能的培养。

3. 公民取向阶段。公民性是关于公民意识、公民气质、公民德性、公民知识、公民能力和公民参与的品性和精神。培育和增强公民性的教育，乃是出于把对象，同时也使教育主体自身，最终成为完全意义上的国家、社会和其他共同体的合格公民的目的。1988年，英国国会下议院成立公民教育委员会，研究如何有效鼓励青少年及成年人积极参与公共事务培养社会良民角色。《1988年教育改革法》实行国家统一课程，并指出设立国家课程的目的是，通过课程促进学生在学校和社会中精神、道德、文化、心理和身体方面的发展，为他们适应以后的成人生活作准备。1990年全国课程委员会拟定的《课程指导3》，将公民教育列为五大跨学科主题之一。《课程指导8：公民教育》则明确提出公民教育两大目标：（1）培养积极的国民态度；（2）奠定成为良好国民的基础。1998年，《科瑞克报告》提出，公民教育的宗旨和目的在于保证并增加民主参与性质的有关技能和价值观的知识，提高学生的权利和义务意识，强化学生成为积极公民的责任感，并借此建立个人、学校和社会广泛参与的价值。具体的目标则是：（1）确保并增进学生有关参与型民主的性质与实践的知识、技能以及价值观；（2）提高学生成为积极公民

[1] The Association for Education in Citizenship (ed.). *Education in Citizenship in Elementary School*. London: Oxford University press, 1939. p. 97.

所需的权责意识；理解并确立参与本地或更广泛社区活动对个人、学校和社会的价值；（3）必须让学生理解地方和国家民主的机构、实践和目的，以及它们的活动与公民社会的联系，并培养他们对世界事务和全球问题的意识和关注；等等。①

由上可知，英国数百来其教育的目标取向总体上是积极的，适应了社会文明的进步和发展的根本要求。尽管不同历史阶段公民教育的目标差异很大，但基本上反映出教育发展遵循由社会生产方式决定并反过来为之服务的客观规律。总结历史进程，英国公民教育的目标经历了三次根本性的转变：为宗教神学培养奴婢和为国王陛下培养臣民；为资本主义崛起培养合格和顺从的国民与积极的建设人才；为民主社会塑造和培养积极健康的合格公民，使其适应民主、文明、进步的社会生活。在这些不断变化的目标中，公民性也在不断地得到提炼和纯化，其现代性因素获得了不断的丰富。

二、英国青少年公民教育目标的确立

学校公民教育，一般而言，总是以塑造健康心灵和人格、提高基本素养和才能，从而造就合格公民为根本宗旨和目标的。任何民族国家的公民教育都有以各自国家利益为最高原则的宗旨。当代英国青少年公民教育拥有自己明确而坚定的目标，即：一方面，提高学生和全社会精神境界、道德层次、文化水平、思维能力、发展学生的体质与健康；另一方面，帮助学生把握未来机遇，承担社会责任，体验成年生活。这其中，公民性培养是整个目标的核心，居于重要地位。这一根本的培养目标实质就是培养合格的国家公民。自1988年以来至今已经被英国国家先后强调过三次：第一次是国家教育改革法案；第二次是1988年白皮书里的"学校的优势"；第三次是国家课程大纲。国家在公民教育价值目标和政策方面对各个公民教育机构的管理方式，

① 参见姬振旗：《二十世纪八十年代以来的英国中小学公民教育研究》，2007年河北师范大学的博士论文。

也由最初的原则性、宏观性指导演变为最近几年来的细节性具体规定，先前停留在理论和观念层面的成分少了，而今表现在实践层面的成分则越来越多了。

（一）关于公民教育的一般目标

所谓公民教育，是指培养健全公民并有用于国家和集体以及个人自身的社会实践活动，"是指在现代社会里，培育人们有效地参与国家和社会公共生活、培养明达公民的各种教育手段的总和"。① 它是国家和社会"通过培养使公民成为依法享有权利和履行义务的责权主体，在政治、经济、文化及其他社会生活中成为积极和有效成员的过程"②，是现代国家的公民为正确行使权利和履行义务所必须接受的教育。它具有遗传、继承、生产和再生产以及补救、修正、改造等方面的功能。③

公民教育是一种"人类之间相互影响的活动"，其功用"在帮助人们创造有价值的世界"。④"简言之就是培养良好公民的教育"。⑤ 它本质上是人的灵魂的再造，是一种塑造人心的灵魂工程，其对于国家和社会的价值在于造就合格的忠诚的和有效能的成员，对于个体的价值在于发展健全的个性。它所要传授给人们的是对思想的力量、思想的美、思想的调理的一种深刻的认识。其责任在于使人体中不能自然地生长的种子获得发展，并平均地发展他的各种自然禀赋。现实中具体的公民教育还是一种满足人们各方面社会生

---

① 蓝维、高峰等:《公民教育：理论、历史与实践》，人民出版社 2007 年第 1 版，第 21 页。

② 分别参见蓝维、高峰等:《公民教育：理论、历史与实践》，人民出版社 2007 年第 1 版，第 21 页；黄葳:《公民教育：责权主体的教育》，《现代教育论丛》1997 年第 2 期；李锦旭:《从社会学看公民教育：曾光荣有关研究述评》，《教育研究双月刊》1998 年第 3 期。

③ Geraint Parry. *Citizenship Education: Reproductive and Remedial*. Tony Breslin, Barry Dufour. *Developing Citizens: A Comprehensive Introduction to Effective Citizenship Education in the Secodary School*, Hodder Murry, 2006, p.30.

④ 田培林著，贾馥茗编:《教育与文化》(上册)，五南图书出版有限公司 1977 年 7 月第 1 版，第 3、18 页。

⑤ 王智:《公民教育与政治教育》，《广东教育学院学报》1999 年第 1 期。

活的需要的方法或技术，它帮助学生得到做人做事的经验，培养儿童所固有的观察、思维和感受的能力，发展儿童的道德、智慧和身体各方面的能力，养育、保护并发展人类与生俱来的善良天性，从而使人类和现实中的具体的人幸福和强大起来。总之，教育对于个人的性格和民族的性格有意想不到的影响，当代人类通过公民教育去塑造一个人，是文明进步和不断发展的先决条件。在我们的社会活动领域，只有真正"造成适合于国家及时代需要的有用公民"①，同时还有利于每一个人的自由和全面发展的目标的，才是名副其实的公民教育。

广义公民教育的对象理应包括每一个具有一国国籍的人，体现于其目的之中的国家意志乃是通过正式及非正式的教育途径，有目的、有计划地、持续地对青少年及成人进行政治性教育；②其中，要求学生必须树立权利和义务相统一的公民意识最具有根本性。为达此目的，公民教育不仅包括义务教育即基础教育，还包括职业教育、中等教育，也包括高等教育。③狭义的公民教育是指为参与国家或社会公共生活所需知识、技术的所有公民学科，或指教育机构公开讲授的、包括寓教于其他方面的一门课程。④

公民教育就其效能讲，有组织、有计划、有保障的学校教育是最为切实可行的途径。这是由学校自身的职责、功能和权力以及它在近现代社会分工体系中的地位所决定的。而其他形式的教育则是学校教育的补充，或者成为学校教育的延伸。另外，学校教育之所以重要，还在于它不仅能培养出国家、社会未来时代所需要的各方面合格的人才，为今天的未成年人提供未来

---

① 参见张秀雄主编：《公民教育的理论与实践》，台北：师大书苑2002年10月第二版，第3页。
② 参见张秀雄主编：《公民教育的理论与实践》，台北：师大书苑2002年10月第二版，第8页。
③ 分别参见李大华：《谈公民教育》，《开放时代》，2001年第9期；顾明远主编：《教育大辞典》，上海教育出版社1998年版。
④ 分别参见蓝维、高峰等：《公民教育：理论、历史与实践》，人民出版社2007年第1版，第21页；段小鸥：《国际教育百科全书》第2卷，转引自参见蓝维、高峰等：《公民教育：理论、历史与实践》，人民出版社2007年第1版，第18页。

发展的条件，帮助他们为适应未来社会生活作必要的准备；而且它还能满足当代的成年人接受继续教育的现实需求。可见，学校教育的作为和能力，制约和影响着人类社会历史、现实和未来可持续的运行状况，并给予人类的文明进步与健康发展以必要的训练和引导、激励和帮助。学校公民教育的根本目的，即宗旨在于为国家和社会培养合格的公民，也在于帮助青少年公民学习知识、培养能力、训练技能和树立公民的理想、养成公民的德性，从而能够有效地适应未来的个人和社会生活，并有利于自身的发展。这是公民自身的功能和职责使命所决定了的内在必然性。概而言之，公民教育不仅要有助于增进公民个人的前途和福利，还必须"包括忠于国家、具备历史和政权方面的知识，奉公守法，符合社会规范，坚信平等之类的社会基本价值，积极参与政治活动，理解政治的效能并具有分析政治信息的技能"[1]，也就是要帮助青少年从未成年阶段的"准公民"发展到成年后的合格公民，既满足国家和社会的需要，也满足其自身适应未来社会生活和自我发展的需要。

（二）当代英国青少年公民教育目标的内涵

英国青少年公民教育的目标就是要把未成年公民培养成未来合格的成年公民。20 世纪 90 年代，全国课程委员会课程指导依据《科瑞克报告》将公民教育的目标细分为知识（有关公民的各方面知识）、综合技能、态度、道德准则和价值；将公民教育的内容概括为八个方面，即：社区的根本特性，多元社会中的角色和关系，作为公民的义务、权利和责任，家庭，活动中的民主，公民和法律，工作、就业和休闲，对每个方面如何开展教学和组织活动还提出了相应的建议。2000 年英国国家教学大纲规定的目标与宗旨涵括了多个方面。其中，在要求为所有学生提供学习和成长的机会这一方面，就有具体如下九个要素：（1）培养学习兴趣，提高学习专注力，鼓励学生尽量取得好成绩，获得最佳学业进步；（2）发挥学生特长、激发学生兴趣、增

---

① 参见段小鸥:《国际教育百科全书》第 2 卷，转引自蓝维、高峰等:《公民教育：理论、历史与实践》，人民出版社 2007 年第 1 版，第 18 页。

强学生自信、提高学生学习与工作的效率；（3）提高学生识字能力和计算技巧、获取信息与沟通交往能力，强化学生问题思维和提高学生理性思维能力；（4）增强人格意识，加强学生对精神、道德、社会和文化遗产的认知和理解，促进学生对地方、本国、欧洲、英联邦、全世界多元文化遗产的理解和包容；（5）帮助学生崇尚高尚抱负，欣赏美学、科学、技术、社会等领域的文明成果，促进学生思考有关经验和思想；（6）向学生提供丰富而多样的背景知识，从而帮助学生获得知识、加深理解、提高技能，并将其运用于实践之中；（7）促进学生创造性和批判性思考，激励学生解决问题，并精益求精；（8）为学生创造机会，使其富于创造性、创新性、敬业精神，锻炼学生领导才能，从而为学生未来做合格劳动者与优秀公民打下基础；（9）增强学生体能和锻炼技术，鼓励学生接受健康生活方式，并促进自身和他人健康与安全。这些目标还可以延伸为以下十三个方面：（1）提升学生精神和道德境界，提高其社会文化素养；（2）强化学生是非辨别原则；（3）丰富学生知识，增强学生理解力，引导学生欣赏多样化信仰与文化并帮助其懂得信仰和文化影响个人和社会的原理与机制；（4）传递永恒价值观，健全学生人格，增强学生自治精神，引导学生勇于承担责任，并愿意为发展公正社会奉献力量；（5）对学生一视同仁，帮助学生抵制歧视，拒绝保守呆板；（6）加强学生环境意识，并促进其对环境的理解和敬畏；（7）确保学生热心于个人、地方、国家、世界的可持续发展利益；（8）增进学生理性判断力，自主决策力以及对权利和义务的理解力；（9）促进学生树立自尊，丰富学生情感世界，帮助学生建立并巩固良好的人际关系，教育学生在家庭、学校、单位和社区保持自爱，并学会尊重他人；（10）训练学生拓展交往，培养学生服务于公益之能力；（11）促进学生积极把握机遇、应对挑战、承担责任，帮助学生做好风险管理，应对形势变化，挑战逆境；（12）引导和帮助学生跨入新的学业阶梯，接受培训，和做好就业准备；（13）帮助学生从容决策，引导学生学业和生活抉择，促进学生正确评价生活和社会领域学业成绩与娱乐、社区交往以及就业的内在联系。

　　显然，上述的目标涵盖了以下五个方面的内容，即知识和技能、道德和意志、民主政治、社会生活以及未来国际性的方面。（1）知识和技能方面的目标。做公民，首先必须懂得公民的知识和技能。广义上讲，应该包括有关公民生活的所有知识和技能。公民教育的功能和使命就在于启发思想、传授知识、培养技能，"为国民生活辟出一新路径"，"舍教育之外，不足以培养社会上经营各项事业之人才"①。1981 年由英国教育和科学部和威尔士事务部联合发布的《学校课程》（*The School Curriculum*）（以下均称《学校课程》）对此作了如下两项基本的规定：①帮助学生掌握在快速变化的世界中与成人生活和就业有关的知识和技能；②帮助学生认识他们所生活的世界、认识国家、群体、个人之间的相互依赖关系。关于民主国家的政治知识，英国学校公民教育的课程大纲和各类教材也都分别作了要求，并根据学校的层次还提出了可行的计划和方案。（2）道德和意志方面的目标。道德即人们的社会联系，"任何有社会生活的地方，必定存在着道德"。② 因此，道德代表着人类的生存状态和关系方式。由于人一切社会关系的总和形成现实的人的本质，③ 而且"人类天生就注入了社会本能"④，因此，道德实践实质上就是体现和发展人的本质的过程。伦理教育是人类 21 世纪教育的主要课题，要造就国家和时代所需要的健全公民，必须重视和实施公民伦理道德教育。⑤注重道德和坚持独立意志是英国社会的文化传统。由于这些文化因素的原因，英国公民教育必然要将道德培养置于重要位置。为此，《学校课程》（*The School Curriculum*）指出，学生精神和社会的需要同他们要求提高生活能力

---

① 《陈独秀文章选编》（上），三联书店 1984 年版，第 86、100 页。

② ［英］A．J．M．米尔恩著，王先恒等译：《人权哲学》，东方出版社 1991 年 12 月第 1 版，第 82 页。

③ 《马克思恩格斯选集》第 1 卷，人民出版社 1995 年 6 月第 2 版，第 56 页。

④ 亚里士多德：《政治学》，商务印书馆 1965 年版，第 8 页。

⑤ 张秀雄主编：《公民教育的理论与实践》，台北：师大书苑 2002 年 10 月第二版，第 144 页。

的愿望一样不可忽视。这当然是指的个人精神层面的需要。可见,《学校课程》对培养学生的道德情感与伦理宽容的情怀也同样提出了严格要求。1997年由英国教育和就业部（DFEE）发表的白皮书即《卓越学校》,也强调了对学生道德权利维护和道德义务担当的训练。(3) 民主政治方面的目标。"公民教育"以"公民"为前提,"公民"在这里既是主体,又是客体;既是起点,又是宗旨;既是内容,又是方法。在人类历史上,公民教育的出现虽然最早可以追溯到西方奴隶社会统治者对城邦自由人的教化活动之中,但真正意义上的公民教育却是伴随着资本主义国家法律制度的形成而形成起来的,并随着公民平等与自由、民主与权利的逐步扩大而不断得到加强。因此,从一开始公民教育就是以自由民主和法治精神为动力、为价值理想的。亚里士多德在其《政治学》中就指出人"人是天生的政治动物"。欧洲历史上,英国既是第一个建立中央集权的国家,同时也是第一个反抗君主专制的国家。英国人有争取自由民主和法治的传统精神,"王在法下"、"法律至上"是英国社会奉行的基本宪法原则。公民教育的着重点除了伦理道德教育外,"着重在政治方面"①。公民教育注重的政治倾向,已有久远的历史传统。早在公元前5世纪,古代希腊的普罗泰戈拉（Protagoras,公元前481年—前411年）就已经注意到对公民进行政治教育的必要性。他认为,政治知识和政治品德高于一切,必须通过政治教育提高公民的政治素质。有鉴于此,《卓越学校》进一步地要求学校公民教育必须增强学生的民主意识和民主精神,并在中小学课程大纲和教学内容上作出了具体设计和安排。自1999年开始,国家资格与课程局就对小学、中学的公民教育提出了政治目标,并分别在小学的"第二阶段"和中学的"第一阶段"就对民主政治目标和法治目标作了明确规定。2000年英国中小学课程标准根据学生不同年龄阶段提出了这方面的明确要求。比如,对于5—7岁的儿童从参加班级讨论、参与制定班级制

① 张秀雄主编:《公民教育的理论与实践》,台北:师大书苑2002年10月第二版,第273页。

度和遵守班规做起；对于7—11岁的少年从讨论社会热点问题、了解法律的制定与执行等入手；对于11—14岁年青少年从学习、思考、讨论典型的政治、社会、宗教等事件，分析其精神、道德和文化意义着手，鼓励和引导学生参与集体活动，实施个人影响，承担个人义务，从家庭、社区、学校、社会、国家、世界等层面理解公平正义、和平稳定、民主自由、多元尊重的现实意义；对于14—16岁的青年学生，要求在前几个阶段的基础上，锻炼分析思考能力，培养政治社会意识，拓展生活和参与范围，增强其社会影响和作用，发展知识、技能与理解力、判断力、决策力。①（4）社会生活方面的目标。上面提到的《学校课程》（*The School Curriculum*），也强调学校公民教育要注意培养儿童社会合作的潜质和潜能，1985年，以罗德·斯万为主席的一个调查委员会发表了这个组织的最终报告《全民教育》，强调文化多元主义素养的培养。② 显然，它们都意在帮助未成年人将来能更好地成为积极的社会成员，以便融入社会，并和其所在的共同体和谐相处。另外，以迪林（Dearing）爵士为首的调查组织于1993年提出了一份报告，指出："教育不仅要关心赋予孩子未来的就业知识和技能，而且必须帮助年轻一代创造性地享受闲暇，尊敬他人和他人的文化与信仰，成为能独立思考、追求健康生活方式并善于正确评价自己及其成就的好公民。"可见，公民教育培养公民学会生活的目标意义极为特殊。（5）未来国际性方面的目标。公民教育培养世界公民的目标，是由世界历史所规定的。英国民族是人类历史上最早走出国门的民族之一，其开放的意识和世界的眼光，由于世界历史的新发展而愈益成熟。自20世纪末以来，无论保守党，还是工党，其政府都十分重视世界公民的教育。《学校课程》无疑就表达这种目标和愿望。它指出：国际理解教育同经济教育、环境教育、政治教育以及社会与消费教育一样重要，它包括理解人类的成就和抱负，包容和欣赏异国异族的文化。

---

① 秦树理主编：《国外公民教育概览》，郑州大学出版社2005年2月第1版，第22页。
② 参见林亚芳：《英国的公民教育》，《江西教育科研》2001年第10期，第29—31页。

　　英国公民教育的上述具体目标，归结起来就是要培养公民健康完善的自尊自强的独立人格、平等自由与民主法治的现代精神、开放包容与互助合作的博大胸怀，以此塑造公民灵魂、培育国民精英、增进人民幸福。20 世纪90 年代，全国课程委员会课程指导将公民教育的目标细分为知识（有关公民的各方面知识）、综合技能、态度、道德准则和价值这一总的根本的价值取向和目标宗旨，需要体现在具体公民教育的实质内容之中，需要有切实有效的公民教育的具体方法，也需要在实践中通过科学严格的管理和评价才能逐步达到。英国公民教育关于培养目标的理念和计划，在公民教育复兴之后学者们更为强调"公民性"的培养（详见本书相关章节）。而"公民性"却又具体地以公民的德性、德行为载体。公民性的养成，能促使社会成员"不仅仅在地方和国家的层面上改变政治文化，把自己视为积极公民，而且愿意、能够在公共生活中发挥影响力，同时改善年轻人社区参与和公共服的环境和条件，树立其寻求新的参与形式的信心"①。也就是说，通过对社会成员民主参与的实践能力的训练与自由民主品质的培养，使人们具备作为公民所应承担义务、责任和维护公民权利的意识与能力，树立个人和社会相统一的价值观。②

三、培养公民性是英国青少年公民教育的重要目标

　　公民性是公民之为"公民"的必备的品质、意志和涵养。一个真正的公民不能徒有法律和政治地位上的公民身份与资格，它必须具有道德性、政治性、实践性。这是一个合格公民的基本素养和品质。这些素养和品质是形成其他公民素养和才能的基础。

---

① Bernard Crick: *The English Citizenship Order 1999: Content and Presuppositions*. Andrew Locker, Bernard Crick, John Annetie（e.d.）: *Education for Democratic Citizenship*. Ashgate Publishing Limited, 2003, p.19.
② 参见唐克军:《比较公民教育》，中国社会科学出版社 2008 年 7 月第 1 版，第 109 页。

（一）公民性的内涵和意义

所谓公民性，乃是指作为公民成员所必备的品性、心性和气质，是公民意识、公民德性、公民意志、公民精神等公民精神因素的总和。它说到底是指通过公民性格和公民行动所显现出来的内在的公民涵养和资质。公民性是养成的、内在的而显于外的，因而不是被赋予的。严格意义上的公民性与形式上的身份和资格并无内在必然联系，亦非由所谓法律和制度所外在规定。它完全是一种精神的东西。古希腊"四达德"所要求的智慧、勇敢、节制、正义，近现代西方所倡导的自由、民主、平等、公正、博爱，就是对公民的期待和要求。在中国传统文化体系中，仁、义、礼、智、信，孝、慈、敬、顺、忠、和、恭、诚、友、勇，谦、善、惠、正、刚，勤、俭、廉、康、乐，也包含着公民性的成分和积极因素。公民性的内涵很丰富，体现在公民社会生活和实践活动的方方面面，也需要在这些方面，特别是在实际的生活、交往、工作以及思想过程中具体地培养公民性。公民伦理道德生活中的至善、宽厚、仁义、和谐、利他，公民政治生活中的民主、公正、爱国、守法、勇敢、参与、奉公，经济生活中的健康、计划、勤劳、节俭、环保，文化和交往生活中的平等、尊重、自由、恭敬、热忱、开放、包容等，都是公民性的重要要素。

公民性属于人性范畴，是社会历史运动发展到一定阶段的特殊的人性，它与臣民性和奴性相对立，因而是较高层次的人性。臣民和臣民性，奴才和奴性，都是专制制度和独裁的产物。在王权和专制制度下，臣民和奴才没有意志和精神，没有积极诉求和个性伸张，缺少主动性，了无自主性，更无自立性，他们只有听命和服从，只有被动和消极。公民性也与"归隐者"之惰性相异，"隐者"多是集权主义的产物，其处世态度是消极避世和明哲保身，缺少一种为天地立心、为生民立命、为万世开太平的主人翁责任意识和勇于担当的血气。

公民性和公民教育的目标与内容存在着必然联系：公民性规定公民教

育的内容，向公民教育的目标提出要求。在德国，公民教育有三种含义：
一是培养公民责任意识的政治思想教育；二是塑造公民人格的伦理道德教
育；三是传播民族文化的民族精神教育。① 在英国，公民教育的内容包括
社会和道德责任教育、公共参与的态度和行动教育、政治认知的知识教
育。在两国公民教育的含义中同时包含着目标、内容、公民性及其相互的
关系。②

　　公民性自身也是一个包含着许多要素的有机体。其中，公民意识是核
心，公民德性、公民意志、公民精神、公民知识、公民技能、公民参与、强
健体魄、健康心理等围绕着公民意识依靠彼此的相互联系形成一个独立的系
统。它们与个体人在德、智、体、行等方面的知识、技能和素质相联系（见
图 1：其中 1 指公民意识；2 指德行；3 指才智）。在公民教育的实践中，它

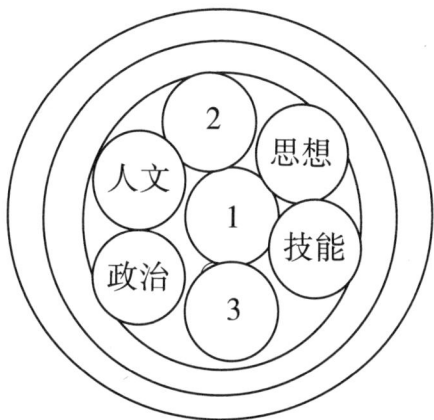

图1　公民性的系统要素及关系（轴承式结构关系）

们又分别代表着素质教育、健康教育、生活教育、职业教育等不同的方面。
也就是说，公民性之中每一个要素由于特性、功能的不同而分别承担着不同
的教育职能，从而与"德育"、"智育"、"思想教育"、"政治教育"、"人文

① 　参见史振鼎主编：《公民教育之问题与对策》（上册），台北：台湾省教育会。
② 　Liam Gearon, *How Do We Learn To Become Good Citizens?* British Education Research Association, 10, 2003, p. 12.

教育"、"技术教育"相对应（见图2）。

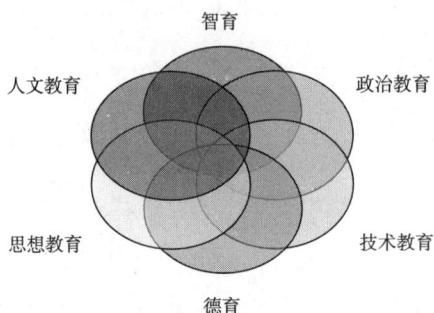

图2　公民性和公民教育的关系

　　英国青少年公民教育，不仅重视"知"的传授（如政治知识）、"能"的训练（如生活技能等）和"才"的培育（如智力的增进等），也重视"情"的陶冶（如爱国主义情操等）和"意"的锤炼（如道德信念、宗教信仰等），还重视"行"的引导（如积极的态度、敢于担当的勇气和有效参与的智慧等）。它包含以下九个方面的公民性内容，即：（1）成员身份；（2）个人动力；（3）民主价值观；（4）政治权利和人权；（5）参与和义务；（6）负责；（7）知识和技能；（8）参与；（9）宪法。这九个要素包含了自信、技能、知识、价值观以及对权力和民主的决策结构的认知和态度。① 而英国青少年公民教育对"好公民"的培养要求也涉及：道德与价值观；积极的生活态度和政治参与热情；责任、义务与权利的统一；彼此尊重、善于合作；诚实谦逊、坚韧顽强；富有理想和抱负；独立的见解和判断；爱国、爱社会、爱同类；热爱和平、反对暴力；自重自律、遵纪守法；树立信仰和信念；积极参与公共事业和服务；正确对待和处理差异、具有有效解决争端和冲突的意志和能力；勤劳节俭、关心和帮助他人；等等。这是当前英国学校公民教育的国家规定，也是各级各类学校在实际工作的育人理念和态度。根据 Dynneson、Gross、Nickel 的研究，"好公民"应该具有如下品质特征："关心他人福利，

① Liam Gearon, *How Do We Learn To Become Good Citizens*? British Education Research Association, 10, 2003.

遵循道德伦理和处理人际交往关系；具有挑战精神，能根据具体情况对既有的思想、观点和意见提出质疑；理性判知正确，且能以此作出审慎抉择"。①可见，当代英国青少年公民教育，无论是国家课程大纲，还是教材内容，抑或课堂和实践教学，处处显示出公民性培养的目标。

（二）公民性培养目标的层次差异

英国青少年公民教育培养公民性的目标因对象的层次而有所不同。小学、中学、大学分别与儿童、少年、青年相对应，对象年龄和身心发展的层次不同，公民性表现出一定的差异；但是，对象的年龄始终是一个线性的连续与衔接过程，因而，各个阶段的公民性及其培养目标又绝非迥然相异。显然，这是需要公民教育管理者、决策者和理论工作者精心计划和科学规划的一个重要问题。

2000 年 9 月，英国中小学新的国家课程，依据《科瑞克报告》中关于公民教育目标的建议，在总体要求下具体地制定了各个阶段的公民性培养目标。② 第一阶段：学习关于他们自己作为发展的个体和社区的一员的要求，建立经验以及个人、社会和情感的早期目标；学习维持他们的健康、安全和行为的基本规范和技能；有机会承担他们对自己和周围环境的责任，了解自己和他人的感情，开始注意到其他孩子和老师的想法、需要和权利；作为班级、学校和社区的一员，学会某些社会技能，如如何分享、帮助他人、解决简单的争论；开始积极参与学校和周围的生活。第二阶段：了解自己是不断成长和变化的个体，拥有自己的经验和想法，变得更成熟、独立和自信；了解更广泛的世界和社区间的相互依赖关系；发展社会正义和道德责任感，了解他们自己的选择和行为能影响本地、本国或全球的问题和政治、社会制度；学会如何更广泛地参与学校和社区活动；面

---

① Richard E. Gross, Thomas L. Dynneson. *Social Science Perspectives on Citizenship Education, Teachers College*, Columbia University, New York and London,1991. p. 4.

② 资料来源：National Curriculum Online: *Citizenship*. http://curriculum.qca.org.uk.

对青春期的改变和学校的支持与鼓励而进入中学，作为个体和团体的一员学会如何更有自信、更有责任感，并且反抗暴力。第三阶段：学习、思考、讨论典型的政治、精神、道德、社会和文化问题、难题、事件；学会区分影响其生活和社区的法律、政治、宗教、社会和经济体制及系统；积极参与学校生活、邻里生活和广泛的社会生活，努力对公共生活具有影响；在社区活动中承担义务；从学校、地方、本国的角度理解公平、社会正义、尊重民主和多样性。第四阶段：继续学习、思考、讨论典型的政治、精神、道德、社会和文化问题、难题、事件；研究影响其生活和社区的法律、政治、宗教、社会和经济体制及系统，密切关注其运行情况和影响；继续积极参与学校生活、邻里生活和广泛的社会生活，对公共生活具有更大的影响力；培养一系列的技能以帮助达到上述目标；更多地重视批判意识和评价能力；通过从学校、地方、本国和全球角度对诸如公平、社会正义、尊重民主和多样性等问题有更多的了解，通过参与社区活动发展学生的知识、技能和理解。

另外，英国国家公民教育大纲对5—11岁青少年（小学教育初级阶段）的"个人、社会和健康教育"（PHSE）目标作了如下规定：（1）树立信心，增强责任，开发潜能；（2）培养健康、安全的生活方式；（3）改善人际关系，尊重差异；（4）积极准备成为一位好公民。关于公民性培育的目标是：（1）有关公民知识和对于成为有学识公民的理解力；（2）培养咨询和沟通技能；（3）发展参与和承担责任的能力。可见上述关于英国青少年公民教育的具体目标，体现了公民性中道德品性、政治理性、理解尊重、和谐宽容、开放合作、民主法治、公平正义、自律约束等内涵，也体现了公民性培养对于做和睦家庭成员、友好社区邻居、优秀学校学生、合格社会成员和忠诚的国家公民的要求。无疑，这些要求只规定青少年公民教育的方向，而这一总的方向和各方面的具体目标，还需要具体的内容来加以完善，并使之具体化，从而成为操作性强的实施方案，同时为学校公民教育各个环节的具体行为提供规范和准则的指导。

第二节　英国青少年公民教育的内容

内容是一切事物"所内含的东西"①，是构成事物的"自在之物"本身，也是事物最重要和最核心的部分，包括"事物的各种内在矛盾以及由这些矛盾所决定的事物的特征、成分"②。哲学上的内容和形式相对，它们"是揭示事物内在要素及其存在方式及相互关系的一对范畴"③。目标是灯塔，内容则是规定灯塔所以成为它自身的一切质的要素。公民教育的内容，乃是"指实现学习者个体社会化、社会个性化的资源"④，它是"公民性"的具体展开。英国青少年公民教育的内容也经历了一个逐渐演变的曲折过程，其内涵越来越丰富，并具有自己的特点。

一、英国青少年公民教育内容的演变

"每一个时代的理论思维，从而我们时代的理论思维，都是一种历史的产物，它在不同的时代具有完全不同的形式，同时具有完全不同的内容。"⑤英国对青少年的要求，也就是国家和社会教育对于青少年儿童的现实和未来期待。不同的历史时期的英国教育有着不同的内容，其公民教育的成分也有所不同，表现形式亦有极大差异。

1. 宗教教育以神学为主要内容

中世纪的英国，宗教教育主导一切，国家政府对教育采取不干预政策，

---

① 王孝哲：《哲学原理新论》，安徽大学出版社 2006 年 3 月第 1 版，第 58 页。
② 刘同舫：《简明哲学原理》，华南理工大学出版社 2004 年 1 月第 1 版，第 284 页。
③ 王雨辰等主编：《马克思主义哲学原理》，湖北人民出版社 2005 年 8 月第 1 版，第 98 页。
④ 罗明东等主编：《教育学：当代教育一般性问题概论》，云南大学出版社 2006 年 8 月第 1 版，第 45 页。
⑤ 《马克思恩格斯选集》第 4 卷，人民出版社 1995 年版，第 284 页。

学校多数为教会兴办的民间学校。宗教课在学校中占有相当多的课时，其内容主要是讲解基督教的教义、教德和圣经故事等。教育的目的是要将学生培养成品学兼优、具有爱国精神、坚定勇敢的基督教徒。

2. 绅士教育以气质德行为主要内容

英国是世界上颇具"绅士"风度的民族，"绅士"风度是英国的民族性格。在16世纪文艺复兴的历史条件下，谱系和血统已经失去往日对标志和评判社会地位的权威地位，教育取而代之成为社会评判的重要尺度，成为人们由以获得知识从而改变和提升各自的社会政治境遇的重要途径。因此，"……完善的、高贵的教育就是培养人在平时和战时能公正地、熟练地、高尚地履行其公私职责的那种教育"，就是将资产阶级的"高贵和文雅的青年"培养成为绅士。[1] 其目的"就是培养健康、举止得当、具有纯洁情操、高尚道德和判断能力的善于处理实际事务的社会活动家"（弥尔顿语）。这种"绅士"必须具有行为端庄、彬彬有礼、坚定执著而富有责任感等高贵德性和气质。16世纪英国的绅士教育正是这种由于时代变迁而促使贵族、士绅阶层以及律师、教士和商人等群体产生的一种自我提升和发展的意识觉醒。除此之外，托马斯·休斯（1822—1896年）在其《汤姆·布朗的学生时代》中增加了人事和管理的内容。[2] 显然，英国昔日的绅士教育集"德行、智慧、礼仪、学问"这四种精神品质以及健康素质的教育于一体[3]，是一种德育、智育和体育等方面和谐发展的新教育体系。由此英国绅士教育对于英国历史发展的影响绝非一般。这一在新时势下产生的新型教育理念，将人文主义的世俗关怀、古典学问、现实生活三者相联系，为当今时代英国审视教育的改革和完善指明了前途和方向，同时也提供了新的思想方法和学习内容。[4]

---

① 王晓华：《断裂中的传统——人文视野下的大学理想》，首都师范大学出版社2002年版。
② 阎照祥：《英国政治制度史》，人民出版社2003年版，第315页。
③ ［英］约翰·洛克著，傅任敢译：《教育漫话》，教育科学出版社2001年版。
④ 朱歌姝：《托马斯·埃利奥特：简论十六世纪英国的绅士教育——从〈统治者必读〉到〈学校教师〉》，系北京大学2004年5月硕士毕业论文。

3. 国民教育以社会生活教育为主要内容

进入 20 世纪后，通过历史课及特设的课程教学，鼓励学生参加本地议会的会议及对本地公共服务事业进行考察，培养学生参与本地政府工作的热情；采用阅报活动引起学生对时事的兴趣，通过与国外学校的交流让学生关注国际问题；对社团的管理力求民主，提倡学校由普选产生的班长负责正式的学校生活和活动的组织与管理等。第一次世界大战后，战争所带来的经济问题使许多国家的民主体制受到了中央集权制度的挑战，加强民主教育因此而广受关注。当时英国公民教育的核心内容是，讲授关于民主的知识、培养民主价值观，防止集权主义对青少年的影响。《1944 年教育法》颁布后，社会科学教育得到了加强。有关文件明确强调对青少年公民进行政治教育的重要性。公民教育的内容明显实现了根本转向，越来越重视青少年儿童的如下基本品质的培养和训练：守法；有正义感；乐于承担责任；认真工作；对历史与未来有责任感；尊重少数人的意见；理解言论与行为自由，并认识到这种自由依靠信任、友谊与个人的责任感；① 等等。

英国教育的价值取向经历从服从到参与的根本转变之后，由于个人的独立和社会之间的平等越来越受到重视与尊重，青少年学校教育的主要内容也开始逐渐关注于个人的社会生活、政治生活、道德生活的现实状况。1904年的英国教育委员会就明确地宣称教育要帮助学生明智而实用地适应生活、工作；19 世纪 20 年代，费舍（Fisher）提出开设卫生学课程；二战后的英国教育要求培养世界公民，并对第三世界发展研究、环境教育、多文化研究、和平研究以及人权教育等予以了必要的关注；20 世纪下半叶由于世界全球化趋势的加速，"全球圈"概念应运而生。显然，这样一种处于不断发展变化的国际国内形势，使得英国教育愈益具有公民教育的内涵和实质，并对基于对公民个人利益的充分关照的公民社会科教育给予了前所未有的重视。

---

① Derek Heater. *The History of Citizenship Education in England*,The Curriculum Journal Vol.12 No.1,2001, p. 108.

4. 从"帝国公民"到"世界公民"的教育

18、19 世纪及至 20 世纪早期的英国教育实质上就是一种强国的沙文主义教育，即不可一世的"帝国教育"。这一时期，鉴于英国的强大和富庶，各学校先后开展了以民族文化认同和帝国归属感、自豪感为主要内容的教育活动。第一次世界大战之后，由于世界和平的需要，教育的内容开始以"维持世界和平"为侧重；而中小学的历史、地理等课程的内容就更加注重社会发展、地方区域以及各区域之间的交往和联系。二战期间，由于世界反法西斯的需要，加之英国备受大陆法西斯的侵略和攻击，及世界格局尤其是帝国自身的变化，英国教育开始强调个体发展与世界和平事业互为一体的重要性，并将培养世界公民作为重要出发点。到 20 世纪 80 年代全国统一课程开始出现之后，这种变化已经十分明显，无论国会、政府颁布的法令，还是各专门委员会或研究会起草、发表的文件、报告，都纷纷提出：通过学校公民教育，使未来公民能够习得有关民主社会的知识、态度、价值、技能和行为方式，为适应未来的成人社会的生活做准备。

5. 转折时期公民教育内容呈现多样化趋势

20 世纪 70 年代以来，英国的公民教育出现了政治教育、世界教育、环境教育及和平教育等思潮。其中，"政治教育计划"发起人之一的李斯特在其发表的《英国的公民与公民教育》一文中建议通过历史课进行间接的公民政治教育。该计划将培养和提高学生的政治能力作为重点，要求在具体实施中采取讨论、辩论、问题解答、游戏和角色扮演等方法，增强青少年学生的政治常识和民主价值观。全球公民教育者提出"全球公民教育"主张，以培养和加强青少年学生的全球意识和世界合作精神，塑造"全球公民"。为此必须使广大青少年具有如下素质，主要包括：懂得并善于维护和平；理解并学会尊重不同文化；自觉爱护和保护生态环境；理解人权的内涵和意义，并立志为人权事业而奋斗；能够设计并创造美好的未来；懂得在新形势下进行良好的沟通与合作；等等。另外，这一时期公民教育的课程中应包括一些战争与和平、贫穷与发展、人权之类的世界性问题的内容。1979 年以后保守党（以撒切尔夫人为首）执政下的英国教育，以培养"积极公民"（Active Citizenship）为目标，重视传统道德，宣扬精英主义的传统，尊崇贵族文化，强调个人的重要性。

20 世纪 90 年代前后，英国公民教育越来越受到国家的重视。1988 年，英国国家公民教育委员会（由国会下议院成立），强调了公民的权利意识、义务意识、责任意识的重要性；要求学校从知识、技能、态度三个环节上加强实施公民教育。1990 年国家课程委员会在《公民教育课程指引》（NCC,1990）一书中提出了公民教育的八大内容，即：社会的本质；多元社会中的个人角色及关系；国民的权利、义务与责任；家庭；民主生活；国民与法律；工作、就业和休闲；公共服务。其中后五项涉及儿童当前及未来社会生活的具体细节。1997 年，工党上台执政（以托尼·布莱尔为首），重视"公共道德"，注重个人责任同国家事务之间联系，强调公民的积极参与。1998 年，由政府授意的《科瑞克报告》取得实质性进展，并发布了有关调查和研究成果，体现了工党的执政理念和精神。2001 年，布莱尔政府又提出"英国核心价值观"的概念，表达了以超越民族、种族和党派的国家精神教育人民的愿望，提出培养公民对国家、民族、社会的情感，以加强社会团结，从而增强国家对于社会的凝聚力和整合力与社会成员对于国家的认同感、归宿感和向心力。[①]

二、英国青少年公民教育内容的具体规定

英国青少年公民教育的内容涵盖了公民科和历史科、宗教教育和道德教育、个人与社会和健康教育（PSHE）等。在欧洲一体化不断推进的时代，英国的公民教育研究院还开发了"欧洲公民"教育课程，力图向学生

---

① 张秀雄主编：《各国公民教育》，台北：师大书苑有限公司 1996 年版，第 82 页。

传授有关的知识、技能，使之懂得如何在国家和地区事务中发挥作用。总体上，英国公民教育的内容相当丰富，主要在于帮助青少年适应复杂的社会生活、应对和处理各方面的问题和困难。因此，既有政治教育（如宪法和政府制度等），也有法治教育（如守法等），还有爱国教育；既有尊重少数人意见，有正义感，勇于承担责任，理解言论与行为自由等公民品质的教育，也有防止极权主义影响的教育；既有公民知识、公民价值观、政治能力教育，也有全球公民、环境意识、人权等不同主题的教育；既有宗教信仰教育，也有哲学信仰的教育；等等。总结和归纳各个层次的学校公民教育的内容，可知英国青少年学校公民教育的内容具有鲜明的特点，即：（1）阶段之间显示出很强的衔接性和连贯性；（2）理论的科学性和实践的适应性显示出很强的一致性；（3）计划设计方面显示出很强的继承性、开拓创新性和探索性；（4）价值取向和目标环节中注重务实的精神；（5）推广、实施方面显示出统一性和区别性的结合；（6）尊重实际需要和适应形势的可变性、发展性；等等。

具体地说：第一，英国公民教育从小学阶段开始（5—7岁）直到中学阶段（16岁）所教内容由浅入深、循序渐进，各阶段所设置的内容具体、层次鲜明，且符合学生的年龄特点，后一个关键期的内容都是在前一关键期内容的基础之上，考虑到学生的成长与成熟程度以及基础知识背景和视野的广度，对学生提出了更高的要求。第二，从小学开始，各阶段都按照教育规律以及儿童身心发展规律和接受规律选择和安排教育内容，学生易于认识、理解和把握，这对于提升学生的认识、理解、评价等能力具有重要意义，对于使学生成为未来社会的合格公民大有裨益。这就最充分地考虑到公民教育服务与社会生活的实际需要。在此，公民教育内容的科学性和服务取向的实践性、生活性，就被密切地联系了起来。第三，英国公民教育内容的规定，既遵循公民教育的国家和社会等各个层次的目标，又充分地遵循客观的规律和有关方面的具体实际。同时，还十分注重对优秀的历史传统的继承，并善于结合现实的需要，大胆地进行探索和创新，由此而显示出务实审慎的精神来。第四，英国公民教育的内容既包含相关的基本理论知识，又有提升学生各种实践能力的活动安排。英国公民教育内容设置并未局限于学生对公民知识的"知道"，而是强调理论知识的"知道"与参与实践的统一。尤其值得肯定的是，从小学阶段开始，新课程就非常注重培养孩子的社会参与意识和能力，先让孩子通过参与班级讨论等培育参与社会的意识，然后再讨论社会热点问题等，这对于孩子未来走向社会成为一个既明确自己的权利，又对社会负责任，同时又有能力参与社会管理的合格的现代社会公民具有极重要的意义。这一"知"和"行"的统一显示出鲜明的务实性。第五，在中小学教育的各个关键阶段，英国公民教育内容较为统一，重点突出。从内容设置的整体情况看，尽管每个年级的具体教学内容不同，但其主题鲜明、中心突出，主要是围绕着人与人、人与社会以及人与自己所生存的自然环境这几对关系展开，同时兼顾公民应具备的知识的传授、公民责任感以及公民能力的培养等。第六，英国公民教育的内容具有历史的发展变化性。神学教育服务于宗教奴役、臣民教育服务于王权专制、绅士教育服务于贵族体制、民主教育服务于民主政治、爱国主义教育服务于国家整合需要等，即是明证。

三、公民性是英国青少年公民教育的重要内容

公民性在青少年公民教育的培养内容中，占据着重要地位，是渗透和贯彻于其他培养内容之中的灵魂。它也有自身的成分和要素；其中，公民意识是核心。

（一）公民性的内涵

在公民性中，公民意识十分重要，它决定着其他所有要素的性质、水平和状况。公民意识觉醒，则公民性发育并能成长起来；公民意识淡薄或无公民意识，则公民性微弱或者被泯灭。公民意识是民众在民主政治时代必

须具备的一种社会性意识，它是人的现代化，乃至国家和社会的现代化的基础，是法治国家公序良好和健康运行的基石。公民意识的内涵，是指公民个人对自己在国家中地位的自我认识，也就是公民自觉地以宪法和法律规定的基本权利和义务为核心内容，以自己在国家政治生活和社会生活中的主体地位为思想来源，把国家主人的责任感、使命感和权利义务观融为一体的自我认识①。公民意识有着丰富的内涵，它包括十四个方面的具体内容：（1）权利和责任意识；（2）政治和社会参与意识；（3）国家和集体以及人类共同体意识；（4）民主法治意识；（5）自由意志、理性精神；（6）公平正义态度和不偏不倚的监督意识；（7）勤奋的劳动态度、节俭的生活作风、创新和奋斗的勇气；（8）科学发展意识；（9）自律、自省、自勉、自立意识；（10）和谐、合作和共赢意识；（11）对民主与集中、自由与纪律、平等与差别、理性公正与事实差异等等的深刻理解和行为操守；（12）科学的世界观、积极的人生观、正确的价值观；（13）坚定的信念和信仰、执著的追求、顽强的意志；（14）健康的体魄、积极的心态。公民意识是一种自我意识，它是一种精神力量，一种真正的"意识起搏器"和"思想发动机"；其中的权利意识是引起主体性发育的原初动力和生命力源泉，其内在的义务意识以及责任感、使命感是公民精神品质发育和成长的条件，它主要地彰显公民个人的客体性。可见，公民意识中的权利意识对应于人的个性即主体性，责任意识对应于人的社会性即客体性，这两大因素相结合而成公民性，其他诸多因素随之发生并共同成长起来。在公民性中，公民精神也是不可忽略的重要因素，它其实是公民意识强化后的一种高度自觉的精神状态。公民性、公民意识、公民精神关系密切，特别是公民的权利和义务意识更是两个相依相存的根本要素。公民性涵括了公民意识、公民德性和公

---

① 分别参见朱雪志：《"公民意识"日益浓——我看新中国 60 年》，大江网—江西日报（http://www.jxnews.com.cn，2009-10-09 02:46；陈永森：《加强公民意识教育》，《福建科技报》2008 年 8 月 5 日第 4 版。

民精神。公民意识、公民精神统一于公民性之中，是人之为公民的充要条件。只有具有公民性的人，才是真正的公民，才有希望做真正合格的优秀公民。只有富于公民性的人，才具有积极的国家观念、正确的权利意志和深厚的义务德性。[1] 而要培养公民性，显然也必须同时重视树立公民的国家观念、权力意志和义务德性的培养。

（二）公民性的外延

公民教育的内容，具体涵括了经济、政治和精神文化等方面。经济方面，是指公民经济知识和社会生产能力；政治方面，是指对于国家的政治知识、公民的一切基本权利的知识以及参与国家和社会组织的有关政治生活的技能等等；精神文化方面，是指公民的德操、德行，特别是公民意识和公民品性。概括起来就是公民知识、公民德性、公民能力、公民实践，分别为知识技能、思想道德教育、民主政治教育、生活实践教育，而贯穿于这些环节和类型的核心，就是公民性的教育。

在英国，青少年公民教育主要地涉及公民的个人社会、社会生活、伦理生活、精神生活、政治生活、经济生活等。其中，个人生活方面包括自我人的价值和尊严、卫生和保健、安全和健康、休闲和享受、性爱和生育等；社会生活方面包括人际交往、家庭学校社区单位以及涉及国际交往、个人集体社会国家间的利益协调等；伦理道德生活包括言行规范、道德层面的权利和义务、宽容和忍让、尊重和互助等；精神生活（在很大程度上是指宗教生活）包括信仰和信念、教义和礼仪（礼拜和祭祀）、宗教伦理（修养和德行）、宗教神话以及宗教组织和团体等；政治生活包括选举（主要是投票）和被选举、发表意见、递交提案、提出主张等；经济生活包括生产、贸易、消费、储蓄等。除此之外，英国公民教育还涉及环保生活的一些具体内容，主要是指公益宣传、参加濒危生物的拯救和清理垃圾废料等

---

[1]　参见梁启超:《新民说》，辽宁人民出版社 1994 年 9 月第 1 版。

活动。

具体地说，英国青少年公民教育的政治内容，主要包括三个部分，即政治知识、政治情感和政治价值。所谓政治知识，主要是指对于政治现象的基本认识和了解，它包括政治的内涵、功能、形式、手段与作用等；所谓政治情感，主要是指个体对政治制度和文化的主观倾向，它包括个人的政治激情、态度、倾向、信念等；所谓政治价值，主要是指个体对政治制度和政治文化的价值取向，包括政治的意义以及个人对政治意义的理解等。英国公民教育的政治因素，一方面涉及专门的政治知识，如国家运转的基本常识，另一方面是来自历史等学科的有关英国的历史传统。这些内容对培植年轻一代对国家的义务和自豪感起到了重要的作用。需要指出的是，公民权利义务意识在英国的公民政治教育中居于十分重要的位置。主要包括：（1）公民的权利和义务；（2）政治的权利和义务；（3）社会的权利和义务。第（1）项的内容主要是人身自由、言论自由、信仰自由等，同时还包括与这些内容相关的国家职能机构的有关知识；第（2）项中的内容主要有政治权力的行使、政治的参与，以及与此有关的国家机构及其制度和运行机制的一般性知识；第（3）项中的内容主要是社会成员的社会经济福利、社会安全的保障、教育设施，以及与此有关的职能部门。

道德教育的内容，主要包括道德知识、道德规范、道德行为。关于生活教育，主要包括生活的知识、社会的结构、文化的习俗和传统、多元主义的现实和意义等。关于参与教育，主要包括技能和技巧，如参与、沟通、思考、资讯以及解决问题等。显然，这些丰富的公民教育内容，都是旨在于提高学生现实和未来的实际生活能力的。由此可见，英国当前公民教育除了重视传统的政治常识教育之外，更注重与学生日常及未来社会政治生活有关的内容，注重学生对公共生活的参与，注重培养学生从各种不同的和广阔的视角来看待问题和解决问题的能力。在英国政府规定的普通学校八条基本目的中，至少就有三条涉及道德教育，它们分别是："……（2）使儿童理解道德的价值，尊重不同的种族、宗教和观点。（3）帮助儿童了解现实世界，了解国家间相互依赖的关系……（7）使儿童认识人类在科学等方面取得的成就及他们为获得更多的社会公正所作的探索。"在英国各级各类的初等学校中，培养儿童的责任感、启发其理想、培养其情操，使其能理解并效法生活中最优秀的范例，成为一项重要的任务。[①] 而在英国"2000年国家课程目标"中，促进学生的精神、道德、社会和文化发展，也表明对道德教育的重视。

总之，英国青少年公民教育的内容由三个相互联系的方面组成，它们包括：社会与道德责任；政治认知；实践参与。这三个方面所涵盖的领域很宽广，内容很丰富。上述这些领域和内容要素得到了英国国家课程委员会的确认和支持。综合起来这些要素包括"五个主题"，即："对经济与工业的理解"、"职业教育与指导"、"健康教育"、"教育和公民的权利与义务"、"环境教育"。[②] 这"五个主题"所体现的要求也体现在1999年英国教育与就业部、资格与课程局所发表的《英格兰国家课程：价值观声明》之中：在自我方面，要将自己视为有能力发展精神、道德、智力和身体的人类；在人际关系方面，在评价他人时，不应当仅仅看他们拥有什么或他们能为我们做什么，把人际关系视为发展自我和他人并有利于社区的基础；在社会方面，要重视真理、自由、公正、人权、法律以及为了共同的利益而作出的集体努力，尤其重视家庭，因为它是学会对他人热爱与支持的源泉，是人们关心他人的社会基础；在环境方面，要重视自然和人工环境，作为生活的基础和奇迹与灵感的源泉。[③]

由上可知，公民性是一个集合概念，具有普遍性和共性特征。在这个

① 苏振芳主编：《当代国外思想政治教育比较》，社会科学文献出版社2009年1月第1版，第115页。

② 参见秦树理主编：《国外公民教育概览》，郑州大学出版社2005年2月第1版，第19页。

③ DFEE & QCA, *The National Curriculum for England: Statement of Values by the National Forum for Values in Education and the Community*, Crown, London, 1999, pp. 2–4.

集合体重，公民意识是一个"内核"，如同一轮"素朴的普照之光"，向其外围的其他要素闪烁照耀。人们必须在其所指涉的诸多方面去发现它的含义和价值，也只有在这些方面根据每个具体的公民性要素去切实地对青少年实施具体的培养和训练。当代英国青少年公民教育，就是按照公民性所涵盖的要素，分别制定了学校公民教育的课程和教材，以此去实际地培养他们所要的"好公民"。若不注重或看不到这一点，公民教育就会一事无成。

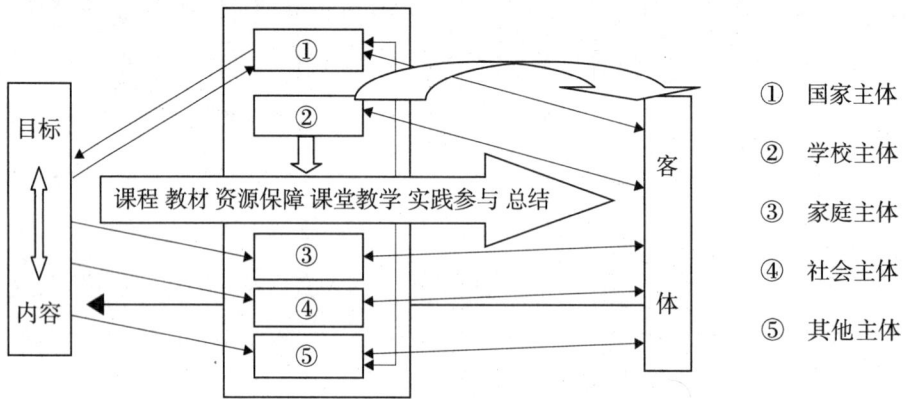

附图　"青少年学校公民教育结构关系及运行机制"

第四章　英国青少年公民教育的主体与客体

在公民教育的系统中，主体和客体甚为密切，二者互为相对方，既各有职责又相互转化、相互影响和作用。两者共同引起和主导公民教育的整个活动和过程，都具有主体性意义，其相互的支持和配合，是决定和制约公民教育实践最终结果的根本力量。教育者必须首先受教育，所以一切教育者又都同时是受教育者；反过来，所有受教育的客体都在以特定的方式和途径不同程度地对教育者实施影响和反作用，因而公民教育的客体也同时是主体，发挥着主体性作用。在文明社会中，一切人都需要受教育。显然，英国青少年公民教育一旦确立了明确而坚定的目标、据此确定了具体的各方面的培养内容，同时具备了各方面的积极的主体和客体，也就开始进入具体的实施阶段了。

第一节　英国青少年公民教育的主体

在组织严密、计划周全的公民教育实践中，主体是执行管理、从事教学、提供服务的各方面的力量，既是个体的人，也是人的组织。英国青少年公民教育的主体，其组成成分多样复杂，可相互之间又在一个共同的目标的引导之下密切合作，形成了一股"人人参与"的社会合力。

一、英国青少年公民教育主体的成员及关系

在自然界和人类社会，事物总是以系统要素的形式而存在，系统各要素

各有职能，又相互密切地联系。所谓主体，乃是实践活动的发起者、组织者、实施者、调节者以及其他对活动所指客体或直接或间接地产生实质性影响和作用的主体性因素。在公民教育中，对公民教育对象发生作用、施加影响的主体性因素是一个复杂的系统。一般来说，在所有这些因素中，家庭、同辈集团、学校、大众传播媒介以及国家和社会组织中那些主管司法、宣传等职能的部门或机构，是重要的主体性因素。

英国青少年公民教育实践主体是公民教育系统中的一个要素，它自身也同时是一个小系统。在这个较小的系统中，各个成分彼此独立，各有其能，各担其责，形成一个多因素的复合体。英国青少年公民教育的主体主要有：家庭；学校；同辈集团；大众传媒；有关国家职能部门；社会性组织；等等。其中，学校所有教育工作者、各级各类管理和服务人员，是这个复合体的主要成员；其他方面的主体包括和学校具有垂直管理和指导关系的部门和人员，以及和学校有着横向联系的社会各方面的组织和人员。这里，为了便于论述，暂不把具有主体性的客体纳入主体的研究范围。自 20 世纪末以来的，英国社会各方面在政府的组织和指导下积极参与，各履其职，各尽其责；又通过国家的直接指导和调控以及其他相关方面的沟通和联络，自成一体，形成合力。

上述各个方面的力量要素依据一种社会和国家共同体的内在联结机制，在国家的引导下和一种社会意识的感召下自成一个相互联系、相互影响而彼此默契的公民教育有机体。英国青少年公民教育的主体根据各自的地位和职责，为国家宗旨、社会目标和个人需求内在编织成一个同心圆体系，国家目标是核心，为青少年公民教育的所有方面和环节提供方向和指南，对各类具体的青少年公民教育活动提出总的原则、立场和总体目标，并以此决定和影响着青少年公民教育的全部内容和方法。这一主体抽象化为一种国家精神和意志，而具体地表现为国家政权的职能部门（诸如英国国家教育部等）。其他诸类要素根据各自的性质和职能，特别是同青少年公民教育的关系的状况，可以分别是家庭、学校、社区、公民组织等。在这一同心圆体系中，国家精神和意志向外辐射，是其他各个主体因素进行公民教育的主脑和灵魂，是方向、指南和精神动力；而外围的其他各类主体依次向国家精神和意志靠拢，并在公民教育总目标要求方面向国家寻求指导和帮助。根据这一逻辑，从圆心（核心层）到外围各圈层，这些公民教育的主体因素分别是：1. 国家精神；2. 家庭；3. 学校；4. 国家行政企事业单位；5. 社区；6. 公民社会组织（含学术机构）；7. 其他（如各类博物馆、主题公园等等）。图1描述了上述主体的圈层关系，图2描述了它们的组织关系。

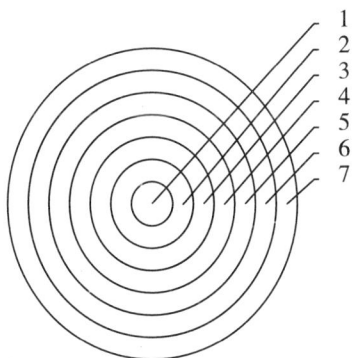

图1　公民教育主体的成分及关系图

从这些公民教育有关部门与主体因素的相互关系而言，居于最高层面的主体无疑是国家权力部门，而政府所属各相关职能部门则是实际执行国家意志的具体主体。如图2所示：

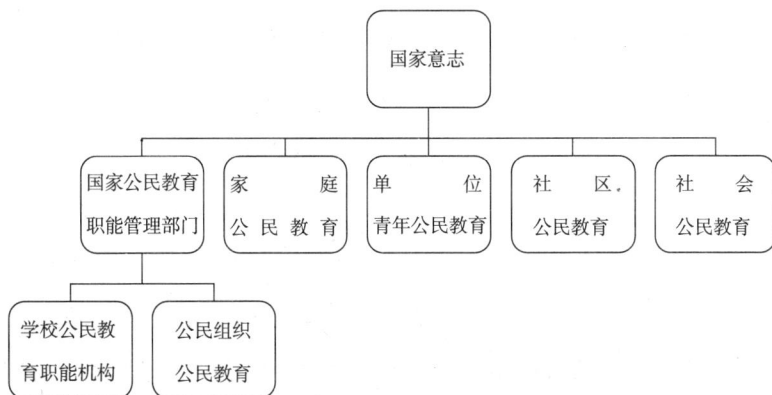

图2　公民教育主体的成分及关系图

第一，在青少年公民教育中，家庭的作用是最早的，也是最基础的，还是终身性的。主要表现在以下五个方面。（1）家庭是人的生命历程的第一站，是一生成长的摇篮，是人才培育的第一个"基地"，是人性和人的本质自觉地、渐次地展开，同时在实际的生活、交往和其他实践过程中不断地丰富、完善和发展的第一个舞台。而家庭教育是青少年人生成长的第一课。（2）父母的世界观、人生观、价值观、交往观以及其他各方面的基本态度通过言传身教使子女耳濡目染。这种影响随青少年成长历程的递进而渐次得到强化，也和父母和其他长辈所实施这些影响的自觉性与方法有关。（3）成年家庭成员的生活习性、处事方式、举止风格、思维特点、语言习惯以及有关爱好与倾向，也通过家庭成员的长时期互动而对青少年实施传递。（4）长辈和成年同辈各自能力的大小、所受教育程度的高低以及他们的职业类型、收入的多寡、社会地位等因素，也都对儿童产生不同程度的影响。（5）家庭成年成员政治倾向和立场，对青少年所产生的影响十分重要。可见，家庭对儿童社会化的影响是终身的，也是最早的和最基本、最稳定、最经久和最直接的。

第二，学校公民教育是主阵地、试验场、演练地。学校公民教育对青少年的影响和作用所涉及的方面和内容主要涵盖了政治社会化、道德社会化、参与社会化等等。学校教育对青少年全面社会化的作用主要通过课堂教学、公共活动、集中宣传、调查研究、奖惩手段以及全体成员错综复杂的交往与互动等而实现。学校对学生政治社会化的作用和影响主要体现在：通过各种有效的途径和手段使个体更好地认识到国家政治以及职能机关和有关组织对其各方面社会生活的影响，从而养成一定的政治德性，并训练一定的参政能力，成为有政治责任感和有能力的公民。学校对学生道德社会化的作用和影响主要体现在：通过学校系统中各个层级的组织交往，培养学生共同体伦理关系，增进本系统内外各成员相互之间的交流和共识，促进内部交往的和谐和有序、外部交往的畅通和理性，推动人际沟通和共处共生的健康心理的形成。以有效调节共同体内外的各种利益关系，实现共同体内外各个社会化网络结构的良性运行。学校对学生参与社会化的作用和影响主要体现在：通过学校以班级、小组等各个层次为单位的具体而有目的和计划的活动，特别是通过学校和周围社区、旅游场所、政府部门、社会各界等相关方面联合举行的有关活动，促进学生参与意识的形成，培养学生对参与的积极认知，训练学生的参与技术和能力，并通过老师和辅导员的引导，以及学生的思考和体悟，促使这种意识和能力在与学生直接生活于其间的其他领域和方面之间进行针对性很强的转化，从而生成学生现实的和未来的各方面实际知识、能力以及参与的冲动。另外，学校公民教育还有助于在全社会形成对政治共同体的认同意识、归属感以及相互接纳的意志和情怀，培养共同体内彼此之间的信任，培育以共同价值观为核心的集体文化和共同体精神家园，同时孕育一种互相维护和保障权利、积极承担公共的和相互的义务的共同体品质。

总体来说，学校教育的效率和影响，是其他一切组织所无法比拟的，被公认为是最主要和最重要的教育的机器。

第三，同辈集团是影响青少年的重要力量。所谓"同辈集团"，通常是指具有相同社会或职业地位的人们以及由他们所形成的非正式的团体。由于社会地位、职业以及由此造成的其他因素的作用，同辈集团通常具有某种共同的价值观和政治态度，从而在团体中形成了一种政治亚文化。这种亚文化在集团中以各种方式传播，并对其成员发生影响，成为政治社会化的一种有利因素。这种情况不论在成年人或儿童中，都较为普遍地存在着。研究表明，在成年人中，有关政治的信息往往是通过与朋友和同事的非正式讨论而形成和传递的，大众传播媒介所发出的政治信息也经常是通过某些为"同辈"所信任的人而产生政治影响的。

第四，大众传播是青少年公民教育的重要参与者，也是青少年以及对他们的公民教育活动的重要引导者和影响者。在现代社会中，大众传播媒介的作用是非常广泛和重要的，在个体的政治社会化方面情况也是如此。有关研究表明，大众传播媒介在青少年政治社会化过程中的作用主要表现在这样三个方面：（1）广泛传播政治信息，使人民了解政府决策和政治形式；（2）有助于形成与他人的共同情感或同他人保持认同意识；（3）有助于产生巨大的统一化的影响，从而使国家保持统一。通过电台、电视台、报纸、杂志等途径，儿童和青少年逐渐掌握了各种政治信息，并逐渐形成一系列与政治有关的态度、价值观，从而建立起自己的"政治图式"。在一定意义上可以说，大众传播媒介已经打破了学校在传播知识等方面的垄断地位，成为影响青少年成长的重要因素之一。

第五，政治和宗教组织、学术机构、民间团体等，也是青少年公民教育的重要影响者、制约者、推动者。其中，以后两者为主要形式的公民教育主体，还是青少年公民教育实践的踊跃参与者、支持者；而随着社会民主化进程的日益加速，有些民间组织甚至在局部领域和环节挥着主导的作用。

第六，广大的青少年公民也是重要的主体。公民教育必须首先体现公民精神，平等、自由、民主是这一精神的基础；民主式管理、互动式教育、沟通式交流、互助式学习，则是公民教育的应有之义。这是尊重和发挥管理者、教师、长辈、领导、父母等主体和学生客体各自的主体性的一种真正平等的教育实践活动。赋予学生以主体的人格，是公民教育根本地区别于其他传统教育形式的重要特征之一，也是公民教育实效性和目标实现的重要前提和根本保障。

上述这些主体因素，是公民教育的一般情况，理所当然地适合于英国青少年公民教育。在实践中，英国上述各个主体正是在国家意志的指导下，分工合作，各自承担着培养青少年公民的职责和使命。

二、英国青少年公民教育各主体的地位及功能

英国青少年公民教育的上述各个成分，在相互密切的联系中承担着为国家和社会培养未来合格公民的任务。其关系是合作性的，但其地位和职责又

各自相对独立。具体情况是：(1)家庭教育是起点和摇篮。家庭作为个人生命的摇篮和终身事业的起点，其教育的功能和价值也是公民教育的重要组成部分。但由于现代社会分工的发展，家庭教育越来越成为学校教育的重要补充和重要环节。在英国，家庭教育受传统的影响，是国家整体教育的缩影。它具有如下一些特点：要求全面，既重知识教育又重德性培养；管束严格、恩威并用、理性施教；注重自信心、勇气和独立意识的培养，鼓励勇敢和坚韧；树立责任心和公德人品，以平等相待培养自尊和自重、尊重和宽容、合作和互助、公平和正义、自由和纪律的现代品质。(2)社区教育是中介和补充。社区是现代英国社会的重要组织，社区教育致力于为社区居民提供各种教育、改善社区环境、提高居民生活质量；其中，实现社区成员的终身教育是英国社区教育的重要理念和功能。目前，英国社区教育由于政府主导和各类学校以及其他有关机构的支持和参与而极具活力，并呈现学习社区化、社区学习网络化、教育咨询服务个性化等的特点。已经成为英国公民教育的新形式。(3)宗教教育是核心和支点。宗教教育随宗教的存在和发展而生，它是宗教社会的客观要求，也是人们的主观欲求。在这里作为主体要素资格、具有主体作用的宗教教育实际上是指以宗教教育为本职的教堂及其所属人员。基督教在英国传播已经有上千年的历史，① 其精神早已融入英国文化和社会心理，深深影响着人们的价值观和思考模式。英国政府于1988年颁布教改法令，英国各学校全面实践宗教教育，促进学生在灵性、伦理、文化、智育与体育等方面的发展，试图以此手段探寻人生、塑造性灵，培养年轻人宽广坦荡的宗教情怀，树立肃穆虔敬的宗教态度，坚定至善救赎的宗教信念。在英国，宗教教育主要在中小学和大学的神学院、宗教系、神学系实施，大学教育虽不像中学那样有专门的宗教课程，却承担着宗教师资培训的任务。而且不少大学的教育精神和信仰与基础教育的宗教信念保持着一脉相

---

① 公元6世纪末，奥古斯丁受罗马教皇格列高利一世委派到英国传教，到公元7世纪下半叶，英格兰全境基本上皈依了罗马基督教。

承的关系。除此而外，英国的宗教教育还体现在遍布于全国各地的大大小小的教堂礼拜之中，这是英国宗教教育的最突出的形式和特点。再就是，英国实行弹性宗教政策，允许犹太教家庭的学生可以豁免修读宗教教育课程，天主教徒可以上自己的宗教教育课程。总之，英国是一个宗教的社会，宗教教育的目的在于心灵抚慰、人格塑造和乐善好施，立足于精神层面培养合格公民。可见，宗教教育在今天的英国仍然具有很强的教育功能。（4）学校教育是主体和基地。学校是公民教育的主阵地，是造就合格公民的加工厂。对于青少年学生个人而言，学校公民教育是"苗圃"，培育其成人成才；对于国家和社会而言，它又是公民教育的实践主体和重要基地。它为青少年实现各方面的社会化创造必要的有利条件，塑造未来社会所需要的合格成年公民，帮助青少年公民实现从学校向社会的全面跨越和从人到公民的提升。无论是宗教学校还是世俗学校，无论公办学校还是私立学校，无论是基础教育还是职业教育，抑或高等教育，无论是一般性学校还是享誉世界的重点学校，作为一个整体始终扮演着公民教育实践主体和基地的角色，担当着造就公民、培养人才的职责。而学校公民教育对学校、教师、学生三方面都有积极的意义和影响：在学生方面，公民教育赋予学生积极参与社会的权利，并促进其成为积极的、通晓各方面相关必要知识和信息的、具有批判精神的、负责任的公民；在教师方面，公民教育提供一种指导和建议，促进公民教育的信息和课程等各种资源的密切联系，使其成为学校公民教育强有力的、相互协调的重要手段；在学校方面，公民教育建立坚实的基础，推动教学和课外活动的相互协调，加强学校和地方社会的紧密联系，增强公民教育课程的实际效能。

对上述由学前教育、小学教育、中学教育、中等教育、大学教育、成人教育等组成的青少年公民教育的主体成分，既作为相对独立的个体，又作为共同目标指导下的主体合力，通过运用特定的方法和途径，共同对青少年实施公民教育。在这一方面，它们都居于重要的主体地位并发挥着重要的作用。

第二节　英国青少年公民教育的客体

公民教育的客体是接受教育的对象，青少年公民教育的客体是青少年，在学校青少年公民教育中，学生是客体。客体接受教育，一是由于国家和社会的需要和要求，二是由于未成年公民自身的需求和家庭的需要，特别是由于这些未成年人未来生活和发展的需要。客体在接受教育时，不总是消极被动的，而是有为的，同时也在利用自身的"能量"以一定的形式，对主体实施反作用。这是其主观能动性的体现。青少年公民教育的客体无疑还是一个群体系统概念，根据年龄而分别属于不同层次的教育对象。鉴于此，公民教育必须从对象的实际出发，遵循对象身心发育和成长的规律以及公民教育本身的客观规律，有区别地实施不同层次的公民教育。

一、英国青少年公民教育客体的含义

青少年是一个群体概念，属于人口学和社会学范畴，也具有心理学、法学和伦理学意义。对青少年以及青少年公民的界定，涉及许多相关因素，是一个事关公民教育实效性、公平性等的重要问题。

青少年是一个群体概念，在不少学科使用频率很高；而每一学科也都有各自的理解和规定。这种情况在国家之间、组织之间也都有差别。就学科而言，法学对未成年人的界定"年龄"是重要的依据和标准，社会学和伦理学则偏重于社会文化的规定。正如美国社会学家戴维·L.德克尔所说："不管我们是哪一代人，不论我们处于成熟的哪个阶段，赋予我们年龄意义的时间有种种的社会定义。在有的社会中，50岁的人就被认为老了，而在其他社会中，人到了70岁还不算老。相反，15岁的人被看做儿童还是成年人，则

取决于社会年龄的定义。"① 就国家和地区而言，1995 年 12 月 14 日联合国大会第 50 届会议通过的《到 2000 年及其后世界青年行动纲领》中，仍将青年人口明确规定为 15—24 岁的年龄组，并特别指出，"除了上面提及的'青年'一词的统计定义以外，'青年'一词的意义在世界各地因社会而异"；20世纪 90 年代初，世界卫生组织主要依据身体素质和平均寿命将 44 岁以下划分为青年人；日本（1948 年国会通过立法）、苏联、信仰基督教（如英国）的国家和地区等将"成人"的下限年龄规定为 18 岁；民主德国规定为 14 岁；美国规定为 13 岁；等等。②

在英国，《查士丁尼法典》规定刑事责任年龄为男 14 岁、女 12 岁，并作了更细的划分：（1）10 岁以下儿童，在任何情况下都完全不负刑事责任；（2）已满 10 周岁不满 14 周岁的儿童没有犯罪能力，不能实施犯罪行为，除非控方有确切证据证明其不仅在犯意支配下实施了危害行为，而且其知道特定的行为不是单纯的顽皮或恶作剧而是"严重的错误"，其追究刑事责任的范围以杀人行为为限；（3）14 岁以上的未成年人，被推定为"像 40 岁的人那样对自己的行为承担全部责任"③。现行英国刑法将 14—18 岁不应负刑事责任者称为未成年人。在英国的教育领域，英国新颁布的中小学国家课程标准（2000 年）根据学校公民教育的阶段性特点，将青少年公民群体的年龄与其接受教育的特定阶段相匹配，进而作了如下的规定和划分：第一、二关键阶段（小学）和第三、四关键阶段（中学）的学生分别是指 5—7 岁（第一关键阶段）、5—11 岁（第二关键阶段）、11—14 岁（第三关键阶段）、14—16 岁（第四关键阶段）；但是，广义的公民教育客体实际上还包括在各类成人学校和大学接受教育的各类青年学生。据此，本书所指"青少年"，不仅

① ［美］戴维·L. 德克尔著，沈健译：《老年社会学——老年发展进程概论》，天津人民出版社 1986 年版，第 12 页。
② 廖小平：《成年人与未成年人：多学科的界定》，《江西社会科学》2008 年第 6 期。
③ ［英］J.C. 史密斯、B. 霍根著，李贵方等译：《英国刑法》，法律出版社 2000 年版，第 217页。

指未满 18 周岁的人，也包括已经年满和超过 18 周岁的人。他们之所以被称为青少年，乃是因为：（1）其年龄表明他们的身心尚未达到成熟阶段；（2）他们在各级各类学校和其他教育培训结构接受教育和培训；（3）他们属于纯消费者；（4）他们在校全日制学习完全是个人健康成长的需要，是直接为着实现将来生活自立和按规定享受权利、承担责任义务而作准备的。

　　而所谓"公民"（citizenship），T.H. 马歇尔（Marshall）曾指出它是指个人成为社会一员后所取得相应地位，随之所拥有与该地位相当的权利与义务。① 具体地说，"公民"具有如下内涵：第一，"按照现代法学，公民是指自然人，是个人而不是群体的一种身份或资格"；第二，"公民是一个反映个人与国家之间的关系概念"；第三，"公民权利和义务，都是与国家相关的"；第四，"公民资格以一个人的国籍为转移"；第五，"公民概念反映了公民之间在法律上的平等关系"；第六，"公民不是宗法社会和等级社会中的臣民，也不是近代商业社会或西方早期市民社会的纯粹经济人，而是政治人、法律人、文化人、道德人的统一，是具有公民人格、公民身份和主体意识的个人"。"……因此，具有主体意识且兼备权利与义务意识的人才能算得上公民。"同时，"公民"还是一个发展性而非封闭性的概念，② 不同时代和社会，对它的理解采取了实用主义的不同的立场。显然，上述关于"公民"的理解对公民个体强调的多，对国家和社会共同体注意的少。

　　关于公民的内涵，亚里士多德曾指出：所谓公民，乃是一切拥有权力并因此而参与国家事务、享受言论和司法自由的人。③ 我国近代的康有为也讲："公民者，担荷一国之责任，共其利害，谋其公意，任其国税之事，以共维持其国者也。"又说，"为公之事，凡属人身，皆为公民。"④ "人人有议政之

①　Marshall, T. H.（1950）. *Citizenship and Social Class: Cambridge*, Cambridge University Press.

②　参见蓝维、高峰等：《公民教育：理论、历史与实践》，人民出版社 2007 年第 1 版，第 4—9 页。

③　Alison Elliot, Heidi Poon.（Ed.）*Growing Citizens*, Edingburh: Saint Andrew Press, 2009, p.37.

④　康有为：《大同书》，中州古籍出版社 1998 年版，第 170 页。

权、人人有忧国之责，故命之曰公民。"①梁启超则认为"公民"系"以国为人民公产之称也"②。可见，"公民"是指这样一种人，他（她）活动于民主政体的制度环境，享有法律规定的身份和资格，同时具有个人的权利意识和对于他人与共同体的责任意识，并时时处处主动、自觉、积极地将这些意识付诸实践行动的人；他（她）除了享有权利之外，还尤其具有"国家思想"，并能"自布政治"，③有正确的政治态度、积极的参与热情和切实有效的政治参与。公民有成年公民和未成年公民。青少年无疑属于未成年公民，是未来社会的成年公民。任何社会和时代的人们都要经历一个从"准公民"到"正式公民"的历程。

基于上述，本书对"青少年公民"作如下界定：他们首先属于"青少年"，同时必须具备：（1）他们被赋予"公民"的资格和身份，即获得和公民一样的尊重与认可；（2）他们接受教育的目的，乃是满足国家和社会培养未来合格公民以及他们自身为适应未来社会生活和自我发展的需要；（3）他们在按规定成为合格公民之前，不仅教育的目的，而且教育的内容、形式、手段以及其他所有的条件都必须具有公民教育的实质和意义。因此，"青少年公民"是指社会中按法律规定以"准公民"的身份接受和享受公民教育和训练的特殊人口群体。

在英国，未成年学生在法律上还不叫公民，由英国政府倡导和推广的个人社会健康教育计划（PSHE）对未成年孩子的描述也只是"未来公民的角色"。而有关公民教育课程大纲则规定了"培养学生成为民主社会的积极公民"的目标。这实际上是把孩子们当做了积极公民对待。另外，在英国青少

---

① 康有为：《公民自治篇》，载《新民丛报》第五、六、七号，1902年4月8日至5月8日版。方志钦、王杰主编：《康有为与近代文化》，河南大学出版社2006年6月第1版。

② 分别参见梁启超：《论近世国民竞争之大势及中国前途》、《论国家思想》、《论权利思想》，《饮冰室合集》文集之四第56页、专集之四第16页和第39页。

③ 分别参见梁启超：《论近世国民竞争之大势及中国前途》、《论国家思想》、《论权利思想》，《饮冰室合集》文集之四第56页、专集之四第16页和第39页。

年公民教育的理念、规划与政策中，儿童是重要的关照群体，他们和青少年实际上都属于未成年的"准公民"。① 本书所指的青少年，乃是未成年人整个的群体，青少年公民教育，主要是指以未成年人为对象的整个的学校公民教育。

二、英国青少年公民教育客体的差别

英国青少年公民教育的客体主要在三个方面存在差别：一是年龄规定上的差别；二是社会性方面的差别；三是教育内容上的差别。关于年龄规定上的差别：英国学前教育以 2—5 岁儿童为对象，初等教育中的幼儿学校以 5—7 岁儿童为对象，小学校以 7—11 岁的少年为对象，幼儿和小学混合学校以 5—11 岁儿童少年为对象。英国的中等教育对象的最低年龄为 11 岁，约有 90% 的少年儿童进入原则上不进行选拔考试的综合制中等学校。英国的大学招生对象主要来自 16 岁的中等教育毕业生和具有普通教育证书的 18 岁青年。在英国，2—5 岁儿童主要在保育或初等学校附设的保育班接受教育和训练，目的是要养成良好的习惯，并获得智力启蒙。5—11 岁的儿童少年接受初等教育的目的、任务主要是了解自己以及自己与周围世界的关系，发展和运用好奇心，培养必要的身心素质与积极健康的态度，以便为下一阶段的学习和成长奠定基础。11 岁及以上的青少年接受中等教育，主要目的在于树立探索精神，树立合理的怀疑态度，训练积极的争辩技能；培养一定的专业学习能力，掌握与成人生活和就业有关的知识与技能；有效地使用语言和数字；逐步形成尊重宗教和道德价值观的态度和精神，培养宽容的情怀；了解和正确看待自己和社会、国家以及周围世界的其他方面的相互关系；等等。16 岁及以上的青年接受高等教育，学习有关公民的知识和技能，培养成为合格公民的积极态度和高尚情操，为走向成人社会、履行公民职责做积极准备。

---

① Liam Gearon, *How Do We Learn To Become Good Citizens?* British Education Research Association, 10, 2003.

　　关于社会性差别。由于社会制度的不平等性，同是作为或者应该作为公民教育客体的青少年，其相互间也会因为家庭环境、经济条件等因素相差悬殊，而拥有完全不同的接受教育的机会，他们作为公民教育客体的状况和前途也会有差异。2007 年联合国教科文组织从物质富裕程度、健康与安全状况、文化教育水平、家庭和伙伴关系、日常行为与风险、主观生活质量等 6 个方面，对西方发达国家 20 岁以下青少年的生活质量进行了调查和评估，结果显示，英国青少年的生活质量状况最差。这项调查发现：在英国，有 16.2% 的青少年所在家庭年收入低于全国平均水平的一半；7.9% 的孩子父母双方都没有工作；9.4% 的未成年人在 15—19 岁之间没有接受过任何教育和培训，也没有工作；35.3% 的青年毕业后只能找到一份低收入工作；只有 43.3% 的孩子觉得他们的同龄人"友善而且乐于助人"；22.6% 的青少年认为自己健康状况不佳；38.1% 的 15 岁以下少年在过去一年里吸过大麻；38.1% 的未成年人已经发生了性关系，而且生育率高达 28%……总之，在英国尚有数量不少的儿童"仍忍受着发达工业国最差的生活质量"。[①] 由于这方面的原因，英国青少年公民客体的境遇相差很大。

　　关于教育内容上的差别。一般说来，客体年龄不同，其身心发育的水平和程度自然存在较大差别。学校教育必须尊重这一客观事实和儿童青少年成长的规律，以不同层次的教育形式和内容适应于他们各自的需要，并注意各个层次之间的衔接和联系。英国政府最新推出的青少年"个人、社会与健康教育课程"计划中关于不同年龄的学生学习不同的内容的规定，就很好地遵循了儿童青少年成长的客观规律。比如，在有关个人成长方面规定：从 5 岁起，孩子们将开始学习有关性和感情的课程，包括"自出生以来发生的身体变化"，了解男孩和女孩的差别，并从 14 岁开始学习家长课程；从 7 岁到 9 岁，孩子们将了解青春期的知识，并学习"如何建立和维持人与人之间的感

---

① 　资料来源：新华网，2007 年 2 月 17 日。

情"；从 12 岁到 14 岁，这个课程的内容包括性取向、避孕、同性恋、成人礼以及婚姻的重要性等；而从 14 岁以后，青少年将学习如何当家长，如何塑造体形和面对"道德困境"。①

以下是"个人、社会与健康教育课程"计划关于不同年龄段的学生接受不同的教育的具体规定，反映了目前英国青少年公民教育客体在公民教育学习内容上的差别。

1. 小学公民教育

1999 年，资格与课程局宣布，从 2000 年起，在小学阶段已有的个人、社会与健康教育中进行公民教育，但不作法定必修课；从 2002 年起，小学阶段开设个人、社会与健康教育课的目的之一就是为使学生成为积极的公民做准备。（见下表）

小学阶段个人、社会与健康教育课中公民教育的内容

小学第一阶段（key stage 1）	小学第二阶段（key stage 2）
参加与他人和整个班级的讨论；进行关于一些热点问题的简单讨论；让学生清楚地了解他们可以作出怎样的选择，并能作出正确的判断；支持并遵守小组或班级纪律，理解纪律对他们的帮助；让学生意识到人和其他生物都有需要，他们都对这些需要负有责任；认识到自己属于不同的团体和社群，如家庭和学校；知道什么对本地的、自然与人工的环境有益或有害，以及人们如何保护环境；为班级和学校生活做贡献；意识到钱来自不同的地方，也可以有不同的用途。	研究、讨论和辩论一些热点问题和事件；知道为什么和怎样制定纪律与法律，为什么在不同的条件下需要不同的规则和怎样制定与修改这些规则；意识到反社会与侵害性行为的后果，如欺凌弱小、种族主义等；知道在学校与社区有各种义务、权利和责任，而且它们有时会彼此冲突；思考一些精神、道德、社会和文化的问题，试着去理解他人的经历；通过选择、决策和解释所作出的选择，来解决争议；民主是什么？宪法中保证本地和国家民主所实施的基本内容；了解志愿者、社群和压力团体的作用；理解英国有不同的民族、地区、宗教和种族认同；资源配置有不同的方式，这些经济上的不同选择会影响到个人、社群和环境的稳定；探究媒体是怎样发布信息的。

① http://www.sina.com.cn, 2010. 01. 06　05:17.

2. 中学青少年教育

从 2002 年起，在中学阶段开设公民课，并作为非核心基础必修科目之一，个人、社会与健康教育课作为非法定科目配合进行公民教育。同时，资格与课程局还发布了每个学习阶段公民教育的具体内容和要求。中学阶段公民课的教学目标是：使学生成为合格的公民，传授必要的知识，并培养其理解能力；培养其探究和交流能力；培养其参与能力和使其做出负责任的行为（见下表）。

中学阶段公民课的教学内容

	中学第一阶段（key stage 3）	中学第二阶段（key stage 4）
传授知识和培养理解能力	一个社会基本的合法人权与责任，刑事司法体系，以及它们与年轻人的关系；在英国有各种不同民族、地区、宗教和种族的认同，需要彼此间相互理解与尊重；中央与地方政府提供哪些服务及这些服务是如何被资助的，怎样参与到服务中去；议会的主要特点及其他政府形式；选举制度和选举的重要性；社区、国内和国际志愿者组织的工作；公平解决争端的重要意义；社会中媒体的重要作用；世界即"地球村"及其对政治、经济、环境和社会的意谓，欧洲联盟、英联邦和联合国的作用。	社会基本的合法人权与责任，以及它们怎样与公民相联系，包括刑事与民事司法体系的作用与运作；英国不同地区、民族、宗教和种族认同的由来及内涵，相互间需要彼此理解与尊重；议会、政府与法院在制定与规范法律方面的作用；积极参与民主和选举过程的重要意义；经济怎样运作，包括商业和金融服务的作用；个人、志愿者组织在哪些方面能够影响本地区、国家、欧洲和世界？新闻界自由的重要性，在社会中媒体（包括网络）在提供信息和影响舆论上的作用；消费者、雇主与雇员的权利和责任；在欧洲，英联邦与欧洲联盟、英吉利共和国及联合国的关系；全球化带来的问题与挑战及人类应负的责任，包括可持续发展和"21 世纪地方议程"（Local Agenda 21）。

培养探究与交流能力	通过分析信息及其来源（包括 ICT ），发现一些热点的政治、精神、道德、社会和文化问题与事件；能够口头和书面表达对于这些问题和事件的个人观点并给予论证；加入小组讨论和班级发现性讨论，并参加辩论。	通过分析不同来源（包括来自 ICT ）的信息，研究一些热点的政治、精神、道德或文化问题与事件，意识到什么是正确运用数据和乱用数据；能够口头和书面表达、证明自己关于这些问题与事件的观点，并为自己辩护；加入小组讨论和班级发现性讨论，并参加正式辩论。
培养参与能力和负责任行为	考虑他人的境遇，思考、表达和解释他人的观点；在学校和社区活动中，能够协商、参加决断，并有责任心地参与这些活动；在参与过程中有所感悟。	设想他人的境遇，能够思考、表达、解释和批判性地评价他人的观点；在学校和社区活动中，能够协商、参加决断，并负有责任心地参与这些活动；在参与过程中有所感悟。

资料来源：National Curriculum Online,http://www.nc.uk.net/home.html 2003-07-13.

3. 大学青年公民教育

2003 年 1 月英国政府发布了《高等教育的未来》白皮书，提出了英国面向未来的高等教育战略目标及其措施，包括促进一流的科学研究和教学，密切大学与企业的联系，扩大高等教育，实现入学机会均等和财政自由等六个方面。2003 年 4 月政府又发布了《扩大高等教育的参与》的文件，主要有四个方面，即：提高教育标准；提高入学成绩；简化入学申请；提高入学率。 这两份文件指出了英国政府投资和改革高等教育的战略，旨在创造一个可持续发展的高等教育体系，使英国的大学保持世界一流水准，帮助国家应对日益加速的全球变革。在英国，大学公民教育还特别强调对学生未来职业和社会生活的关注，并在课程设计中体现这一关怀。这些课程主要有两个方面：（1）知识和信息方面是协助学校执行国家同一课程、促进经济和工业的了解、促进成就记录、辅导个别学生、对学生提供专家咨询、对完善课程参考资料作出贡献；（2）实践参与方面是安排暑期工作、劳动体验和劳动模仿、有组织地参观公司、职业指导、提供面谈技术实习、根据教育改革检查招工程序、借聘雇员在学校和学院工作、联合训练计划等。①

4. 青年成人公民教育

这里的成人教育亦即继续教育。在英国，有许多大学的学院设立继续教育学院，另外还有专门的成人寄宿学院，②它们都向成人提供进一步的教育。英国的成人教育的目的是为了帮助青年适应社会、更好地进入成人社会生活。因此，成人教育主要以公民生活和职业需要为目标制定和开设课程，并根据成人特点和需要有针对性地进行教育。英国的成人教育除了开设与成人公民生活有关的知识、技能等课程外，不少成人学校还积极开发休闲类课程。③改进成人的技能，缩小同经济竞争对手之间的差距。2003年7月，教育与技能部发布了《21世纪技能——实现我们的潜能》白皮书，旨在确保雇主具有支持其业务的成功的正确技能，个人具有就业和自我完善的技能。白皮书指出了政府解决英国与其主要的经济竞争对手之间的技能差距的方法，它包括一系列消除学习障碍和资助参与的措施和计划。

由此表明，不同年龄层次的客体同学校教育的层次和内容具有对应性和匹配性。这一对应性和匹配性一方面要求按照对象的实际确定学习内容，另一方面又能通过学习内容区分群体的差别。这对公民教育选择和运用适宜的途径和方法具有重要意义。

三、所有青少年公民都是重要的客体

英国青少年成为国家公民教育客体的主要对象，主要是由其自身的年龄

---

① 吕达主编:《当代外国教育改革著名文献》(英国卷·第二册)，人民教育出版社 2004 年 8 月第 1 版，第 63 页。

② 同上书，第 75 页。

③ 同上书。第 76 页。

特征和人口地位决定的。这一群体是国家和社会现实秩序的影响者，是当前成人社会的重要助手和精神动力，是国家、社会和家庭的未来；他们对于老龄社会特别具有积极意义和价值。这一群体作为公民教育客体的主要对象，可以从英国国家的有关政策得到反映和说明。

在英国青少年公民教育的实践中，"每个儿童都重要"、"让所有人成功"、"实现我们的潜能"等理念，是国家教育政策的导向。1991 年，英国政府发表的《21 世纪的教育和训练》白皮书在第一卷第一章中的"目的"中明确指出教育改革的目标，包括：保证使高质量的继续教育和训练成为 16 岁和 17 岁青年能从中获益的公共资源，并提高青年人全面的成绩水平；同时增加获得较高水平的专业技能的青年人的比例。2004—2006 年英国教育战略规划规定：要创造机会，使每个人得以继续学习；给儿童提供卓越的启蒙教育，为其将来的学习奠定良好的基础；使年轻人能够用生活和工作必备的技能、知识和个人素质发展自己、武装自己。具体说来，2004 年的英国教育战略规划对青少年的公民教育给予了极大的关注，针对各个年龄层次的青少年群体提出了具体的要求。主要是：向 3 岁和 4 岁的儿童实行免费的入托启蒙教育；为 160 万儿童提供新幼儿保健教育；建立 100 个优质早教中心、900 个社区幼儿园，制定 500 个《确保开端》方案；撤销 11 岁儿童四级及以上达标率不足 78% 的地方教育管理部门，进而缩小差距，实现 85% 的 11 岁儿童英语和数学达到四级，35% 的 11 岁儿童达到或者超过五级。2005 年的英国教育战略规划规定：提高个人、社会和情感正常发展水平与年龄相当的 0—5 岁儿童的比例；将孕期继续吸烟的妇女的比例降低 6%；提高基础教育后期交际、语言以及文字水平都正常发展的儿童的比例；提高 2 岁幼儿令人满意的语言能力的比例；将父母双双失业的儿童的比例降低 12%。2006 年的英国教育战略规划明确指出：保持 2004 年学习成绩的指导性目标即 85% 的 11 岁儿童的英语和数学达到四级，35% 的达到或者超过五级；大大减少英语和数学达到四级或者四级以上的学生不足 65% 的学校的数量。

第三节　英国青少年公民教育的师资

教育学所讲的师资，并非仅指教师本身，作为学校教育实践中的重要主体，师资是教育体系的一个重要要素，也是教育过程中的一个环节。就本质而言，它是"德望素重"、"教治天下"而向学生"传道、授业、解惑"的所有主体的总和。对于教育和公民教育而言，师资是至为重要的主体，是系统中人的因素的主导方面，决定着教育实施环节的成败，是整个学校公民教育的重要力量。作为学校公民教育的师资，必须具备必要的基本素质和能力以及按科学规定所必须具备的其他所有方面的基本条件。教育者必须先受教育，儿童青少年公民的师资必须首先具有足够充分的公民素养即公民性，是真正合格的公民。

一、师资的条件和资格

在英国，为了保证中小学的教育质量，历来对中小学教师的要求很高。目前，英国对所有教师实行资格证书制度。只有经过教育和科学部批准的合格教师，才能在公立学校正式任教。英国1975年《继续教育条例》规定，"必须是读完通向教育学士学位教育证书或其他专业证书的课程并考试及格、取得证书者"，方有资格成为一名合格的教师。具体说来，必须具备以下四个条件，即：必须有学位，必须取得大学毕业的学士学位；必须经过教育职业训练，取得教育证书和教育学士学位；必须持有能胜任英语和数学教学的有效证明，即必须通过英语和数学的考试；必须经过为期一年的试用，而且试用考核必须合格。为了具备上述条件并获得教师资格，人们需要经历两个阶段，即取得学位证书的阶段和试用考核的阶段。其中，第一个阶段，一般在大学或教育学院中完成。主要由三个途径：一是在教育学院学习四年，毕业后直接取得教育学士学位；二是先在大学进行为期三年的专业学习，取得本专业的学士学位，然后再去大学教育进行为期一年的教育专业训练，取得教育证书；三是在多科技术学院各专业学习四年并毕业，这是对那些打算在中学担任专业教师的人的要求。第二个阶段，一般在中小学完成。凡通过第一阶段获得学位及证书者，尚不能直接就业，还必须在中小学试用一年。合格的教师报教育和科学部备案。对于所有要成为一名教师的人们来说，只有具备上述条件和资格，并经过严格的试用考核，证明确实能胜任教学工作后，方能被正式录用为教师。英国这种在教师就业资格上的严格要求、层层把关，特别是它兼顾学术修养和职业训练，尤其注重人的基本素养，无疑具有积极的意义，因而成为保证中小学师资队伍质量和教学质量的一项有效措施。①

二、师资的聘用和管理

在英国，对教师的管理，通常是通过聘用、选任、指导、考核、晋升等手段和途径实现的，其中，聘用和辞退是两个必要的环节。中央政府、地方教育当局、学校董事会、学校校长、家长代表依照各自的职责和权限实施对教师的管理。依照《1944 年教育法》，教育大臣应作为独立法人，就教育法规的实施向议会负责。他可以根据教育法规的规定和要求制定具体执行的法规，这些法规具有法律效力；此外，他还可以对地方教育行政单位和大学发出指令。根据《1988 年教育改革法》，由家长代表全面参与的学校董事会逐步取得更大的管理权利和介入机会。②

英国公立学校教师的招聘和任用，由地方教育当局负责，督学具体参与。教师的聘用工作可分为两个方面：新教师的录用与在职教师的任免。因而，地方教育当局在这方面的职能也可一分为二，一是对试用教师的考核评定工作予以组织和检查，对欲录用的试用教师进行审批，二是决定在职教师的任免和调动。由于英国的教师证书没有中、小学之分，也没有学科的区

---

① 　石磊：《英国中小学教师的资格、聘用和晋升》，《国中小学教育》1987 年第 4 期。
② 　吴雪萍等：《促进社会和谐的英国公民教育》，《教育发展研究》2007 年第 1 期。

别，所以，教师录用为哪个层次的教育服务，往往参考其在学校所学的课程。一般说来，教育学院设有初等和中等教育课程，所以教育学专业的毕业生大多数在小学、现代中学和综合中学就职，而在大学教育系获得证书者，由于其过去所学课程的偏学术性，故在文法中学、技术中学任教的较多。为了真正做到学用一致，1983 年 3 月公布的政府白皮书，要求在教师证书上注明该教师所能教授的学科和年龄阶段。英国中小学教师的退休年龄以前的情况是男教师 65 岁、女教师 60 岁；目前的情况是男女一般都 50 岁退休。这主要是由于学生减少、教师过剩的缘故。英国中小学教师聘用制度中，有一点值得我们借鉴，即由于实行教师招聘制，这种调节机制在一定程度上可以保证中小学师资队伍的整体素质。

关于大学教师的招聘，英国也有自己的做法。其形式和特点如下：一是建立固定编制和流动编制相结合的管理模式。高等教育的一个特点是既要有相对固定的教师，保证和维系学术的长期积累并形成学科优势，又要有源源不断的新生力量开拓创新。可以像牛津大学医药系那样，把 50% 的教师编制拿出来作为流动编制，专门用于在全世界吸引优秀的青年教师，5 年一聘，并提供研究项目和科研经费，建立课题负责制，从而激活本系的教学科研工作。二是扩大系主任的教师聘任权。系的发展规划经学校审定后，系主任可以自行决定如何使用编制，特别是流动编制，按照系的教学要求、学术方向和研究课题决定招聘人选，学校人事处负责学校人事宏观管理协调，提供人事管理政策服务，并实行监控。三是建立完备的教师职业道德和教学科研成果评价体系。评价指标尽可能量化，便于操作和客观评价。毫无疑问，这是保证大学公民教育师资的重要举措。①

英国中小学对教师的管理，很重要的形式和手段就是业绩考核以及以此为依据而实行的留用、提升或者解聘。其中，年度考核至为关键，其宗旨是

---

① 参见陈永明：《英国大学教师聘任制的现状与特征》，《集美大学学报》（教育科学版）2006 年 4 月。

促进教师成长。具体做法是：开学初教师根据实际制定学生成长计划和教师业务发展与综合素质提高的目标，年终学校根据预定目标进行考核。教师辞退是教师管理中非常敏感的一环，雇用单位有权对"工作成绩不良"的教师予以解雇。这是保障师资队伍保持高水准的一项重要措施。在此方面，英国政府主要通过法律手段保证正常的劳工关系，政府制定了一系列的就业法令，通过这些法令保障雇员不因性别、种族、工会会员资格或参与社会活动等不正当理由被辞退。地方教育当局为辞退教师制定了一般程序，即：非正式通知教师其工作业绩不佳；为其提供必要的培训，使其胜任工作；将其置于在此方面有能力的骨干教师的直接指导下；如在采取上述步骤后仍不见效，应正式书面通知他，如不达到应有水平，他有可能被辞退；经过一段时间后，经培训和直接监督指导仍不见效，在可能的情况下调换其工作；如没有可以调换的工作或者该教师拒绝接受调换，那么就对他作出辞退的决定。① 这就为各个雇佣单位具体的教师管理工作提供了原则性的依据。

三、师资的培训和晋升

在英国中小城市，教师职业令人羡慕。因此，此领域的竞争自然相当激烈。在教师内部，因级别不同形成了严格的"等级制"社会。在中小学，教师一般有三个发展方向：一是终身做普通教师，二是成为学校管理人员，三是成为高级教师。高级教师不是职称，相当于我国的学科带头人、骨干教师。教师之间等级森严，主要通过职称来体现。从"塔尖"到"塔底"，依次可以是：主任教师、副主任教师、高级教师，四级教师、三级教师、二级牧师、一级教师。一级教师通称为助理教员，在这之上通称为高级教员，无职称教师则为不合格教师。

在英国，教师晋级建立在教师自我评价和地方教育当局正式评价基础

---

① 顾明远主编，王璐著：《英国教育督导与评价》，高等教育出版社 2010 年 5 月第 1 版，第 63 页。

上，由国家采取"激励性"方式和手段进行。这种晋级制度与工资制度紧密结合，因而晋级也就意味着加薪。一般来说，教师需要具备如下一些因素：教学方法灵活；了解新思想、新观念；关心学生的生活；教学经验丰富；人际关系好；具有专长；管理能力强；承担额外的工作量；等等。另外，学校的级别和规模也是影响教师晋升的重要因素。一般说来，在文法中学、综合中学和大型学校就职的教师，晋级的机会较多。不过，教师晋级的主要依据还是工作能力和教学质量，当然，与教学经验密切相关的教龄，也是决定教师晋级的一个关键因素和重要指标。然而，晋升机会在中小学教师之间并不均等。一般说来，中学教师只需 3 年左右就有望提级，而小学教师为此而等待的时间则需更长。英国中小学教师晋升的管理，由地方教育当局负责，督学积极参与。

为了完善和加强对教师的管理，提高教师教书育人的效率，英国也在不断加强和完善教师培训的有关制度和方式。根据继续教育国家培训组织 FENTO（Further Education National Training Organization）规定，教师培训的目标主要是：了解学生的需求；懂得制订教学与辅导的计划和教案；掌握并有效使用一系列的有关教学技巧；能管理学生的学习进程；能对学生的学习提供帮助，并起到积极作用；能正确地测评学生的成绩和进步状况；能根据学生的反馈制订自评和完善的计划；与同事合作的艺术；懂得和管理层保持积极和有效的配合；等等。

英国教师培训的制度经历了从无到有、逐步完善的漫长过程。18 世纪前，英国的初等教育发展缓慢，主要是国教会开办的具有慈善性质的针对贫民儿童的学校。初等学校的教学条件很差，教师不是专门职业，多由牧师、手工业者、退伍军人、老年人兼任。富人则聘用家庭教师对子女进行启蒙教育和中学预备教育。因而，初等教育师资的系统培养基本上是空白的。19 世纪，随着英国初等教育的发展，师资培训不足的矛盾日益显现。一些组织和个人开始挑选一些优秀学生代替教师的部分工作职能，形成了英国最早的初等教育师资培养制度——导师制。但是导生制的教学效率低下，只能作为一种权宜之计，远不能满足初等教育发展的要求。随后出现的中等师范学校（Training College）修业年限短且规模小，在数量上和质量上都难以满足当时初等教育发展的需求。同期出现的见习生制在一定程度上弥补了师范学校的不足。当前，英国初等教育师资职前培养具有培养渠道多元化、规格高、实践环节时间长、重视大学与小学建立伙伴关系等特点。

各个学校在师资评聘、管理、考核、培训、晋升等方面，主要的方面具有相似性，它们都是根据英国国家教育部和地方教育行政主管部门的政策要求和建议，具体地制定各自学校的操作方式。公民教育课程和其他一般课程的师资在上述三个方面也具有共通性，就是注重师资的素质、素养和实际的教学与管理能力。因此，不仅不同学校之间，而且就是各个学科之间有关师资的评聘、管理、考核、培训、晋升的程序和规定都具有较强的互借性。

第四节　公民学校：英国青少年公民教育主体的新成员

公民教育必须适应不断变化的社会形势和随社会形势而变化的每个人的主观需求和意愿。为此，必须在实践中学会创新。英国青少年公民教育，由于从 2002 年 8 月开始，就承担起教授公民课程的法律责任，并执行关于培养国家公民的使命，不仅需要在形式和途径创新上下工夫，也要注意在实践主体上进行有益的探索和开拓。公民学校作为一个新型的主体，就是当代英国青少年公民教育在实践中开辟新路的有力证明。

一、公民学校的含义

公民学校是英国社会近年来的一种社会性公民教育机构，它根据"个人、社会、健康教育计划"（PSHE）关于组织目标、价值取向、成员身份、规章制度、责任、权力、决策机构的有关规定而成立，目标是要将上述计划的基本要求付诸现实、体现于生活和实践与行动之中，其目的在于依据社会包容性促进个人健全和完善。就此目标的明确性和内容的多样性，英国的公民学校实质上是一种"完全学校"，即培养"全人"的新型教育机构。

公民学校的建立，完全是英国国家关于举办教育的新理念影响和作用于社会的结果。其中，英国1998年白皮书关于教育的目标对社会产生了重要的引导，给予了极大的鼓励和推动。1998年白皮书申明：教育的最高宗旨在于实现经济繁荣和社会团结。具体是：（1）造就一个极富生机与效能的社会；（2）提供机会；（3）一视同仁、公正平等；（4）释放潜能；（5）确保每一位学生都能学习读、写、算；（6）实现"所有学校课程都成功圆满"；（7）保证所有学生都能了解和欣赏本国丰富多样的文化；（8）增进对世界各地及其历史的了解；（9）"促进想则深刻，说则精当，做则极致"；（10）确保学生和青年学会尊重他人和自己；（11）"尊重和了解文明社会赖以存在和发展的道德规范准则"；（12）尊重他人文化及其背景；（13）加强人格力量；（14）改善对工作和生活的态度，比如责任、意志、关爱和慷慨；（15）促使学生成为民主社会合格公民。因此，公民学校的建立体现了英国关于建立一个包容性社会的良好期待，它是对政府期望教育有助于塑造全社会共享的核心价值观的具体实践，也是政府推动和引导的结晶。

英国的公民学校坚持以人为本与促进人的发展的根本立场，奉行一种综合性的教育理念，即：形成一种包容性社会，期待教育造就一个竞争更加公平、关系更为平等的社会。它认为：举办和改善学校教育，在很大程度上就是一种帮助每个人学习知识、获得技能、树立德性以便适应社会的途径。精英主义和工具主义的教育价值取向，把学习看成是社会竞争的手段，在今天的决策层中间依旧占据主导地位。公民学校的立场和倾向同精英主义、工具主义的价值原则有着本质的区别。

英国公民学校是在政府的政策和鼓舞支持下，依靠社会力量建立起来的。它不同于工具性精英主义的国家教育模式，也与其由国家进行有关资源分配，并制定课程大纲、规定教学时间、组织业绩评估以及学校的行政管理的运行模式有很大的不同。①

二、公民学校的任务

公民学校的价值、功能和使命职责所在，是要塑造未来一代的独立个性。它的存在并发挥作用，赋予了学生积极参与社会的力量，强化了学生作为自由平等的国家公民建设国家和改造世界的理想和目标。

英国公民学校既然是公民教育的新主体，就必须对公民教育起到新的影响，发挥新的重要的作用。显然，它是依靠塑造"全人"来实现其目标的期待的。总体上说，它渴望具备包容的精神，在接纳和实践多元化理念的同时，通过尊重、参与、践诺的基本原则，强化社会凝聚，并实现学生作为平等的社会成员，对学习能够自我调控。它必将通过培养儿童青少年的公民性，以达到塑造公民人格、造就合格公民的根本目标。

鉴于国家的期待和建议，公民学校承担着下述任务：（1）始终不断地进行自我完善，并提高办学水平；（2）执行统一的健康教育计划国家标准，增强学生和教职员工健康，促进其生活幸福；（3）构建学习型集体，增加青少年弱势群体接受教育的机会；（4）保障和支持处于劣势境况的学生家庭和幼年学生接受教育的利益；（5）支持16岁至19岁青年接受各种各样的实用型教育；（6）对各种教育教学方法进行尝试；（7）应对贫穷问题；（8）通过社区赋权增强社会包容，促进家庭学习、健康改善、经济发展和犯罪预防；（9）集思广益，同社会开展合作；（10）以倡导学习、社区发展、振兴经济改善当地社区；（11）锻炼政治策略；（12）加强同对建立公民学校积极给予资助的组织和机构（如儿童基金会、国家博彩、健康行动区、独立复兴预算等单位）的密切联系，不断改善同它们的关系。

---

① Liam Gearon, *How Do We Learn To Become Good Citizens?* British Education Research Association, 10, 2003.

　　公民学校承担的上述使命和职责，赢得了它的各个支持单位以及社会其他各方面的理解和支持，也深得政府好感和学生家庭的信赖。它使英国全社会在国家和欧盟政策、联合国人权公约和全球轮流治理模式的框架内，自下而上自己创造学习型社会。其操作和发展模式，为学校教师、职工、学生家长、学生自己、当地百姓树立起了一个富有灵活性的框架体系，从而很好地响应了政府的倡导，适应了社会的变化；同时，也为它的生存和发展获得了各方面都很稳定和有利的教育资源，扩大了社会影响和民众支持的基础。

第五章　英国青少年公民教育的实施与管理

公民教育明确了目标、确定了内容，是整个实践活动的第一步。目标存在于大脑或报告之中，它还是一项计划，内容也不过是具体化的目标。它们都还属于抽象的"应然"范畴。然而，公民教育培养合格公民，是基于国家和社会、个人和家庭的具体而实际的需要。因此，目标和内容只有转化为"实然"，才有实际的意义，才能体现其根本的价值；而只有完整的过程，并生产出合格公民的"产品"来，公民教育本身也才能名副其实。为此，必须由主体根据目标制定课程大纲、编订教材、培养和调配师资、实行有效的全程监管和考核，并采取适宜的形式和一定途径与方法，通过与客体的有效互动促成公民教育内容中各个目标要素从抽象到具体的转化。在这个过程中，主体和客体是互动的，主体居于主导地位，起引导作用，客体居于"对象"地位，是整个活动的关键。但是，公民教育是一个过程的集合体，它为了不断地适应和满足社会和人的发展的需要，需要通过改革不断地前进，以便不断地进步、提高和发展。

第一节　英国青少年公民教育的课程与教学

公民教育的课程和教材是体现目标和内容的有形载体，是主客体进行教学和实践的依据。教学则是执行课程大纲要求并依照教材进行教书育人的活动，处于学校公民教育的执行环节。遵照课程大纲、依据教材进行教学，将所有有关公民教育的目标和要求体现于实际的教育过程之中。这是学校青少年公民教育的一个显著特点。

一、英国青少年公民教育的课程

在英国的学校公民教育中，课程始终是重要的内容和重要环节。它将英国学校青少年公民教育的目标贯彻到课程大纲之中，指导和规范着学校公民教育体系中的其他要素，特别是为公民教育主客体的实践活动提供规范原则和方向，为教育实践活动提供依据。它既体现着公民教育对国家意志的贯彻和对公民诉求的关照，又决定和制约着学校公民教育的其他方面，特别是为教师的教学活动提供依据。在一定意义上，它是学校办教育的主心骨。可以说，课程及其大纲在一定意义上就是公民教育实施的"宪法"和"章程"。

（一）英国青少年公民教育课程的演变

英国课程的编制权经历了一个从分权走向集权的过程。长期以来公民教育在英国学校教育中没有得到明确的界定，所以也没有形成系统的课程模式。1988 年教育法统一了国家课程，规定了十个核心基础科目，它为以后公民教育的发展奠定了基础。经过 20 世纪 90 年代的激烈讨论，英国的公民教育结束了长期以来缺乏统一的局面。

英国教育从 1765 年被建议容纳公民教育的因素以来，课程改革和变动一直在进行：从最初被要求增加涉及生活技能、绅士品行到第一次世界大战后被要求加入爱国、爱和平、爱世界的因素，英国教育课程的设计越来越靠近公民教育的主张。第二次世界大战后，由于科技和世界教育发展的冲击，英国对中等教育课程不断进行了改革，从 20 世纪 50 年代开始，在课程内容、形式和方法等方面展开一场使之适应社会、满足需要的深刻变革。此运动的矛头直接指向 1944 年教育法规定的中等教育"三轨制"（文法中学、技术中学、现代中学），要求：在现代中学开设学术性课程；各类学校尝试合并为双边中学、多边中学、综合中学；在各中学开设多门课程；课程走向综合化。此项运动推动了学校的民主化进程。进入 70 年代，由于经济衰退和社会变迁，人们开始反思以前的综合改革运动。1976 年之后，在卡拉汉首相的倡议下，国家课程得以设立，并加强了政府对课程的控制。1998 年，"学校公民教育与民主教学咨询小组"提交的关于公民教育的《科瑞克报告》被英国政府采纳，该报告为在学校进行公民教育提供了一个整体框架和详细的建议。据此，1988 年教育改革法规定：实行国家课程；推广技术和职业教育；推广单元课程；推广全国考试等。自此，中学教育课程开始出现中央集权化趋势。90 年代以来，为迎接世界经济全球化的挑战，同时为了缓解人们对国家课程的不满情绪，英国政府加快了改革步伐。1991 年，英国政府决定通过立法程序对全国统一课程进行改革，内容包括：把实施全国统一课程的学生年龄从原来 5—16 岁减为 5—14 岁，14 岁以后的课程设置主要由各校自行安排，不一定再开设音乐、艺术课，历史和地理可由学生任选一门；因缺乏外语师资，降低原定 11—16 岁必修外语的要求；把自然科学的教学时间从原来占教学总时数的 25% 减至 20%。[①]1993 年全国教育委员会发表题为"学会成功"（Learning to Succeed）的报告（又称沃尔顿报告），提出了七项目标。关于课程，此报告建议以五个基本知识领域取代国家统一课程规定的 10 门或 11 门必修课。这五个领域是：语言、数学、自然科学和工艺、富于表现力的艺术（包括体育）、人文学科。[②] 该报告促进了学校民主化和教育机会均等化的历史进程，使学生适应迅速变化的"高技术世界"、"计算机文化世界"和"全球市场"。[③]2000 年 9 月，英国政府又推出《课程 2000》（Curriculum 2000），确立了新的中小学国家课程，其中规定了 12 门必修课：英语、数学、科学、设计和技术、信息与交流技术、历史、地理、现代外语、艺术和设计、音乐、体育、公民。《课程 2000》将公民课引进了

①　陈杨光：《英国学校课程的传统与变革》，《外国教育研究》1993 年第 2 期，第 11 页。
②　韩骅：《英国中小学教育世纪末的改革与发展》，《外国教育研究》1997 年第 5 期，第 39 页。
③　徐学莹、黄忠敬：《当代英国中等教育的课程改革与存在的问题》，《外国教育研究》1998 年第 4 期。

中学，并规定自 2002 年 9 月起，"公民的权利与义务"将列为 11—16 岁学生第 3 阶段和第 4 阶段的国家教学大纲基础教育课程。从此，公民教育正式成为英国中学阶段的法定必修课。

（二）英国青少年公民教育课程的特点

英国青少年公民教育课程的特点主要有以下六个，即：内容的渗透性；阶段的层次性、区别性和衔接性；实施形式的实践性、活动性、参与性；公民课的相对独立性；目的和内容的务实性；方式的灵活性。

第一，内容的渗透性。英国中小学青少年公民教育的教学目的是和学校的整个教学体系紧密相连的，其课程内容主要是渗透在各个科目的日常教学过程中以及贯穿于学校的各级各类校园活动之中，其实施的途径和形式灵活多样，也易于为学生所接受和认可，同时还能够最大限度地发挥学校的整体优势，亦即调动学校各方面合作与协调的积极性；也就是说，英国的公民教育课程渗透型实施模式可以通过各科与公民教育有关的课题和内容，引导全校共同参与和关注公民教育。这一渗透式的实施途径和形式，乃是基于这样一种事实：即依据 1989 年课程改革方案，公民教育作为法定学科引入中小学后，国家课程体系并没有指明把公民教育作为一门独立的学科进行讲授，而是被作为一门跨学科的课程而实施，并允许同其他合适的学科结合起来通过多种方式进行教学。小学的公民教育就是融合在个人、社会、健康教育（PSHE）之中，[①] 就是一个很明显的例子。为了确保渗透式公民教育在学校工作的顺利和有效地进行，英国设立了专门的督导视察制度，从而对包括公民教育在内的学校教育活动的实施情况进行观察、监督和评价，以此为学校工作提供帮助和服务。

第二，阶段的层次性、区别性和衔接性。根据英国中小学现行国家课程标准，小学（第一、二学段）和中学（第三、四学段）的公民教育内容包括：第一学段（5—7 岁）：学生学习并参加班级讨论，制定和遵守法规，包

---

① Liam Gearon, *How Do We Learn To Become Good Citizens?* British Education Research Association, 10, 2003.

容不同的人群和社区的文化、习俗，了解怎样保护环境。第二学段（7—11 岁）：学习社会热点问题和事件，了解法律是怎样制定和执行的，反社会行为的后果，包括恃强凌弱行为的后果。第三学段（11—14 岁）：学生要学习、思考、讨论典型的政治、精神、道德、社会和文化问题、难题、事件；了解法定权利、人权和责任，议会政论、选举和投票的重要性，当地政府和中央政府，联合王国的地区，宗教和种族特性的多样性，以及相互尊重和理解的需要，联邦以及联合国的作用；积极参与学校生活、邻里生活，在社区活动中承担义务；从学校、地方、本国和全球的角度理解公平、社会正义、尊重民主和多样性。第四学段（14—16 岁）：学生将继续学习、思考和讨论具有典型性的政治、精神、道德、社会和文化问题、难题、事件；了解与公民有关的法定权利和人权，联合王国不同民族、地区、宗教和种族特性的起源与影响，以及相互尊重和理解的需要，议会、政府和法院的工作，个人和民间团体影响变化的机会，出版自由的重要性及媒体的作用，顾客、雇主和雇员的权利和义务，联合王国与欧洲乃至世界的关系；继续积极参与学校生活、邻里生活和更广泛的社会生活，对公共生活具有更大的影响力；培养一系列的技能以有助于达到上述目标；更多地重视批判意识和评价能力；通过从学校、地方、本国和全球角度对诸如公平、社会正义、尊重民主和多样性的更多了解，通过参与社区活动，发展学生的知识、技能和理解。

由此可见，英国青少年公民教育的课程设计和编订，已经既能够注意到儿童青少年各个发育时期和阶段的身心特点，又能够充分关照到从儿童到少年、青年以至于成年的连续发展的需要；同时既考虑到个体一生的成长和发展的主观需求，又最大限度地考虑到个体和社会联系的实际需要。

第三，实施形式的实践性、活动性、参与性。英国青少年学校公民教育注重课程的渗透和融贯，自然倾向于各方面实践活动的组织和参与。无论是课堂教学环节，还是校内外活动的交流，英国学校公民教育都十分看重学生的亲身体验和师生的互动。如英国学校安排的课外参观课程，就要求学生按照被参观单位（如博物馆）的规定和指示，进行操作。英国牛津大学博物馆就有这样的课程设计。举例说，学生可以独立地在博物馆的电子地图中，按照自己的意愿用电子鼠标进行板块拼接。

第四，公民课的相对独立性。随着公民课的逐步规划和实施，和先前公民教育渗透性教学弊端与缺陷的日益显露，公民课教学以专业的师资和独立的课时安排日渐受到重视。因而，公民课由先前的"依附性"、"从属性"逐渐走向独立的学科舞台，并逐渐地拥有更多机会享有与其他学科同等的地位。英国学校公民课程的独立性通过被纳入国家统一课程体系，并由专任教师负责教学和设立考核评价指标等体现出来。

第五，目的和内容的务实性。英国政府最近推出新的青少年个人健康和社会教育课程规定，英国青少年从 5 岁起，孩子们将开始学习有关性和感情的课程，包括"自出生以来发生的身体变化"，了解男孩和女孩的差别，并从 14 岁开始学习家长课程。从 7 岁到 9 岁，孩子们将了解青春期的知识，并学习"如何建立和维持人与人之间的感情"。从 12 岁到 14 岁，这个课程的内容包括性取向、避孕、同性恋、成人礼以及婚姻的重要性等。而从 14 岁以后，青少年将学习如何当家长，如何塑造体形和面对"道德困境"。[1] 由此，英国青少年公民教育课程注重实效性的特点十分鲜明而突出。总之，英国青少年公民教育的课程，既注重"公民性"的宗旨和精神，又关注学生智力和技能的培养，一句话，它是从"全人"的立场去审视课程及其大纲的编制和执行的。

第六，方式的灵活性。这自然与公民课的渗透式教学分不开。但是，更与公民教育的实用性、社会性、生活性有密切关系。这是因为：公民教育不是培养专家，也不是塑造楷模和培育精英；相反，它是要造就会生活、对国家和社会的运行起积极的推动作用，并自觉地将个人与国家、社会、群体的利益

---

[1]　http://www.sina.com.cn, 2010. 01. 06. 05:17.

有机地统一起来的合格和优秀的共同体成员。或者说，公民教育的目的，在于培育有生命力和富于活力的社会细胞，它对于国家和现代民主社会本质上是一个造血工程，它对于客体自身同时还是一次安身立命的机会。也就说，是要公民教育去适应和满足现实的需要，而不是相反；可是，现实始终是千变万化的。因此，公民教育原则性与灵活性的统一，决定于现实实践和生活的需要，原则性则是培养实用性、适应性、创造性的合格公民的一种性质和价值追求。英国学校公民课程的灵活性，主要体现在课程的设计和教学的组织与安排上，也体现在教师的配备上，还体现在考核评价的方式方法上。其中，多学科的融合渗透性、教学形式的多样性、教师专业的多面性是表现其灵活性的重要因素。

（三）英国青少年公民教育课程的结构

根据《科瑞克报告》，英国青少年公民教育课程的内容就其主要方面包括：社会和道德责任；公共参与；政治认知。以此为依据，分别按照"目的和目标"、"层次性"、"基本要素"、"学习结果"进行课程的设计和安排。第一个层面是社会和道德责任：学生从一开始培养自信，遵循社会和道德义务要求，在课堂内外，面对领导和伙伴自信和负责任地行动。第二个层面是公共参与：学生学习积极生活，有效参与集体活动，并关心集体，同时在参与集体活动、服务于公共利益的过程之中获得学习的机会。第三个层次是政治认知：学生学习知识、培养技能、树立志向，以便有效参与公共生活。这三个层面的课程目标，在对其进行术语上的微小改变之后，成为了国家公民课程的基础。基于这一基础的全国公民教育课程，推动了学校教育顺应社会要求的发展。期待学生掌握知识，成为见多识广的、善于调查和沟通的、具有参与和负责任地行动的能力的公民。以上的这份《科瑞克报告》中关于公民性的含义和定义的表述，以及基于这一报告主要观点的国家公民教育课程的意义和内涵，引起了至今绝大多数学术研究的关注。相比之下，EPPT 开始于 2002 年的"公民教育评鉴"项目则是一项集中于学校教育的实证性研究计划。① 这项计划所关注的焦点问题是：学校何以建构公民教育课程？由此引申出以下诸多方面的问题：（1）学校及其团体所认同的有效公民教育的标准是什么？（2）学校公民教育有什么象征？（3）它们和国家公民教育课程如何关联？（4）它们和《人权法案》如何连接？鉴于迄今鲜有关于学校公民教育的理性研究，以及广义教育哲学以及实践的理念对各种公民教育观念进行统整的积极努力，该项目意识到很有必要拓展其研究的视域和范围。具体是指：（1）理解公民教育和个人在精神、道德、社会性和文化等方面的发展的内在联系；（2）理解公民教育和终身学习的关系；（3）理解公民教育和学业成就的关系；（4）理解公民教育和人权法案的关系。

由此可见，青少年公民教育的课程应该包括公民意识和德行、公民知识和技能、公民生活和实践等。它主要涉及人文科学（H）和社会科学（S）两大门类，有广义和狭义的区分，广义的公民教育应包括二者各自的全部，狭义上的公民教育可能只包括人文和社会科学中各自的某一部分内容要素。如下图所示：

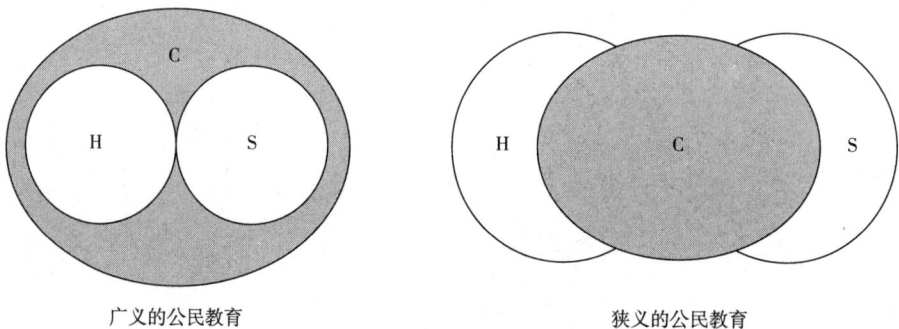

广义的公民教育　　　　　　　　　　　狭义的公民教育

然而，在进行青少年公民教育课程设计的时候，一个很重要的因素是必须坚持符合青少年的身心发育特点并满足他们各自诸方面的需要，并随时注意到必须随时代的发展和人的需要的变化灵活地进行课程开发和创新。对此，马斯

---

① EPPT（2003, in progress）An International Review of Citizenship Education Research, The Evidence for Policy and Practice and Information and Coordinating Centre（London: EPPT）.

洛（Marslow）需要层次论的观点对于分析和考察英国青少年公民教育的课程具有理论的指导意义。依据马斯洛的理论，根据人们需要的层级，可将和公民教育关系密切的学科课程作如下划分：经济学、医学（生存需求）—心理学、保障学（安全需求）—关系学、文化学（社交需求）—政治学、伦理学（尊重需求）—美学、价值学（自我实现的需求），等等。就这些基础性性学科与公民教育之间的作用关系而言，它们主要向公民教育"注入"和提供相关理论知识，从而满足个体对象与社会在这些方面的目标期待和需求指望，如下图所示：

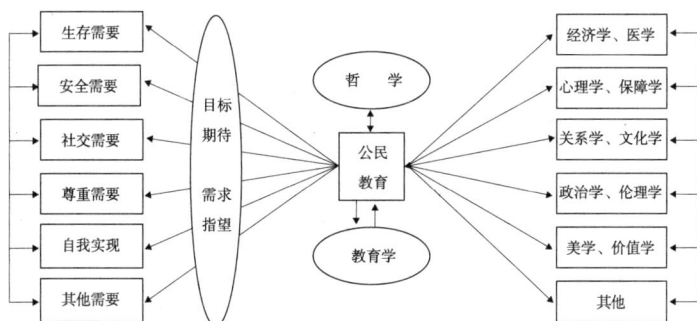

由此可见，公民教育的课程就其门类而言，就应包括：教育学、心理学、生理学、政治学、经济学、文化学、伦理学、法学、人口学、生态学以及哲学等。其中，哲学是灵魂和主脑，它帮助人们树立基本的世界观和方法论，居于课程体系的核心位置；由此往外推及，依次分别是公民知识、公民意识、公民技能、公民德行和公民实践。而所有公民教育课程又都必然涵盖处于课程体系外部圈层的各门具体学科的内容，见图所示：

根据以上分析可知，英国学校青少年公民教育的课程设计既考虑到知识的传授和技能的培训，也注意到精神层面的涵育和修养，同时

还留意到实践参与的分量和地位。总之，英国学校青少年公民教育的课程是通过学科的独立设计和公民内容的学科渗透去对青少年进行全方位公民教育的。这一课程设计的理念和精神深刻地体现在英国国家教育部的课程大纲和有关规定之中，具有较强的时代性和一定的科学性。

（四）英国公民教育课程的国家规定

英国对公民教育课程目标和内容等都作了原则的规定和要求。目标取向上，英国公民教育课程不仅是民主价值理念的培养，同时更关注学生民主、负责任行为的养成，包括对于学校社区等公共生活的参与以及全球化国际视野的确立。通过交流和探究让学生自己去发现民主的重要性和必要性，以促成民主价值观的建立；具体、详细、可操作的目标可以直接指导学生发展公民的民主行为，从而帮助年轻一代成为"自由民主"的国家公民。具体要求上，公民教育必须涉及学生自身和家庭及其相互关系、学生所属的更广泛的群体、社会的多样性及生存的环境，肯定了对真理、正义、诚实、信任、责任感等美德的弘扬，使学生形成适应公民社会需要的民主价值观和民主行为能力，并为学生能自由地选择一种有价值的生活而从现在起就作多方面的准备。课程内容上，各阶段的学生须"学习、思考和讨论具有典型性的政治、精神、道德、社会和文化问题、难题、事件；研究影响其生活和社区的法律、政治、宗教、社会、组织和经济的体制，密切关注其运作和影响；继续积极参与学校生活、邻里生活和更广泛的社区生活，对公共生活具有更强的责任心；培养一系列的技能以有助于达到上述目标；更多地增强批判意识和评价能力；通过从学校、地方、本国和全球角度对诸如公平、社会正义、尊重民主和多样性的更多了解，通过参与社区活动，发展学生的知识、技能和理解"。从整体上说，英国公民教育十分关注学生的思想熏陶和行为养成等方面，同时对公民权利和义务也给予了重要的重视。可见，英国公民教育的国家课程大纲，自始至终将培养公民性置于关键地位，并使之始终贯彻和贯穿于整个课程大纲和对学校公民教育实践环节的总要求之中。这无疑为上述主客体的教育和接受教育的活动提供了总的原则和方向，从而使全英国的学校公民教育活动有了思想和灵魂。

二、英国青少年公民教育的教材

所谓教材，是指用于向学生传授知识、技能和思想，引导学生树立情操和德性的材料，由三个基本要素，即信息、符号、媒介构成，是课程大纲要求的实现和体现，是教师组织教学活动和学生学习的依据与材料。教材根据社会需要和国家要求，随着时代和形势的变化而变化。目前，开展公民教育的世界各国大都依据各自国家的需要和各方面的实际情况，组织编写和编排了一些基本的简易教材，其中一些和公民教育有关的公民读本最为常见，其次是以围绕公民教育外延而组织编写的各类"分科"教材，如公民手册、法律手册等。当前世界各国在中小学公民教育教材设计上的一个共同趋势是：融文字、照片、图画于一体，追求形式的活泼多样，寓说理于形象、直观的内容之中，从而吸引学生的兴趣，帮助他们理解和接受，有效内化为他们自己的价值理念，并转化行为方式。

（一）英国青少年公民教育的教材的特点

2002 年，英国 Hodder Murray 公司出版了由 Tony Thorpe 和 David Marsh 主编的首本公民教材即《公民身份学习》（*Citizenship Studies*）。编写目的主要是供英国信息和交流技术课程即 OCR 和 GCSE 短期专业课程班和关键阶段 4（相当于我国高中阶段）的教育教学使用，它是由最新的案例和相关活动以及书面的、直观的学习资源整合而成的生动的文本，该书适用对象主要是 14—16 岁的学生，有助于学生理解重要的公民问题。对这一教材分析可知，英国青少年公民教育教材总体上具有如下特点：（1）重视并尊重学生的主体性，这是英国公民教育教材特点的第一个方面；（2）注重内容的全面性和实用性，这是第二个方面；（3）关注世界和时代趋势，注重全球化形势下公民教育的使命。①

另外，英国公民教材在具体环节上也表现出了自己的鲜明特色，主要体现在以下几方面：一、内容根据实际而变。其教材每单元格式设计并无太大差别，都是几幅图配以相应问题，但是各单元独立成篇，没有紧密联系。二、形式上注重图文并茂、突出形象直观。教材中的图片多为人物以及与学生密切相关的事件，主要由人物或事件的照片或简笔画构成。三、结构形式逻辑性强、意义浅显易懂。四、辅助材料形式固定。作为对每单元主要内容的补充一般通过小板块"问题"、"主题词"和"课程作业要点"等表现出来，其形式比较固定。

英国青少年公民教育教材之所以具有如此特色和特点，主要和英国人对于恪守传统的态度和原则有密切关系。目前，英国公民教育教材的结构和内容已为社会所认可而趋于固定，这说明其教材从内容到形式在走向成熟。

（二）英国青少年公民教育教材的内容

从逻辑架构上说，《公民身份学习》（2002 年）包括以下章节，各章节分别包含以下内容：介绍、规章和法律、消费法、雇佣、社区问题、家庭和学校、政府、媒体、改变、世界公民、正义、考试指导。另外一套公民教育教材《公民教育课》采取了如下的逻辑：社会是什么？好公民是什么样的？规则能破坏吗？群体行为中谁应当承担责任？随随便便还是守信义？谁来维持社会安全？法律由什么构成？它是否公平？我们真的有平等权利吗？现实中如何维护人权？政府是谁选择的？我们为什么关心民主？怎样做才能改善自己的环境？怎样做才能帮助他人？

英国公民教材内容涉及范围极广，这是与其新国家课程目标的规定相对应的。其主要内容可归纳为四方面。（1）公民相关权利和义务：积极参与民主选举的重要意义；知晓公民作为消费者、雇主或雇员所拥有的权利与责

---

① 钱扑、李明丽：《中英公民教育教材比较研究》，《教育科学》2009 年第 3 期。

任。（2）公民关系的正确处理：了解英国不同地区民族、种族问题的由来，知道不同民族和谐相处需要以相互理解与尊重为基础；从刑法和民法的作用及运作方式寻找解决公民关系问题所依赖的法律途径。（3）社会组织的作用。志愿者组织在哪些方面能影响本地区、国家、欧洲和世界；社会、政府、法院在制定与规范法律方面各自的作用和职责；新闻界以及媒体在提供信息和引导舆论上对公民生活的影响。（4）全球化问题。全球化给公民生活带来的问题与挑战，在全球化过程中人类对环境和生态恶化应负的责任。从教科书覆盖的内容，我们可以看出英国公民教材最大的特点就是与学生日常生活紧密相关英国公民教材内容广泛涉及日常生活的方方面面，从家庭到学校、社区、政府、媒体，从规章到消费法、雇佣法、民法、刑法；法庭维护正义的程序；在特殊的情况下如何通过修订法律来维护自己的权益；对现代人生活影响最大的全球化的利弊，以及应对全球变暖的重要性等。总之，为了使学生成为一个现代社会的合格公民，英国的公民教育课程力求给予他们最有针对性的信息和最切实的指导，因此其教材始终紧紧围绕着与他们学习、生活、工作密切相关的内容展开，试图使他们通过公民教育，在价值观念、思维方式、行为习惯的形成上都能进入健全的发展轨道。

从上述关于英国学校公民教育的教材的介绍中可知，目标始终指导着内容，内容处处体现着目标。在整个教材的建设上，公民性作为公民教育培养目标的核心要素，也被根植于教材的内容确定、体例编排、模块设计之中。这就为教师和管理工作者进行公民教育提供了依据。

三、英国青少年公民教育的教学

教学是教育实践活动的具体而实际的实施过程，是教育实践活动的"生产性环节"，是培养人才、引导进步、促进发展的基本途径。对"教学"的理解有广义和狭义之分：广义的"教学"，是指一定时间、地点、场合下传授经验和知识的活动，是主体指导客体学习的活动；狭义的"教学"，是在学校中传授经验和知识的活动，指在学校教育活动中，以教师传授知识、技能和学生获得知识、技能为基础，教师的教和学生的学相互联系、相互作用的统一的活动。

（一）英国青少年公民教育教学的大纲

教学大纲是指导学校教学工作和教师教学行为的政策依据和准则。

英国 2000 年国家教学大纲是英国公民学校教学工作的指南。其对教学的具体规定如下：（1）培养学习兴趣，提高学习专注力，鼓励学生尽量取得好成绩，获得最佳学业进步；（2）发挥学生特长、激发学生兴趣、增强学生自信、提高学生独立和合作学习与工作的能力；（3）传授学生识字能力、计算技巧、获取信息能力、沟通交往能力，强化学生问题思维，拓展学生理性思维能力；（4）增进人格意识，加强学生对精神、道德、社会和文化遗产的认知和理解，促进学生对地方、本国、欧洲、英联邦、全世界多元文化遗产的理解和包容；（5）帮助学生崇尚人类抱负，欣赏美学、科学、技术、社会等领域的文明成果，促进学生思考人类有关经验和思想；（6）向学生提供丰富而多样的背景知识，从而帮助学生获得知识、加深理解、提高技能，并将其运用于实践之中；（7）促进学生创造性和批判性思考，激励学生解决问题，并精益求精；（8）为学生创造机会，使其富于创造性、创新性、敬业精神，锻炼学生领导才能，从而为学生在未来做合格和优秀的公民打下基础；（9）增强学生体能，鼓励学生接受健康生活方式，促进自身和他人健康和安全；（10）提升学生精神、道德境界，提高其社会文化素养，帮助其迎接未来、履行义务和融入生活。

具体内容如下：（1）提升学生精神和道德境界，提高其社会文化素养；（2）强化学生是非原则；（3）丰富学生知识，增强学生理解力，引导学生欣赏多样化信仰与文化并帮助其懂得信仰和文化影响个人和社会的原理与机制；（4）传递永恒价值观，健全学生人格，增强学生自治精神，引导学生勇于承担责任，并愿意为发展公正社会奉献力量；（5）对学生一视同仁，帮助学生抵制歧视，拒绝保守呆板；（6）加强学生环境意识，并促进其对环境的理解和敬畏；（7）确保学生热心于个人、地方、国家、世界的可持续发展利益；（8）增进学生理性判断力，自主决策力以及对权利和义务的理解力；（9）促进学生树立自尊，丰富学生情感世界，帮助学生建立并巩固良好的人际关系，教育学生在家庭、学校、单位和社区保持自爱，并学会尊重他人；（10）训练学生拓展交往，培养学生服务于公益之能力；（11）促进学生积极把握机遇、应对挑战、承担责任，帮助学生做好风险管理，应对形势变化，挑战逆境；（12）引导和帮助学生跨入新的学业阶梯，接受培训，和做好就业准备；（13）帮助学生从容决策，引导学生学业和生活抉择，促进学生正确评价生活和社会领域学业成绩与娱乐、社区交往以及就业的内在联系。

2000 年国家教学大纲同时指出，"学校教学大纲要求学校出于对学生的考虑制定学业和体验计划"，学生作为学校和社会成员大部分时间都在读书学习，无论是课堂内还是课堂外。公民教育和人的发展两者都密切关注学生技能的培养、知识的丰富、理解力的加强，这些因素促进了学生有效地适应生活并积极地参与实践。国家公民教育大纲关于个人、社会和健康教育的目标（针对小学教育初级阶段 5—11 岁孩子）如下：树立信心，增强责任，开发潜能；培养健康、安全的生活方式；改善人际关系，尊重差异；积极准备成为一位好公民。关于公民性培育的目标是：有关公民知识和对于成为有学识公民的理解力；培养咨询和沟通技能；发展参与和承担责任的能力。可见，英国公民教育国家教学大纲十分注重青少年发展的公民性的培养，将青少年发展利益渗透和贯彻到了国家对教学大纲的基本要求和精神之中。①

（二）英国青少年公民教育教学的形式

课堂教学可以采取多种形式，也可以具有多种风格；但关键是要具有吸引力，能够抓住学生的注意力，引起学生的积极的情绪和主动学习、创新学

---

① Liam Gearon, *How Do We Learn To Become Good Citizens?* British Education Research. 10, 2003.

习的动机。

在英国，多数教师上课很少直截了当讲解知识，他们往往制造悬念，让学生尽情想象。学生可以围坐成圆形、方形上课，教师有时坐在教室前，有时坐在地板上，有时跪在地板上辅导学生。学生的课堂活动主要是小组活动，师生都强调应该给自己和别人做一件事的充分理由，这是得到理解和配合的必要条件。课堂上，教师没有高高在上的感觉，师生之间直呼其名，平等地探讨问题。英国老师对学生评价时从来不吝啬自己的溢美之词。一点点的进步，都会被他们非常郑重地夸奖一番。另外，英国学校公民教育的课堂教学还十分重视师生互动的平等性和班级内学生之间的合作性。普遍而言，学校根据学生的学习水平、考试成绩，将其进行分班，依据不同教学要求和进度进行教学。学生进入新的班级以后，教师根据学生不同的学习能力和水平分组，分别给予不同难度的练习内容。有些学校的课堂组织和学科教学活动，以小组合作式为主，而学习能力不同的小组所要完成的任务难度自然也有所差异。还有些学校，一些教师根据学生阅读水平高低将其分为红、黄、绿三组，给学生的阅读材料也根据难度贴上不同的标签。阅读课中，不同的小组阅读适合本组水平的相应读物。就课堂上学生学习的形式而言，多数学校教学方式以学生自主学习为主，教师在课堂上讲解主要教学内容，并回答学生的问题、解决学生的疑难、指导学生思考和学习，整个教学过程教师围着学生转。除了上述这些有趣之处而外，创造热烈而积极的课堂气氛也是英国学校公民教育课堂教学的重要特点。

英国根据公民课程的要求，采用多样化的教学形式和手段，达到传授知识、传递信息、陶冶和培育情操、训练技能和艺术、培养德性和参与精神的教育目的。毫无疑问，这些模式和有趣的教学形式，是较好地体现和反映公民教育之根本精神的正确方法和手段，符合公民教育培养目标的基本要求。

由此可见，英国学校公民教育教学具有如下特点：第一，与公民教育根本目标和基本精神保持一致；第二，既忠实课程大纲和教材，但更注重灵活和实效；第三，讲求多样化的课堂与活动教学，确保组织、讲授、讨论三位一体；第四，在教学中体现和感受平等、公正、自由、民主的价值观；第五，尊重学生特点，照顾个体差异，按照客观规律"因材施教"；第六，重视一切有用的教学资源，保证传统资源和现代资源均能充分发挥作用。英国大学教育的教学，尤其注意在减少课时、提高质量、注重实效、灵活实用、促进创新等方面下工夫。

（三）英国青少年公民教育教学的宗旨和原则

英国公民教育教学的宗旨和原则与公民教育的目标和课程大纲的精神是一致的。一般而言，可以作如下归纳：第一，教师凭借个人观点和职业专长，积极回应对于国家教学大纲、地方社群、父母和学生孩子们自己的多种多样与各持己见的期待；第二，有助于学生共享普遍崇尚之价值观，并使学校各类政策、组织结构、程序在全校广为人知；第三，完善学校价值观教育之方法，形成清晰而紧致的理论框架与策略；第四，不断总结省察学校生活、教学大纲、教学方法以及学校和学生家庭、当地团体之间的交往和联系，从而增强价值观意识。

具体地讲，有以下十二个方面：（1）在学生家庭道德教育的基础上，不失时机塑造学生的道德人格，同时保持与学生家庭以及其他有关方面的必要联系；（2）充分关注学生道德判断力生长，同时不忽视学生情感与精神提升；（3）鼓励学生积极融入学校肌体；（4）坚持促进学校根本价值观之强化；（5）不断总结和反思其自身价值观以及个人和职业行为榜样的适当性；（6）勉励学生积极参与各种活动，以此完善学生个性、提升个人素质，并适时省察活动行为的道德问题；（7）确保学生通过师生交往、同伴互动、学校生活这三种方式的学习效率；（8）省察学校课程和跨学科主题道德意义的潜能；（9）探索有效良方，以塑造学生价值观、态度，提高学生个人素养；（10）帮助学生增强道德人格意识，逐步深化学生对许多道德价值复杂性、商榷性的认识；（11）确立具体道德教育目标，以达到具体道德教育实效；（12）改善方法，以科学和有效地测度和掌握学生道德成长的状况与发展进步的轨迹。①

第二节 英国青少年公民教育的途径与方法

途径和方法是实现目的的手段，是公民教育目标由"应然"到"实然"转化的中介和桥梁。它为主体所掌握和运用，并作用于客体，它同时是使目标和内容"运动"起来的动力。在公民教育中，途径和方法是主体和客体相互影响和作用的形式和手段，不仅需要人去选择和创造，也需要人去运用并加以改善。只有特定的人，采取特定的形式和运用特定的方法，公民教育才能得到切实的实施。选择公民教育的方法，有效性是根本，适应性是前提，灵活性是补充，必须因对象因时空不同而变化。

一、英国青少年公民教育的途径

公民教育的途径是达到目的的通道和路径，选择和开辟什么样的通道和路径，事关公民教育的效果和成败。具体工作中，应该探讨并遵循公民教育的客观规律，发现和充分利用一切有价值的公民教育资源和环境条件，尽可能多地开辟一些既彼此独立又相互联系和密切合作的通道和路径。

如本书引论所述，英国青少年公民教育实践普遍选择的形式主要有：课程安排、教学策略、班级经营、行政措施和宗教教育；另外，还十分重视各种各样的活动参与。其特点是选择公民课和历史课为专门课程，以个人、社会与健康教育为辅助课程，以宗教教育和道德教育为主要手段，由国家倡导并组织相关活动（如由英国内政部倡导"通过选举来学习"和今日卡梅伦政府提出"大社会"运动等等）。具体体现是：以宗教教育为"依托"；以学校

---

① 蒋一之：《英国公民教育的历史变革与现状分析》，《外国教育研究》2003年第11期，第37—41页。

教育为"苗圃";以家庭教育为"摇篮";以社区教育为"纽带";以社会教育为"补充";以实践教育为"舞台",以网络教育为"牵引",以场馆教育为"补充";等等。

英国公民教育的实施途径总体上呈多样化趋势,但课程教学是主要途经,社区内的实践活动以及学校内的相关活动是公民教育的有益补充,如保留一份公民记录、参与学校和班级的管理、组成互帮互助小组以及校内的一些日常活动与课外活动等。除此之外,英国中小学还开展一些培养学生环保意识的活动;让学生参与本地和国家政府的事务,如加入本地可持续发展计划的实施中;参与一些国际性的活动等。而且,随着互联网的应用与普及,通过网络进行公民教育也成为一种便捷的教学方式。英国有许多设计新颖、内容生动的公民教育网站,为学生、教师和家长提供了许多公民知识与公民教育的方法,以利于公民教育的顺利开展。个案研讨是"欧洲公民"课程的主要教学方法。

二、英国青少年公民教育的方法

方法的问题就是"过河",要解决的是"船"或"桥"的问题。[1] 如上文所述,英国青少年公民教育方法和手段主要是:课堂教学、交流讨论、政治参与、舆论宣传、社区活动、环境环保以及网络教育等。这些方法都是学校公民教育的主要手段,成为传授知识、培养品德、塑造灵魂、训练技能的重要凭借;也是英国公民教育得以实现育人目标的重要措施。需要说明的是,上述这些方法和手段并非孤立存在,而是多样化的方法和手段的综合运用,并体现出相互补充、共同作用的特色来。

(一)英国青少年公民教育方法的内容

依据《科瑞克报告》,学校公民教育宜不拘一格地选择和创新手段与方

---

[1] 毛泽东:《毛泽东选集》第 1 卷,人民出版社 1991 年版,第 139 页。

法，建议校内外公民教育应该采取系列性的不同形式：在校内可以与其课程的教学一起进行；校外可以通过参与地方社区的活动进行。目前，英国学校公民教育比较常用的方法和手段是：课堂上进行教授、讨论、问答、示范表演，课外进行课外活动、参加服务活动、组织模拟选举等。课堂教学经常采用的是学科渗透，这是一种传统的教学手段和方法，指的是通过相关学科的教学达到公民教育的目的。因为，每一门具体学科都具有不同的功能。比如：上英语课，通过阅读文学作品、戏剧表演角色扮演、文学评论等书面或口头形式，开展有关民族自豪感和多样性的教育；上历史课，通过学习有关社会和制度的知识，了解国家政治体制及民主政治之价值；上地理课，开阔学生视野，培养尊重和包容的情怀；上数学课，则培养学生严谨精细的品质；上音乐课，培养学生的美的情操；上体育课，则培养学生的合作意识和遵守规范的意识。另外就是上公民课，直接进行公民知识的传授和公民素养的训练。2000 年 9 月，英国确立了新的中小学国家课程，规定从 2002 年 8 月起，公民课为英国法定国家课程中的基础科目之一，所有中小学生都必须修习。除课堂教学之外，学校和教师还鼓励和带领学生参与活动。具体形式主要有：参与班级和学校管理，培养责任感；自发组织班级或全校范围的辩论；安排设计主题活动周（如"午餐行为周"、"运动场行为周"、"听取意见周"等）；组织和参与讨论或有关会议；合作开展项目或活动，以此增进了解；建立网站、成立俱乐部，并参与经营和管理；参加实际的选举，培养公民权责意识。再就是利用现代传媒的手段（如网络、电视、广播以及多媒体设施等）进行道德、法制和价值观教育。这里所介绍的并非英国青少年公民教育具体方法的全部。事实上，英国青少年公民教育一直在不断地进行手段和方法的创新。近年来，英国政府以及其他有关方面在加强和改善公民教育的手段和方法方面越来越具有不少的共识，2006—2007 年度第二次报告《公民教育》对"公民教育的原则已渗透到学校生活的各个方面"表示认同，并对实施公民教育以来"年轻人在学校管理中有真正的权利，他们能够对自己相关的事情有决定权"①表示了极大的欣慰。

（二）英国青少年公民教育方法的特点

英国公民教育的方法是在实践中摸索和总结出来的各种手段，具有鲜明的特点。它的出发点，是根据对象的实际情况进行有的放矢的教学、管理和提供服务。

首先，传统的灌输教育，被赋予时代的新意趣，使之与其他方法相结合，体现传统与现代、传授与自主、知识与经验的统一。中世纪时代的宗教神学教育，以灌输教育为主要方法，传授和讲解宗教知识、神学故事、神人关系等内容，目的是培养温顺的良民。后来随着公民意识的觉醒，灌输教育开始被赋予与时代相适应的新因素。

其次，渗透教育备受重视。这是一种极富特色的"间接教育"。这种做法源于一种"被感染的"理念，主要用于道德的、宗教的、政治的教育等。在道德等教育中，家庭、学校、单位组织和社会等多个层面和不同场合，以"随风潜入夜，润物细无声"的形式和手段，通过情感疏通、心灵浸染、生活陶冶和大众传播，将公民教育的内容按照宗旨和目标所指引的方向和所规定的要求，内化于广大青少年的内心世界，成为为人所充分认同的信念与精神，并通过个体意识的深刻理解而转化为学生坚定的信仰和积极的行动。这方面通常的做法是，在日常生活、游戏、教学、阅读、沟通、讨论等活动中，道德、宗教、政治等教育以"无意识"的形式，将道德、宗教和政治等的价值理念和精神通过"不知不觉"的"运动"，进入学生的心灵，并转化为具体的行为和习惯，从而达到"以文化人"、"以理育人"的目的。英国青少年公民教育的渗透教育，离不开多种有效教学方法的综合运用。其中，灌输、对话交流、平等讨论、游戏、小组活动、社区参与等，都是对渗透有着有益作用的形式和方法。广大青少年学生通过和老师的交流、和学校

① House of Commons Education and Skill Committee. *Citizenship Education*. Second Report of Session 2006–07, pp.20–21.

的互动、和社区的对话，以及通过自己的心领神会，逐渐接受公民知识的熏陶和公民规范的指引。这些涉及政治、经济、文化、道德等各方面的知识和规范，由于被"渗透"到学生们的实际生活和活动之中，容易让学生深切地感受到它们与自己的利益密切相连，因而易于"心领神会"。《科瑞克报告》强调：我们认为渗透教学的好处是显而易见的。目前，英国的学校公民教育，由于不少学校对公民课程的教育形式和具体方法，进行了不断的探索和改进，一种形式多样、手段灵活、以生为本、务求实效的新公民教育模式行将走向成熟。

再次，载体教育物尽其用。载体教育是教育活动的一种形式和手段，不同于灌输式教育和其他形式的教育和教育活动，它决不是一般的教学工具和环节。载体教育，是将教育目的寄托于、将教育内容镶嵌于、将教育过程纵贯于其中的一种教育实践活动；它通过纪念参观、历史讲解、图片赏析、人物介绍、领袖瞻仰等，达到教育后人、启发思想、培育情感等目的。载体教育具有独立性，和渗透教育联系密切，但不同于课程教学的传统灌输手法，主要依靠事实自身的说服力、历史本身的教育力以及各类场馆建筑的艺术感染力等来实现育人喻世的教育价值。英国的载体教育，常常将重要的博物馆、纪念馆、陈列馆、公园等作为主要阵地，利用其客观性、真实性、直观性、生动性以及适合于青少年认知兴趣等的特点，激发青少年公民的爱国热忱，增强其历史敬畏感，从而加强凝聚力、感召力，从而达到教育青少年、促进其积极健康成长的目的。在英国，博物馆建设普遍受到重视，牛津大学的文物博物馆和自然博物馆，伦敦的大英博物馆，苏格兰的古城堡博物馆等，不仅具有历史价值、纪念价值、欣赏价值，还具有深刻的教育启示价值。为了突出博物馆等载体设施的启示价值，大大小小的博物馆几乎都设有专门的教育场所，成为学校课外活动或开辟"第二课堂"的重要阵地。载体教育除了培养学生的历史感、民族热情、英雄主义等价值追求以外，英国有关方面还十分重视博物馆、历史主体性公园等在儿童青少年技能教育、兴趣培养等方面的积极作用。

最后，多种形式相互配合。《科瑞克报告》提出，公民教育需要一系列的校内外不同形式的学习。课程教学、社区活动、问题讨论、参加选举、网络在线等，这些多种多样的形式和方法无疑为学生们提供了更多、更好、更切实的学习机会。

总之，新颖别致、创意独特、意趣生动、贴近生活、亲和凝聚，就是英国公民教育方法的鲜明特色。当前，英国学校青少年公民教育的形式主要有：学科教学、活动参与、社区融入、现场参观、参加管理、游戏竞赛、模拟选举。手段主要有：俱乐部、纪念日、个人档案、网络、电视、广播、报纸、杂志等。这里所介绍到的形式和手段，任何一个都不是孤立的、封闭的，都是学校公民教育方法体系中的有机要素，是适应于整个课程体系、内容体系、目标体系的对应性形式。这些方法以及各种有效的形式，为英国青少年公民教育的主体和客体所使用，共同作用于公民教育的课程和教材，使之所蕴涵的公民性，能够实现从理念到具体言行的切实的转化。

第三节　英国青少年公民教育的管理与评价

在公民教育中，评价是对公民教育有效性的判定，管理则是有效性的保障。无论课程大纲、教材，还是师资及其教学的情况，抑或公民教育的目标、内容和方法，最终都要通过评价来予以判定；尤其是公民教育过程的有效性、"产品"的合格性，都要靠考核去评价，靠督导和管理去调控，从而为进一步的提高创造条件。因此，公民教育在课程、教材、师资具备之后，就需要通过必要的和多样化的形式给予考核判定和实行监督指导。

一、英国青少年公民教育的管理

历史上，英国的教育行政管理长期以地方为主，地方政府在此方面拥有较大的自主权和责任。自 20 世纪中期以后，英国政府逐渐加强了对教育工作的管理、控制和指导。当今的英国政府为了突出国家精神对教育实践活动的渗透，体现国家权力在社会生活各个领域的存在，尤其加大了对学校教育机构的直接控制。不过，随着民主化进程的日益推进以及教育行政管理科学化水平的不断提高，英国教育体系中中央政府、地方教育当局、社区机构、学校管理层和教师，以及民间教育机构，逐渐建立起了一种彼此协调与合作的"伙伴关系"，成为英国教育行政管理的最大特色。

英国学校公民教育的管理者由上而下，主要是国家元首或首相、国会和内阁、教育和技能部、地方教育当局和学校董事会。他们对教育的管理广泛建立在 1944 年教育法的基础上，20 世纪 80 年代以后又有基于改革的新的教育法规和政策。目前，英国国家和地方教育当局对学校公民教育实施管理的政策和法律依据主要有三个。一是，《1988 年教育改革法》，它要求地方教育当局属下的所有中小学都必须执行中央政府指导下的国家课程和学生评定计划，并因此加强了中央政府的行政权力；同时通过对分别负责大学和公共高教系统的两大中介拨款机构的改革，即以新的财政模式和行政模式削弱了中介拨款机构的自主权，而相应地加强了对高等学校公民教育的控制和高校同社会工商界的联系。二是，《21 世纪的教育和训练》（1991 年），该白皮书意在鼓励所有青年人最充分地发展各自的潜力，给每一个英国公民展示才华的机会，并在实际生活中尽可能拥有各自最好的起点和机会；与此同时，该白皮书还计划实行一系列的改革措施，如：实行国家职业资格；实行新的文凭；加强学校的职业指导；给予继续教育学院和第三级学院独立自主权；等等。三是，2004—2006 教育战略规划，这是自 2001 年英国将教育和就业部改为教育和技能部并制定 2002—2006 年国家教育发展目标与策略以来，为适应变化迅速的国内社会形势和国际环境而重新制定的。这一规划覆盖了若干年国家教育的发展目标和要求，是国家各级教育部门和各级各类学校必须遵循和执行的总体战略规划。上述英国教育管理所依据的立法活动一般要遵循以下几个原则和程序：原则是坚持依法治教原则、重视调查研究和教育科研成果、从实际出发，注重实效、为大学单独立法；程序是提出议案、议会下院审核、议会上院审核、法律公布等等。

英国学校公民教育管理，除了主要由国家通过政策指导的手段而外，还有国家对其进行的经费控制和管理。在英国教育经费中，教师薪酬占据最大份额，是一笔不菲的开支。其中，地方当局举办的学校和在学院中工作的全部教师，都由地方教育当局聘请并支付薪酬。教师工资由国家法定委员会依据有关协议确定级别和有效期。法定的委员会由教育和技能部、地方教育当局派出代表与代表教师的各种专门组织机构联合组成，其所制定的协议规定，须经国务大臣批准方为有效。地方教育据此执行并承担相应法律责任。英国政府通过拨款控制和影响公民教育学校，可从国家对大学的拨款趋势看出一斑。目前，英国在全国分设四个拨款委员会，一般而言，英国政府就是通过拨款委员会等机构（其他如评估机构等）对大学进行管理。在英国，特别是第二次世界大战以后，中央政府曾负担了大学教育和科研的全部经费，国家拨款成为高等教育经费的主要来源。到了 20 世纪 70 年代中后期，由于世界性的经济危机，撒切尔夫人调整了大学经费投入政策，鼓励和促进大学多渠道筹集教育经费。但尽管如此，中央政府的总经费还是呈逐步增加的势头。同时，政府还通过调整拨款政策，采取"优校优投"的模式，催生高校竞争办学的合理机制，以此减少对大学的控制成本，提高管理实效。另外，由于地区的差异，英国的教育行政管理体系在四大区域之间也具有相对的独立性。

英国教育的督导管理，先后以女王督学团（1992 年前）和教育标准局（1992 年后）为主体，分为国家和地方两个层次的教育督导机构，其中，教育标准局是一个"非部委性的政府部门"，"是英国政府的一个分支机构"。[①]

---

① 　RM Data Solutions, www.forvus. co. uk.

它的性质"是很明确的","它是以立法为基础的督导制度，具有自己的标准与程序，但都与政府部门制定的、融合在立法中的公共政策密切相关"，教育督导"对教师和学校的质量作出终结性评价"。教育督导机构对教师和学校所作出的评价"具有明确的、有时可能是严厉的结果"①，"具有立法基础和很强的政治姿态"，"是一种主要的政府干预"②。教育督导"是处于一定权力地位的人员依据一定的标准对一所学校或一项教育活动的价值作出判断"，"是问责的一种手段和工具"。③ 根据1840年的督学条例和后来的《1996年学校督导法令》和《2006年教育与督导法》，督学之职责在于"运用政府所制定的标准"④，进行评价、监督、反馈、促进以及提供决策建议。教育督导主要涉及下述三项内容：（1）学校教学质量和水平；（2）学校利用教育资源的情况；（3）学生在学校的精神、道德、社会、文化等方面的状况。⑤

总之，英国现阶段的学校青少年公民教育的管理和督导评价，依据《2005年教育法》制定的《每个孩子都重要——英格兰学校督导框架》（2007年9月版）的理念和原则，分为国家督导和地方督导，政府督导和教育职能主管部门督导以及学校自我管理和评价，督导管理和评价的对象包括学校运行、教师工作、学生学习等，涉及物质技术运行、内部秩序管理、道德精神状况等内容。

① Maurice Kogan & Margaret Maden（1999）. *An Evaluation of Evaluators: the System of School Inspection, in Cedric Cullingford（ed.）An Inspector Calls*. London: Kogan Page Limited, pp.16、15.
② Brain Wilcon & John Gray（1996）. *Inspecting Schools, Holding Schools to Account and Helping Schools to Improve*. Buckingham: Open University Press, p.125.
③ Christopher Winch & John Gingell（2008）. *Philosophy of Education, the Key Concept（Second Edition）*. London: Routledge, p.103.
④ Christopher Winch & John Gingell（2008）. *Philosophy of Education, the Key Concept（Second Edition）*. London: Routledge, p.103.
⑤ 工璐：《英国教育督导与评价》，高等教育出版社2010年5月第1版，第63页。

二、英国青少年公民教育的评价

公民教育的评价主要有由"考试委员会"对学生所进行的全国统一考试评价和学校与教师对学生的考核评价两个方面。大学公民教育考试评价机构主要有：牛津大学、剑桥大学地区考试委员会（分别成立于1857、1858年）、牛津和剑桥大学联合考试委员会（1892年）、伦敦大学入学及学校考试委员会（1880年）、南方各大学联合考试委员会（由巴斯、布里斯托等大学组成）（1900年前后）、北方五大学联合考试委员会（由曼彻斯特、利物浦等大学组成）（1902年）、威尔士联合考试委员会（1900年前后）、普通教育证书联合考试委员会（1958年）。

（一）全国统一的考试评价

在英国，提供全国统一考试试题的有3个"考试委员会"，属于非营利性的私营机构，负责提供试题、评卷并反馈考试结果。它们是对学生进行的考试和测验通常采用的重要评价形式。在所有英国学校中，所有学生在二年级、六年级、九年级结束时都要参加全国统一考试（SAT），考试科目包括英语、数学、科学。十一年级结束时要参加中等教育普通考试（GCSE）考试，学生在英语、数学、物理、化学、生物、宗教、历史、地理、音乐等学科中任选9门参加考试，考试结果分为 A^+、A、B、C……G8个等级，国家要求所有学生至少达到G级水平。每次考试后，学校的成绩都在报纸上排序，报上有1000所全国最佳中学排行榜，排序是择校的依据和国家评估学校的依据。学生16岁拿到GCSE证书后，可以决定继续上大学还是参加工作。[①] 继续教育的目的一是为了上大学，一是为了就业。学生可以在原中学上第六年级（Sixth Form），也可进入继续教育学院学习并参加高级水平普通教育证书考试（A level）或国家普通职业资格考试（GNVQ）。这些对学

---

① 完成GCSE的学习相当于我国高一结束，我国的高二高三（约16—17岁）相当于英国的继续教育（Further Education）阶段。

生的考核和评价，既有涉及知识技能的，也包括道德品行的；既有生理和健康的，也有心理和思想精神的。大学教育在 1984 年还设立了"教育成就证书"，有四个部分的内容：学生的中等教育普通考试证书；学生的社会成就，包括语言表达、会计、旅游、音乐等成绩；学生的自我评价；学校评价介绍。证书可以作为升学和就业的依据。①

（二）对学生的考核评价

学校和教师对学生进行的评价通常有以下几种形式：（1）公民日记；（2）在线或者关于学生进步的记录或文件；（3）公民档案；（4）学生计划书等。

英国国家《公民科课程标准》规定：教师在第三关键阶段必须对学生的进步作出判断，包括技能、知识和理解问题以及解决问题的态度和能力。以教师给出关于学生的评价陈述，表明每一个完成第三关键阶段学业的学生，已经达到每一个阶段最后所要求的预期的标准。另外，公民教育活动也可以被设计成评价学生成绩和进步的项目。比如公民科第 19 单元就为第三阶段的公民教育提供可能被学校灵活采用的、参与型评价活动的范例。本单元提供了一系列分别可以由个体和小组参与的活动，通过这些活动，学生可以展现他们在公民教育中所取得的进步和成绩。例如，有许多活动可以用来评估学生的询问和沟通技能；讨论和组织会议活动则可以评价学生对知识的掌握和理解；还有许多活动可以用来考查学生寻找对象并与之顺利沟通的技能。如果教师计划运用某一个活动来评价学生，需要说明的一个问题是：学生的进步或者说学生所取得的成绩是怎样来定义的？因此，在评价进行之前应该让学生清晰地了解那些较为详细的评价标准。例如，学生应该事先知道在"询问和沟通技能"方面的详细标准为：对被测试的主题和实践的问题的提出和对回答所作出的反应；对给定的某些带有"价值观"立场或者某些可能比较"冗长"或者带有"偏见"的资料的进一步探究和解释；对给定事件的

---

① 罗立祝：《高校招生考试政策研究》，华中师范大学出版社 2007 年 10 月第 1 版，第 99 页。

反应进行思考，给出个人立场和观点的理由；组建讨论小组以及组织班级范围内的讨论。

对学生的考核评价，还有一个很有意义的形式，就是保留一份学生在校的公民记录。学生的公民记录的组成是：家庭、学校、本地、国家及其世界范围的社群、个人目标、与他人合作、反思与评价。记录学生的公民行为可以从小学就开始，并一直延续到中学。在小学阶段，由教师、助理教师、家长等代为记录，也可以记录小组中每个成员的表现和进步情况，也可记录整个班级的学生表现。到了中学阶段，学生可以自己进行记录，从自己的选课情况、课外活动中的表现等，分析取得了哪些进步。实行这一办法，可以使学生看到自己取得的进步与收获，促进和引导学生不断地健康成长。

第四节　英国青少年公民教育的保障与支持

公民教育的实施，需要基本的保障和相关的支持：一方面，物质方面的基础设施、仪器设备、运作经费、技术手段、资料信息以及文化方面的历史传统、管理经验、育人理念等等为各个环节的公民教育活动提供必要的条件；另一方面，学校公民教育是国家和社会事业的有机组成部分，它离不开本单位、本行业内部以及社会其他方面有关组织团体的配合和支持。两者亦可被统称作教育资源，它们是公民教育顺利进行和实现预定目标的重要保证。

一、英国青少年公民教育的资源保障

学校公民教育的物质技术保障，是指所有对公民教育有用的物质条件的总和，亦称教育资源。它包括前面已经提到的基础设施、仪器设备、运作经费、技术手段、资料信息等。英国是一个不仅国内教育资源相当丰富、而且还拥有十分广泛的海外教育资源的国家，对各方面有益资源的充分和有效的

利用与开发，为英国学校公民教育的具体实施提供了保障。

（一）英国学校公民教育的资源保障的内涵和意义

英国青少年公民教育的物质文化技术条件归纳起来有以下几类：制度政策性资源；历史文化性资源；人力资源；物质设施性资源；信息技术性资源；师资和课程资源；经费资源；等等。

这些条件具有不同的性质和功能。（1）制度政策性资源。英国是资本主义国家，实行资本主义制度。但是，资本主义在历史上所主张的民主政治价值观，特别是其宣扬的自由、民主、公平、正义、人权、博爱，是公民教育重要的思想政治资源。另外，英国实行君主立宪政体，女王陛下是国家的象征，备受全体英国人的敬爱，却已经失去昔日专制压迫的政治实质。根据英国宪法，人民在君主的旗帜下自由地享受民主政治所赋予的各项权利。同时，英国国家制度还采取分权治理的形式，这也体现出民主政治体系之中自由、平等、合作、制约的意涵。总而言之，英国的国家制度、体制和政策，可以说对于培育公民社会、推行公民教育、塑造公民人格，客观上存在着积极的价值。（2）历史文化性资源。英国历史上富有自由、合作、宽容、开放、民主的文化精神，还富于虔诚敬畏的宗教德性和重反躬自省的人文品质。同时，英国近千年来高等教育一向十分发达，其历史、教育质量以及国际地位，均已形成当代公民教育的优良资源，成为英国当今年社会发展、国际交流的重要资本。另外，英国在自中世纪以来的教育实践中经过长期探索，已经掌握了一套行之有效的管理和教学经验，对于当前英国公民教育的深入和发展具有重要价值。再就是，英国数百年来无数代政治哲学教育思想家们的理论研究成果，亦是当代英国公民教育的宝贵遗产。最后，英国拥有当今世界上历史最悠久的高质量大学（如牛津、剑桥等等），这些古老而年轻的高等学府在数百年的风雨孕育和探索历程中成长起来，不仅历史底蕴深厚，而且办学成就丰硕，对于国内外学子和学者均具有很强的凝聚力和吸引力。特别是这些从专制制度中幸存和发展起来的古老学校，它们一般都坚持自由、民主的办学精神，充满着谦逊、务实、探索的治学态度和处世风格。从而成为当今英国公民教育的难得的财富。（3）人力资源。人力社会性资源主要是指教育系统内直接从事教育管理和服务工作的机构和人员以及对教育工作给予配合、支持的社会组织或个人。在英国，公民教育已经被纳入国家课程大纲，由国家所推动。因此，公民教育在英国已经是一项覆盖全社会的社会历史运动。因此，全社会各个方面都可以被看成公民教育运动的人力资源和社会资源。这一资源中，一方面人人都有公民意识的觉醒和公民利益的诉求，也有通过公民教育完善自我、提升自我的理想愿望；另一方面，全体社会成员也都自觉地加入公民教育的行列之中，或接受公民教育的培训和培养，或从事公民教育工作的职业。可见，人力社会性资源对于英国公民教育具有重要意义。（4）物质设施性资源。英国用于教育活动的各类物质资源，多种多样，对支持和保障公民教育的进行发挥着重要作用。这些物质设施性资源包括各类学校中的基础设施和设备。还包括一些社会性公共资源，主要有博物馆（如大英博物馆）、展览馆（如爱丁堡古城堡内的文物展览）、古迹公园（如圣·安路易斯，Saint Andrews 的宗教古迹）以及教堂等。而各类学校内部的物质设施和设备，则随着社会的发展不断地更新和完善，包括学校的资料室、图书馆、博物馆（如牛津大学内）、运动场等。除此而外，一些自然景观和山川河流，都可被利用来作为公民教育的资源（如牛津大学一侧的泰晤士河段被用作学生周末划船比赛（punting）的场所，既可锻炼学生身体，亦能训练学生团队的合作精神、交流思想和感情）。（5）信息技术性资源。在知识与信息技术时代，信息网络资源成为人们社会生活的基本工具和重要条件。当今世界，西方国家掌握着信息技术的主动权，网络资源在一定意义上是西方发达国家制约发展中国家的重要技术手段。英国作为西方主要的发达国家，其信息技术相当发达。其誉满全球的牛津大学就是一所网络信息资源相当发达的高等学府。各类先进的信息技术，特别是多媒体技术对于支撑学校教育、社区教育、组织教育、社会教育、家庭教育有重要作用，日益成为当今公民教育必备的基本条件。（6）师资和课程资源。英国公民教育的师资资源随着该国师资教育和培训的体系与机制不断发展，其质量在不断地提高。在英国，不少学校，特别是世界一流大学拥有一大批高素质的学术研究型师资，吸引了国内外众多的学子。英国学校具有世界一流水平的师资，教师们大多学风优良、专业过硬、谦逊务实，其中涌现出一代代世界知名的专家和学者，为英国教育赢得了百年盛誉。除了师资资源以外，英国同时还注意课程资源的积累、开发和利用。公民教育由于以人文社会科学为主，兼及自然和技术学科，因而英国公民教育的课程，一方面在国家课程大纲的指导和规范下，全面、系统、深入、具体地挖掘公民科的具体内涵，并精心设计人文、地理、历史、政治、伦理等领域的课程内容，同时以学生的身心特点为依据，科学地进行体例与模块的编排。以英国的中小学为例，学校的课程建设在保持语言、地理、历史、算术、技术等传统课程的同时，还注意开发诸如信息、通信等新课程，使公民教育课程具有时代性，并满足社会和学生方面的切实需要。以牛津大学为例，其既保留历史悠久的传统自然科学、工程技术、基础学科、宗教神学、社会学、语言学、历史学、民族学、政治学、经济学、教育学、心理学、文化学、人口学等课程，同时又积极进行计算机技术、现代传媒以及与时代密切相关的学科（如老年学等）等新兴学科的课程建设。英国公民教育的课程内容全面、历史感深厚、时代性强，因而广为喜爱。（7）经费资源。

另外，还有国际合作资源。国际合作资源是指通过国际合作和交流所获得的所有条件的总和。历史上，英国就是一个重视拓展国际空间的国家。近半个多世纪以来英国很注重培养本国公民的世界眼光和谋略，随之它将国际教育资源的整合和利用置于国家发展战略的重要位置。目前，英国以合作的形式，不仅同欧洲，也同包括美洲在内的世界各国家和地区实现了一定范围和程度的教育联盟，还积极参加联合国教科文组织及其有关机构。当前形势下，英国同中国的教育合作尤其密切。中英两国于2007年启动的高级教师的专业交流项目，使双方得以从彼此的教学实践中借鉴经验。2010 年 11 月两国正式宣布启动的中英教育合作伙伴项目，目的在于资助两国的高等教育和继续教育机构进一步创建合作伙伴关系，推动两国在高等教育、职业教育、技能培训以及中小学教育之间的多元化合作，增进两国人民在历史、文化及语言等方面的相互理解。据官方统计数据显示，目前有近 8.5 万名中国学生在英国学习，100 多个合作项目在中英大学间展开，同时，一流大学间的合作项目也在迅速发展。① 总之，英国利用全球化的历史机遇，不断地加强国家合作，以加强对国际合作资源的开发和利用，从而为自己国家的教育服务。

（二）英国学校公民教育物质文化技术保障的供给

在英国，各级各类学校获得各自的教育资源既有由国家和其他有关方面按规定或约定予以提供的一般性途径，每所学校又有自己的特殊途径和手段。这里，只就前者作一粗略的探讨。

英国学校的制度性资源，一方面由国家各级部门提供制度和政策，另一方面由学校内部制定相应的管理规程，再一方面还包括班级等团体自己的一些规定（如"守则"、"文明公约"等等）。其文化性精神资源，主要是国家和民族文化精神、共同信念和信仰、有关政治社会伦理等的思想和理论，各个学校获得该类资源都享有平等地位和权利。人力社会性资源，包括校内各类人员、社会咨询和参谋机构、政府和学术理论界的权威人士以及学生家长等，主要取决于各自学校的吸引力和管理的水平。物质设施性资源，有各学校的自有资源、社会资助资源、国家提供和帮助建设的资源，后两种资源主要取决于各学校自身的努力；信息技术性资源，关键在于各学校自身建设的投入力度和国家、社会的支持力度；师资和课程资源，一要依靠国家和地方公共部门提供，二要依靠各学校自身的积累和课程建设，三要依靠各学校的合作开发。各学校的办学经费，是一个很复杂、很敏感，对于学校建设也相

---

① 中新网（chinanews.com.）2010 年 11 月 11 日。

当重要的一个因素。

对于大多数英国学校而言，它们的办学和科研经费主要来自于政府的财政拨款。英国国家的财政经费主要用于公共教育事业，主要有三个来源：（1）国家税收收入，由议会表决并分配地方政府；（2）地方税收收入，由地方政府表决并分配具体教学单位；（3）各项捐赠，包括继续教育学院和大学的学费、由民间团体按照法律规定向学校提供的基建资金。其中第（1）、（2）两项资金占了主要份额。① 关于大学的经费资源，英国还实行为政府所认可的"双重资助制度"。政府性资金资助包括大学基金委员会的拨款和各科学研究委员会的专项补助。大学基金委员会向大学提供基本设施，如实验室、实验设备以及学术人员的薪金报酬；各科学研究委员会为专门科研项目提供补助，依据竞争原则分配给有关学校；多科技术学院和其他学院可以自由申请。另外，科学研究委员会的拨款还包括一些额外的项目经费，大学里的科研工作者还可以向其申请另外的资助。不过，自1992—1993年度英国政府开始实行新的学校拨款办法，规定学术人员的薪金和研究场地继续从学校的总经费中予以支付，其余项目的一切费用，则由各科学研究委员会负担解决。目前，国家对中小学的拨款以及通过其他方式而得到的资助有增加的趋势，但自本届政府执政以来，国家对大学的拨款有所减少；不过，总体上比1979年前有较大幅度的增长，迄今为止，实际增长比例为80%。同时，英国政府还鼓励并创造条件或协助各学校积极通过政府外的其他途径补充各自的办学和科研经费，比如，从企业、社会公益基金、校友等方面。② 再就是，英国政府对学校（特别是大学）的经费提供，还通过质量考核、办学督导、社会评价等手段实行柔性拨款政策。由此可见，英国学校公民教育资源的获取途径具有多元化的特点，是制度性和灵活性的统一。

---

① 参见陈永明：《比较教育行政学》，华东师范大学出版社2005年版。
② 吕达主编：《当代外国教育改革著名文献》（英国卷·第二册），人民教育出版社2004年版，第12页。

二、英国青少年公民教育的社会组织支持

组织资源是人力社会性资源的一种，但不同一般的人力资源。由于"公民"的特殊社会性和公民教育的复杂性、系统性，组织资源对学校公民教育具有重要意义。公民教育的组织资源，是指与教育教学有关的社会组织机构，它们或以经费、或以技术、或以策略等对学校和其他各类教育给予支持和帮助。在英国，学校的校务委员会、各种非政府组织、新兴的公民学校等都是一些很有影响的教育资源。

在当代英国，和学校公民教育保持着密切的合作关系，并提供相关支持的社会性组织，主要有：校务委员会；公民教育协会；政治协会；公民训练委员会；世界国家联盟；等等。

1. 校务委员会

这是个人、社会和公民教育的一种策略，主要有以下积极意义：（1）公开和密切地加入公民教育的其他服务与实践领域，影响和促进学校环境变化、强化赋权意识，鼓励学生做校园积极公民，代表学生说话并起加强学生主体意识的作用；（2）改造学校权利结构，改善学校内部关系，加强学校教育实践；（3）参与对学校公民教育效果的评估，同时向学校提供服务咨询，审察学生意见，鼓励教职员工参与校务，对学校环境环境变化作出有效应对。

2. 公民教育协会

1933年纳粹的入侵，促使英国教育家们在1934年成立了一个自愿者组织"公民教育协会"（The Association for Education in Citizenship，简称AEC）。该组织成立的目的在于，通过学校这一宣扬民主和自由思想的主要阵地，来应对和抵制极权主义的影响。1935年和1939年该组织分别出版了《中学公民教育》和《小学公民教育》，阐述了公民教育的含义、目的以及在中小学的实施途径。该协会把公民教育定义为：为民主社会的公民培养必

要的道德素质，以及在日常事务中的清晰思维和对现代世界的认识能力。①
该协会的代表人物洛德·西蒙（Lord Simon）将公民教育的目的阐述为培养
民主社会的公民所具备的四个基本品质：（1）社会责任感；（2）爱好真理和
自由；（3）日常事务清晰的思维能力；（4）具有较广泛的现代政治和经济知
识。1947年，英国公民教育协会出版了《学校生活中的民主》（Democracy
in School Life）报告书，主张以培养民主社会中的健全人格为公民教育的目
标。该报告采用调查法调查了英国中小学校公民教育的实施概况，作为研讨
改进公民教育的依据，并提出有关建议，以推进学校民主教育的开展。

　　3. 政治协会

　　政治协会（The Politics Association）成立于1969年9月。当时，在德
莱克·希特和伯纳德·科瑞克两人的努力下，在伦敦大学学院召开了一次由
一些对政治教育感兴趣的大学和中小学教师参加的会议，成立了政治协会。
伯纳德·科瑞克教授成为首任会长，德莱克·希特则为协会首任主席。该协
会成立后，从1970年起，陆续出版了一些有关政治教育方面的书籍与文章，
吸引了许多教师、教育人员、学术人员及政治家的注意，电视及收音机也提
供时间讨论政治教育，并且出现了专门为学校准备的有关政治教育制度、问
题及难题的方案。在政治协会的影响下，1967年建立的社会科学教学协会
（Association for the Teaching of Social Science）也开始对政治教育有一种系
统的兴趣，起初也许只是基于一种竞争的精神，但到后来则基于一种建设性
的合作。1974年，在科瑞克和李斯特（Lister）等人的倡导下，纳菲尔德基
金会（Nuffield Foundation）同意一笔38000英镑的拨款，用来建立一个"政
治教育计划"（Program for Political Education），该计划由政治协会及促成其
产生的"汉撒会社"（The Hansard Society）主持，其目的是扩大中学生的政
治常识和增强其民主价值观，重点在于提高学生的政治能力。同时，教育科

---

① The Association for Education in Citizenship. *Education for Citizenship in Elementary Schools*. Oxford Universersity, 1939, p.4.

学部也同意以每年 1400 英镑连续三年的拨款给政治协会，以支援其组织与发展。此外，利伯休姆信托基金（The Leverhulme Trust）同意了一笔 11000 英镑的拨款来使得汉撒会社能够调查年轻人的政治知识与认识；福特基金会提供了 60000 英镑供汉撒会社研究，该研究有一部分是特别指定调查国会与公众之间的关系，考虑诸如下面的事项：接近国会及其成员的途径，国会议员与其选区的关系以及国会议员与外面利益间的关系，媒体对议会问题的处理，公众对国会及议员的态度。几个月后，英国政府拨款给两个主要的青年团体从事政治教育，一个是英国青年委员会（British Youth Council），一个是全国青年俱乐部协会（National Association of Youth Clubs）。

"政治教育计划"由民间组织发起，但它一开始就得到了政府的资助，而且政府对它在实施过程中所取得的成就也给予认可，皇家总督学从计划开始推行就给予关注，并承认了它的合法性。尽管"政治教育计划"把政治参与作为好公民的唯一标准，忽视了对公民意识的培养，这种公民教育观很显然是片面的，但是，"政治教育计划"的提出与在一定程度上的实践，以及政府的认可与支持，为以后真正意义上的公民教育作了必要准备。

4. 公民训练委员会

该委员会在其 1920 年发表的一份报告中，将社会各集团、各学校开展公民训练的要目列为：国家的起源，文化史公民（主要是讨论做公民所需要的道德特质），君主主义和民主主义，中央政府和地方政府，司法，行政，警察和公安，国防，不列颠帝国，民族统一和爱国心，工商业，闲暇与消遣，等等。这一时期，由民间组织倡导并提出的公民教育思想和计划，尽管有的得到了政府的资助，但政府并没有直接干预或着手管理公民教育。在这期间政府发布的一些教育报告和法案，如 1938 年的《斯宾斯报告》、1943 年的《诺伍德报告》和 1944 年的《巴特勒教育法案》等，很少或根本没有提及公民教育，仅主张通过传统学科进行公民教育渗透，如将相关的内容涵盖在诸如英国文学、历史、地理以及英国宪法、社会学等课程中，一些学校则渗透到社会研究一类的课程中，而且所有这方面的教育还要避免一些可能引起争议的主题。

5. 世界国家联盟

1918 年，世界国家联盟（League of Nations Union）在英国成立，该联盟随后成立了一个教育委员会，提出将培养"世界公民"作为公民教育的一部分，目的是促进国家间的相互理解，维护世界和平。二战后，"世界公民"的理念更是受到普遍关注，一些教育者开始提出"全球公民教育"主张，目的在于提高学生的全球意识，培养"全球公民"的素质，包括：善于维护和平，理解不同文化，有环境意识，认清人权问题并为人权事业而奋斗，能够设计并创造美好未来。[1]1952 年，联合国教科文组织设在英国的委员会出版了题为《为国际理解而教》（Teaching for International Understanding）的小册子，指出当今教育的主要目的之一就是应该为孩子们以后积极参与世界事务作准备，教师应该把进行公民教育和国际理解教育作为重要的责任。

除上述组织之外，还有社会科学教学协会（1963 年）、政治协会（1969 年）、公民基金会（1989 年）、列斯特（Leicester）大学国家公民研究中心（1991 年）等。随着英国公民社会的日益发达，企业、教会等组织也成为当今公民教育的重要推动力量。[2]

第五节　公民性培养的策略与实施

在合格公民的素质和能力中，公民性始终是支配、支撑公民素质的其他各因素的力量。不具备公民性的人，不仅做不了合格公民，就连其公民的身份和资格也都名不副实。因此，从公民教育确立公民性的培养目标，制定公民性的培养内容，到在课程、教材中渗透公民性的培养要求，都体现出国家

---

① 陈鸿莹：《英国中小学公民教育的特质及其影响》，东北师范大学 2004 年硕士学位论文。
② 参见秦树理主编：《国外公民教育概览》，郑州大学出版社 2005 年 2 月第 1 版，第 20 页。

和社会试图通过具体的实施手段，将和公民教育客体相分离的理论上的公民性，"注入"和"嫁接"到对象的人性和人格之中，从而使作为公民教育的最终产品的"准公民"富于公民性，并使之在其道德、智识中体现出来，在其行为中反映出来，同时成为提升和强化其道德水准、智识水平、行为操守的内在精神动力。英国青少年公民教育的实施，说到底就是通过教育和训练培养具有公民性的合格公民。在公民教育培养公民性的过程中，课堂教学和有关公民性知识的传授、参与式体验和训练教育以及宗教教育，是极富实效性的策略和措施。

一、通过课堂教学培养公民性

通过课堂教学进行公民教育，是学校公民教育的特点和优势。

根据有关研究，学校教育内含着以下公民性意义：教师凭借个人观点和职业专长，积极回应对于国家教学大纲、地方社群、父母和学生孩子们自己的多种多样与各持己见的期待；有助于学生共享普遍崇尚之价值观，并使学校各类政策、组织结构、程序在全校广为人知；完善学校价值观教育之方法，形成清晰而紧致的理论框架与策略；不断总结省察学校生活、教学大纲、教学方法以及学校和学生家庭、当地团体之间的交往和联系，从而增强价值观意识。《科瑞克报告》指出，出于培养公民性的需要，公民教育课程应该在内容上包括以下主要方面：社会和道德责任；公共参与；政治认知；等等。它因此建议，必须采取针对性很强的课程体系和教学方式。为此，学校方面特别是任课教师必须采取积极而有效的课堂教学措施，以提高公民性培养的实效。具体要做到以下几个方面：（1）在学生家庭道德教育的基础上，不失时机塑造学生的道德人格，同时保持与学生家庭以及其他有关方面的必要联系；（2）充分关注学生道德判断力生长，同时不忽视学生情感与精神提升；（3）鼓励学生积极融入学校肌体；（4）坚持促进学校根本价值观之强化；（5）不断总结和反思其自身价值观以及个人和职业行为榜样的适当性；（6）勉励学生积极参与各种活动，以此完善学生个性、提升个人素质，并适时省察活动行为的道德问题；（7）确保学生建立良好的师生交往关系、同伴互动关系，并提高学习效率；（8）省察学校课程和跨学科主题道德意义的潜能；（9）探索有效良方，以塑造学生价值观、态度，提高学生个人素养；（10）帮助学生增强道德人格意识，逐步深化学生对许多道德价值复杂性、商榷性的认识；（11）确立具体道德教育目标，以达到具体道德教育实效；（12）改善方法，以科学和有效测度与掌握学生道德成长与发展的进步和轨迹；等等。当然，仅仅有学校课堂的教学，对于培养一个具体的、现实中的、生活中的社会人的公民性显然是不够的。因此，生活中的人、社会中的人还需要回到实践中去体验、去锻炼、去成长。

在课堂教学环节，教师还通过师生平等对话，向学生传递信息，并激发学生的问题和讨论意识。对此，《科瑞克报告》对师生关于公民责权方面的讨论提出建议，主张师生之间的讨论宜突出问题的可争议性，同时提出了一些具体的指导性意见，如：怎样理解一个有争议的问题？教师针对偏见应采取什么样的态度和行为以及何种合适的教学策略？对此，《科瑞克报告》提出了以"常识"教授法来解决有争议的问题的办法。这可能对课堂教学策略有一定的帮助。显然，为了改善教师课堂教学的效果，教师应该考虑如何增强凝聚力和吸引力，同时注意方法的策略性和平等的作风，并充分发挥多媒体的直观、清新特点的作用。

二、通过实践参与培养公民性

实践出真知，实践育新人。在英国青少年公民教育的实践中，实践教育是课堂教学的重要补充，但对于公民性的培育和合格公民健康人格的塑造而言，它却具有至为关键的功能。通过实践的体验和领悟，课堂教学中的知识启发、智慧启迪、经验示范，都能成为客体自觉意识利用的有益资源，并最终被学生所内化，成为每一个学生的性格、气质和素质的始基。同时通过引起和强化对象的动机和行动，经过"习惯"而获巩固，最终"再造"出富于公民性的合格公民。另外，实践教育，还能帮助儿童青少年通过切身的体验，在其特有的兴趣、动机和实际具体的活动的作用下，经过独立的思考、判断、选择和创造，实现对于课堂教育所传授知识和品德的超越，形成一种层次、水平和境界都相对较高的新类型的公民性，从而实现公民性的不断丰富和进一步发展，并以此推动人类文明的进步。

在英国，各级学校的公民教育都重视实践参与教育。主要有以下形式和办法：（1）参与班级和学校公共事务，在校园内开展各种主题鲜明的活动，以此培养集体意识、合作意识、责任意识、组织意识、纪律意识；（2）组织班级讨论，出席参加或旁听学校内各级有关的会议，以此提高分析和决策能力，并学会倾听和尊重；（3）积极评价并发表意见，提出建议，培养思维和表达能力；（4）进行学生内部的调查，对学校管理、教师作风提出意见，培养共同体内部的平等意识、批判意识，养成诚实、谦让以及尊重和追求真理的品格；（5）鼓励横向合作和人际交往，帮助建立群体交际圈，制订协助计划，以此训练协作艺术，促进助人为乐；（6）组织特殊活动，建立以现代信息技术为支撑的个人和集体网站，组织群体俱乐部；①（7）根据学生年龄等不同情况组织开展各种公益活动；（8）参与社区计划，并参加公共服务活动；（9）组织师生讨论，培养师生情谊，扩大师生共识，培养思考和探索兴趣；（10）鼓励并组织学生参与实际的选举活动，力求"通过选举来学习"②，以此培养"准公民"的公民权责意识，获得有关政治制度、政体以及国家运行机制等方面的公民政治知识，鼓励青少年关心当前的现实问题，

---

① 陈鸿莹：《英国公民教育简述》，《外国教育研究》2004年第5期。

② 这是一项由英国内政部提出的教育计划。它将公民权责教育带进学校的课堂中和学生的生活中，向提供有关背景信息和课堂活动，通过向学生介绍英国宪法、提供机会让学生开展竞选活动，甚至组织学生开展包括如何分析媒体关于竞选活动报道的练习，来发展学生的公民权责意识的。

勇于挑战和探索；（11）组织学生参加街头游行，以激发学生的公共意识，增强其公共政治热情，以树立青少年对下层人民的同情和积极的政治价值观；①（12）组织多元文化交流，感受文化的丰富性，促进国际友谊，建立海外联系和交往平台；等等。

在英国，实践教育与政治民主建设有着密切联系。学者 Kymlicka 发现，②一个健康的自由民主社会的健康和良性运行，不仅需要正义的有效的制度，同时对公民普遍的品质和德行也有相当的要求；而且后者的支撑力量对于社会的进步与和谐稳定永远都是至关重要的。他为此将公民普遍的人格、个性、品格，以及公民适应社会需要而必须具备的各方面公民知识和能力，视为既是公民个人、也是社会整体的重要资本。关于 Kymlicka 等所十分重视的"社会资本"，学者 William Galstor 从四个方面作了归纳：③一是一般德行，如守法、忠贞；二是社会德行，如独立和开放的心灵；三是经济德行，如工作伦理、延迟满足的品性；四是政治德行，如尊重他人权利、参与公共对话等。正如国际教育业绩评估协会所指出的那样，公民知识和民主生活参与之间客观上是存在着积极的相互联系的。

实践教育，好处在于它的直观性、切身性、真实性、体验性。它不像课堂教学仅能激发和调动人的部分官能，而教育效果具有一定的局限性；它通过学生自己亲身行动，"激活"全身官能，将视觉、听觉、触觉的感受建立在"行"之上，强化大脑思维对切身体验的各方面信息的整合力和关注力，使意识始终处于清新、清晰和高度自觉的状态，从而增强和延持了客观事物在大脑中的永久印象，并提高了思维分析的强度。从实质上说，实践教育是

---

① 2002 年 11 月 11 日，"伦敦东区公民组织（Telco）"组织安排伦敦东区三所学校 200 多名中小学生冒雨走上街头，与当地工会、宗教组织和政治家一起加入游行队伍，为改善伦敦报酬最低的工人的待遇呼喊。

② Kymlicka, Will and Wayne Norman（ed.）, *Citizenship in Diverse Society/ies*. Oxford University Press, 2000, p.6.

③ William Galstor, *Liberal Purposes*. Cambridge University Press, 1991, pp.221–227.

一门"行动的公民课"，它无疑是培养学生公民性的有效途径和办法。

三、通过宗教教育培养公民性

宗教是英国学校教育的重要内容，也是培养公民性的重要途径，在课程体系中占据着重要地位。在英国，宗教是中小学的必修课程，大学里的宗教学院、宗教系等开设宗教专业课程，其他的普通大学或为中小学培训宗教教育师资，或继承基础教育阶段的宗教信念。由此可见，英国学校公民教育中，宗教教育是一门"通识课"。另外，国家针对多元文化的形势，对不同宗教的学生实行柔性灵活的宗教教育策略。根据国家 1988 年教改法令，学生在五岁至七岁阶段，学校一般以基督教为必修课程，再加上任一其他宗教为选修。介绍主要人物与历史事件，了解宗教仪式、庆典与法器的意义。讲述宗教故事，并以学生的人生经验，来增加他们对故事的了解。教导学生是非对错的观念。以下各阶段，课程基本不变，但目标有所变化。其中，7 岁至 11 岁阶段：加强道德与人格情操的发展。以宗教的历史背景来吸收知识，着重于古圣先贤安身立命的典范。思考宗教对家庭社会的影响，以宗教的角度探讨人生的意义与奥秘。建立积极进取的人生观，以及个人有不同宗教信仰的自由与权利。11 岁至 14 岁阶段：以某一特定期间为研究对象，指出不同宗教的共同特质，比较不同宗教在世界各地所造成的影响。加强精神与道德的发展，将所学的宗教教育应用到其他所修的学科上。14 岁至 16 岁：以比较不同宗教和教派，或是比较同一宗教或教派中的不同传统，作为加深宗教教育的方法；研究宗教对人们面对、处理时代现象的影响；带领学生体会抽象的、超乎日常生活领域的宗教观念；发展学生辩护某一哲学或宗教立场的能力，进一步探讨宗教理念；学生在受完义务教育前，应对基督教、佛教、印度教、伊斯兰教、犹太教、锡克教有基本的认识与了解。

英国学校公民教育试图通过宗教教育的途径，促进儿童青少年至善人格的形成，帮助学生树立宗教诚信、宗教信念，以此手段树立学生高尚的普世关怀和救世、治世的政治热情。通过宗教教育还可以丰富青少年的文化生活，揭示和深刻理解宗教与社会生活的密切关系，从而培养执著、坚定、虔诚和与人为善的高尚优良性情。对于英国等西方资本主义国家而言，宗教教育同时还是加强统治、维护秩序、稳定人心的重要工具。

英国学校的宗教教育的形式主要有：学校开设宗教课，由教师讲解宗教知识，传递宗教信念和热情，揭示宗教的人文旨趣，促进学生对宗教的了解；延请宗教教职人员到学校为学生做讲座，通过双向沟通和交流，建立和加强儿童青少年同宗教的联系；教会学校直接开展宗教教育；学校组织学生、父母陪同孩子到教堂参加礼拜活动，培养未成年人的宗教情怀；举行和参加宗教学术交流；举行宗教纪念活动；参观宗教遗迹和文物；等等。

第六章　英国青少年公民教育的改革与发展

公民教育为国家和社会培养合格公民，促进英国公民未来的生活幸福，对提高英国国民公民素质和水平，支撑国家和社会发展、促进经济社会进步，其贡献和作用是"至关重要的"①。公民教育的这一重要价值，已被众多英国人所认识。②青少年公民教育在 20 世纪末实现了振兴，终于被纳入学校教育的国家课程计划，获得了有保障的有效实施。它从数百年漫长的历史途程中由"隐形"到"显性"、由"弱"到"强"，由"非正式"到"正式"的曲折经历，除了本书已经提到和论述过的各种因素的积极影响和作用之外，还离不开英国历史上历次的重要教育改革的强有力的推动和引导。

第一节　英国青少年公民教育的改革

英国青少年公民教育振兴于 20 世纪末，此前的历次重大改革为其形成奠定了基础，此后的数次政策调整为其发展创造了条件。前后两个阶段的改革，是英国青少年公民教育孕育生长、发展进步的动力。

---

① 参见张蓉编著:《比较教育学》，南京师范大学出版社 2009 年 4 月第 1 版，第 294 页。

② 参见 Advisory Group on Citizenship. *Education for Citizenship and the Teaching of Democracy in Schools* (the Crick Report) . London: Qualification and Curriculum Authority, 1998. Foreword.

一、《科瑞克报告》前的重大改革

自文艺复兴时期以来，英国先后提出了一系列重要的教育理论和改革主张，进行了数次重大的教育改革和调整。它们都分别在前一阶段的基础上，在特定时代历史运动的推动下，极大地促进了英国教育的发展，在经历了无数次"量"的积累之后，迎来了当代英国青少年公民教育的振兴。在这些改革措施之中，《1902 年教育法》、《1944 年教育法》、《1988 年教育改革法》比较具有代表性。

（一）20 世纪前的英国教育改革主张及措施

16 世纪末，英国封建制度腐朽没落，资本主义发展迅速。这时的英国教育处于历史的转折关头。当时的学校由于受到严格的控制，难以受到科学技术的进步、工商业的发展、哲学思想上的新觉醒、文学艺术大发展所产生的积极影响。哲学家 F. 培根和诗人 J. 弥尔顿对当时的学校教育提出了尖锐的批评，提出了实用性倾向的教育改革建议。1640—1660 年是英国资产阶级革命时期，平等派和掘地派视教育为社会激进改革的工具。1649 年，国会通过法案在威尔士设立免费学校；并通过补助教育事业的法案，从没收的教会财产中每年拨款 2 万英镑补助教育。夸美纽斯、S. 哈特利伯、J. 杜里和 W. 佩蒂、洛克等教育理论家，主张进行彻底的教育改革，其中包括普及初等教育，改革教学内容和教学方法，国家干预教育，建立国民教育制度，聘请家庭教师进行教育，等等。但都由于教会的控制和资产阶级与封建势力的妥协和同盟而无法真正实现，一切重大的革命性改革均难于推行。1660 年斯图亚特王朝复辟后，开始新的宗教迫害。许多受迫害的非国教派的大学教师创办了一种称为学园的新型学校，为非国教派培养人才，上述教育改革理论得以付诸实施，使教育充满生气。从 17 世纪后期开始，宗教团体积极投入教育事业。1698 年，基督教知识普及协会成立。1779 年对非国教派人士办学的限制被撤销后，在伦敦和大工业中心大量私立学校开始创办，仿效学园教育模式，自由开设新课程，实验新思想，为以后中等教育的改革提供了新模式的基础。18世纪后期开始的英国资产阶级工业革命，极大地推动了初等教育制度的改革。1785年，"星期日学校协会"成立。资产阶级试图通过星期日学校培养儿童形成工厂劳动的行为习惯。19世纪初，英国开始实行"导师制"（或称互教制度）。1808年非国教派势力成立皇家兰开斯特协会（1814年改名为不列颠和外国学校协会），1811年，国教会势力成立全国贫民教育促进协会，1833年政府在这两个组织之间进行教育拨款。1802年英国议会通过了第一个工厂法，规定限制童工劳动时间并提出应对童工进行读、写、算教育。在19世纪早期，哲学家J.边沁和J.S.密尔等资产阶级激进派积极鼓吹改革中等教育和高等教育，提出普及教育的主张，倡导实行初等义务教育。工人宪章运动期间，建立国民教育制度成为工人阶级的政治纲领的一个组成部分。工人阶级意识到通过自己办学、创办技工讲习会、进行自我教育的重要性，认为教育应该是全民的、普及的和免费的，提出了宪章派的教育主张。

19世纪30年代以后，英国国家通过拨款兴办教育，加强了对教育的干预和监管。1867年议会通过改革法，扩大了工人的选举权，并提出"我们必须教育我们的主人"的口号，普及教育成为政治上的迫切需要。同年苏格兰成立阿盖尔委员会，提出教育改革的报告。1870年，初等教育法案《福斯特教育法》获得通过，旨在完善现有的宗教和慈善团体办理的初等教育制度的基础上，建立公立的初等教育制度，奠定了整个英国教育制度的基础。该法案规定，在教会学校设置不足的地区，设置民选的教育委员会，用地方税举办公立初等学校；各教派所设立的学校的地位得以保持，但不能从地方税中得到补助；并决定公立学校可以进行不属教派性的宗教教学，同时允许教师不参与学校的宗教教学，学生家长亦可要求其子女不参加学校的宗教仪式或宗教教学。1871年，117个教育委员会制定法律，要求实施某种程度的强迫入学制度，并先后对强迫入学的年龄界限作出规定：1880年实行5—10

岁的义务教育，1893 年提高到 11 岁，1899 年提高到 12 岁。1891 年，完全实行初等免费教育。《福斯特教育法》形成了英国教育史上公立学校与教会学校并存的教育制度，但它主要是一个折衷方案，并非要建立一个义务的、免费的新国民教育制度，而是补教会学校的不足。1872 年，议会通过教育法，根据此法建立了地方学务委员会和中央教育机构即苏格兰教育署，规定国家代替教会对初、高等教育实行控制。①

　　上述英国近代前后的教育主张和改革，并无公民教育之名和形，但其教育主张、课程、教学的内容和形式以及国家对教育的监督和管理，却不同程度地包含本书所提到的今天英国青少年公民教育的某些重要成分。同时，也为此后 20 世纪英国的近现代教育改革奠定了基础。

（二）20 世纪内《科瑞克报告》发表前的重大教育改革

　　在《科瑞克报告》发表前的 20 世纪内，英国主要以五次重大的教育改革为动力促进了青少年公民教育的振兴。

　　1.《1902 年教育法》是一次具有革命性的教育改革法案

　　《1902 年教育法》，在英国教育史上又被称为《巴尔福法案》，对地方教育当局的地位、权限和职责作了规定。其主要内容是：（1）在各郡和郡自治市设立地方教育当局，负责本地区除初等教育以外的其他各类教育，地方教育当局有权建立中等学校、中等专科学校和职业学校，并用地方税款提供资助；（2）地方教育当局对私立学校和几乎所有的教会学校提供资助，以便加强监督和控制；（3）地方教育当局负责调查本地区的教育需要，制订扩大和协调不同类型教育的计划，并考虑本地区初等教育与中等教育的衔接关系；（4）规定设立奖学金，使初等学校的学生能进入文法学校学习；（5）建立以地方教育当局为主体，议会、教育委员会和地方教育当局相结合的英国教育行政管理体制。

---

① S. L. Curtis, *History of Education in Great British*, University Tutorial Press, London, 1957.

该法案具有重大意义：第一，为英国公立中等教育制度的建立奠定了基础，打破了自 19 世纪以来形成的中等教育是中上层阶级特权的观念；第二，实现了教育主管权向地方政府机构的转移，奠定了英国教育管理中良好的中央与地方政府的伙伴关系的基础。它是英国进入 20 世纪后所制定和颁布的第一个重要教育法案，在英国近代史上具有划时代的意义。它开启了英国教育现代化的闸门，"对于英国人来说是革命性的"。因而被公认为是英国教育史上的一个重要标志，成为英国中等教育史上的一个重要分水岭和里程碑。该法案颁布后，一个新的公立中等教育制度在英国逐步建立起来，它的实施使英国教育发生了重大的历史性变化。据统计，从 1902 年起，接受补助的学校从 31 所发展到 1904 年至 1905 年的 482 所，1907 年至 1908 年的 742 所，1914 年至 1915 年的 929 所，并于 1919 年至 1920 年增至 1140 所。1925 年公立中学总数达 1284 所，学生人数从 1904 年至 1905 年的 63782 名增加到 1919 年至 1920 年的 307759 名。[1]

2.《1944 年教育法》是英国教育现代化的序曲

1944 年教育改革法（又称为《巴特勒法案》），是在第二次世界大战即将结束的历史背景下制定的，旨在推动国内的现代化发展。该法提出了教育改造的基本原则，即："政府提出本白皮书所叙述的种种改革的目的，在于使儿童得到一个更幸福的童年和生活上更好的开端；保证青年人得到更充分的教育和机会，并为全体公民提供种种手段发展他们所赋予的各种才能，从而丰富他们国家的遗产"，表达了通过教育使每一个人的才能都得到发挥的根本宗旨。该法的基本内容包括：加强国家对教育的控制和领导，废除原来只具有监督权力的教育委员会，设立教育部统一领导全国的教育；法定的公共教育制度由初等教育、中等教育和继续教育三个相互衔接的阶段组成。地方教育当局对提供本地区的各种公共教育设施负有法律责任，由地方教育当

---

① 　H.C.Dent, *Education in England and Wales*,Hedderand Stoughton,London,1982.

局资助开办的中等学校一律免费；所有小学毕业生参加"11 岁考试"后按成绩、能力和兴趣分别进入文法中学、技术中学和现代中学。

《1944 年教育法》奠定了英国战后教育改革与政策的基础，作为英国教育制度从传统向现代转变的重要里程碑，实现了对英国以往教育制度弊端的否定，成为其后英国教育制度和政策的依据和基础，是英国教育史上的又一个重要里程碑。它一方面"试图消除英国教育制度的那种典型的五花八门的现象，并制订出一些庞大的结构，以期将来能将各种不同的教育制度都统一起来"，另一方面，该法案和 1946 年至 1948 年间颁布的若干其他社会服务实施方案，诸如医疗保健、社会保险、儿童福利和家庭补助等，形成了一种通常称作英国型福利国家的基本结构。同时，该法还实现了英国教育从传统走向现代的新的历史转折和"人人受中等教育"的目标，"它也许构成了英国教育史上所取得的最重要的和最有意义的一个进展"。①

3.《1988 年教育改革法》使当代英国青少年公民教育的内容体系更加健全

自 20 世纪 80 年代开始，英国顺应世界多元文化发展和交融的历史大势，开始对教育（包括教育管理体制、教育经费、课程设置、考试制度等方面）进行系统的现代改革。《1988 年教育改革法》是其中最具代表性的教育改革法案。该法关于《公民教育》的规定指出，公民教育课程的教学目标包括知识、技能、态度和价值四个方面。在知识目标方面，学生应掌握有关社区本质、民主社会的作用与关系、权利和义务的本质与作用等基本知识。在技能目标方面，学生应学会交流、计算、研究以及处理个人与社会的关系，解决问题及掌握信息技术等。在态度目标方面，学生应学会选择合适的道德方式、遵纪守法的行为准则以及判断是非的价值标准。同时也提出了应围绕权利与义务进行公民教育的要求。具体内容有以下八项：

---

① 　S. L. Curtis, *History of Education in Great British*, University Tutorial Press, London, 1957.

（1）了解社区本质；（2）认识多元社会中各种关系与作用；（3）了解作为公民的义务与权利；（4）认识家庭及其在社会中的作用；（5）理解实际生活中公共民主的含义；（6）认识公民与法律的关系；（7）协调工作与休闲的关系；（8）培养对社会的奉献精神。以此为依据，国会下议院的公民委员会（the Speakers' Commission on Citizenship）采纳了许多国际惯例，在国际宪章和公约范围内理解和运用"公民"概念，发表了一份题为《鼓励公民教育》（Encouraging Citizenship）的报告书，开始考虑公民教育问题，并将公民教育的任务确定为"理解规则，获得知识，发展和训练技能，通过学校共同体的经验学习民主化的行为方式"。

《1988 年教育改革法》以法规的形式确立了各项改革措施的法律地位，是对这一阶段各项教育改革的总结。

4. 1991 年的《21 世纪的教育与训练》

英国面向 21 世纪的教育改革，关注青少年的健康成长。在初级阶段设立个人、社会与健康教育"（PHSE），将公民教育同儿童青少年的个人发展和国家利益的需要结合起来。通过不断的政策反省，有关部门不断出台新的计划和报告。1991 年，时任英国首相的梅杰发表了《21 世纪的教育与训练》白皮书，主张继续推动英国教育改革。该白皮书指出：当今教育改革的目标在于鼓励所有青少年最充分地发展他们的能力，让每一个英国人充分发挥他们各自的潜能，并在生活中有一个尽可能最好的起点和机会；保证高质量的继续教育和训练使所有 16 岁和 17 岁青年能从中受益；全面提高青年人的成绩水平；增加获得较高水平的技能和专业的青年人的比例。[1]该白皮书指出，社会、学校等方面的发展是适应和支持教育改革的重要力量，并希望实行和采取国家职业资格制度、开展新的文凭、加强学校职业指导、给予继续教育学院和第三学级学院独立自主权等一系列积极措施。

---

[1]　吕达等主编:《当代外国教育改革著名文献》（英国卷第 2 册），人民教育出版社 2004 年版，第 35 页。

5. 1993 年全国课程委员会的报告

1993 年，全国课程委员会再次发表了一份报告，指出，"公民教育关系儿童个体和其所生活的世纪。它不仅与本国，而且与欧共体以及作为整体的全世界相联系。它关涉民主社会里的民主组织机构和个体的责任、权利，关涉财富的创造，关涉公共或私人雇主、志愿团体的角色地位，关涉人们在社会生活共同体中的发展机会。"该报告主张儿童自 7 岁开始接受公民教育，并建议把公民教育列为学校必修的核心课程。该报告指出了将中小学公民教育纳入国家课程体系的必要性，并就其实施提出了详细而具体的建议。该报告所提出的意见和建议得到了当时教育与就业部大臣布兰克特的首肯，并作为政府制定中小学公民教育政策的重要依据。①

上述的重大教育改革的规定分别在课程体系、教学内容、方法以及监督和管理等方面进行了探索和尝试，形成了当代英国青少年公民教育的雏形，为此后《科瑞克报告》的诞生奠定了基础。

二、《科瑞克报告》后的继续推进

1998 年《科瑞克报告》的发表，宣告了当代英国青少年公民教育的诞生，为随后由英国国家主导全国学校公民教育奠定了基础。

1. 资格与课程局 1999 年国家课程复审意见

在此全国课程委员会 1993 年报告基础上，资格与课程局于 1999 年 5—7 月间陆续发表了《英格兰国家课程复审意见》(The Review of the National Curriculum in England)。该文件分为两大部分：第一部分概述了对修订国家课程的意见，包括修订课程的必要性和应具体更动的内容；第二部分阐述了实施公民民主教育的意义，并通过了"个人、社会与健康教育"（PHSE）和"公民教育"（Citizenship）这两门课程的基本框架。

---

① Kerry J.Kennedy（ ed. ）.*Citizenship Education in England*.In Citizenship Education and the Modern State. London, WashingtonD.C.The Falmer Press,1997,pp.88-34.

2. 1998 年教育白皮书

1998 年白皮书申明，教育的最高宗旨在于实现经济繁荣和社会团结。具体目标如下:(1)造就一个极富生机与效能的社会;(2)提供机会;(3)一视同仁、公正平等;(4)释放潜能;(5)确保每一位学生都能学习读、写、算;(6)实现"所有学校课程都成功圆满";(7)保证所有学生都能了解和欣赏本国丰富多样的文化;(8)增进对世界各地及其历史的了解;(9)"促进想则深刻,说则精当,做则极致";(10)确保学生和青年学会尊重他人和自己;(11)"尊重和了解文明社会赖以存在和发展的道德规范准则";(12)尊重他人文化及其背景;(13)加强人格力量;(14)改善对工作和生活的态度,比如责任、意志、关爱和慷慨;(15)促使学生成为民主社会合格公民。

3.《2004—2006 年教育战略规划》

根据资格与课程局(QCA) 1999 年《英格兰国家课程复审意见》提出的公民教育基本框架,公民教育课程按中小学分段进行。小学阶段的两个关键期(5—7 岁、7—11 岁)在"个人、社会与健康教育"(PHSE)中进行公民教育,但不作为法定性必修课,着重发展学生自信心、自尊心、责任感、独立性以及各方面的能力,培养孩子的合作态度。中学阶段的两个关键时期(11—14 岁、14—16 岁)开设公民教育课,并列为法定的非核心的基础必修课,PHSE 作为非法定的科目配合进行公民教育。同时,资格和课程局还规定了每个学习阶段公民教育的具体内容和要求。

5. 英国教育与技能部 2007 年白皮书

2007 年 1 月 25 日,英国教育与技能部发表了题为《课程检视:多样性与公民权利和义务》(*Curriculum Review:Diversity and Citizenship*)的白皮书,对此前英国近几年的公民教育实施情况进行了总结和分析,并就加强英国中小学公民教育提出改革建议。白皮书的发表,标志着英国公民教育开始了新一轮的改革。概括来讲,这次改革主要有以下三个特点:第一,在教育的形式方面,重新强调公民教育的渗透式教学;第二,在教育内容方面,把尊重多样性的教育作为重点；第三，在评价方面，把公民教育纳入普通中等教育证书（GCSE）的考试内容之中。①

6. 资格与课程局的中学课程改革草案（2007年）

2007年，资格与课程局在中学课程改革草案中，对公民教育的内容作了一些调整。公民课加强传统价值观教育。在公民教育中，学生可以发展如下的知识与理解：（1）他们的社区、历史、认同感和当前关注的问题；（2）英国多元身份的产生和变化，包括国家的（英国人、爱尔兰人、苏格兰人和威尔士人）、地区的、宗教的（包括英国穆斯林）和种族的（包括非洲裔英国人和亚裔英国人）；（3）英国与世界经济、文化、政治与生态相互依存的方式；（4）社会中种族主义的性质和后果，包括伊斯兰恐惧症（Islamophobia），学生自己经历的种族主义欺凌和攻击性行为；如何挑战种族主义事件；法律和机会平等法规的作用；种族平等运动、计划或斗争。在技能方面，学生应当：（1）口头和书面表达个人对时事和问题的看法，进行探究性的讨论和争辩，尊重他人不同的意见；（2）通过自己的感受去考虑他人的经历，思考、解释和批判性评价其他的观点；（3）坚决挑战攻击性的行为、偏见；（4）批判性地思考媒体传达信息的方式。在态度和价值观方面，学生应当发展：（1）对自己身份和所属社区的自豪感；（2）批判性地审视所属社区积极参与发展的意愿；（3）好奇、开放以及对他人慷慨的态度。以上这些发生在《科瑞克报告》之后的重要改革措施和意见，是在英国国家公民教育的总体框架体系下，对当代英国青少年公民教育的发展所作出的进一步规定和建议；对指导各级各类青少年公民教育无疑有很重要的价值，尤其对全球化形势下推进英国公民教育的现代化历史进程和提升其进一步发展的水平具有重要意义。

回溯英国青少年公民教育的改革发展史，必然得出的结论是：英国公民

---

① 吴雪萍、张程：《促进社会和谐的英国公民教育》，《教育发展研究》2007年第6期（A），第67页。

教育发育的历史漫长而曲折；自觉而坚定的改革成了公民教育诞生和发展的唯一可靠保证；面对现实、顺应时代、满足需要、着眼未来，是教育改革的动力，也是英国公民教育发展的动力；重视教育新思想、新理念、新精神、新主张；自始至终坚持改革，自始至终坚持发展，是青少年公民教育振兴的保证；公民教育的改革和发展从来都不是一蹴而就的，英国青少年公民教育的成长经历了理性和审慎的智慧选择过程；公民教育的改革需要正确对待教育思想理论家，必须尊重他们的发明和创造，必须发挥他们的智慧和实践的积极性，必须和他们一道实现由理论到实践的飞跃。

第二节　英国青少年公民教育在改革中前进

英国历史上教育重获生机，公民教育获得新的发育，得益于20世纪初处于历史转折时期的英国教育改革以及其后的多次政策调整。英国教育的改革与英国教育的历史发展进程是一致的，体现出改革促进发展，发展要求改革的内在逻辑联系。

一、改革推动英国青少年公民教育的发展

改革是发动机，改革是营养剂，改革是加速器，改革是助产婆。英国历史上的每一次教育改革，都使教育事业有了新的启动，获得了新的发育，加快了新的进程。由于改革，英国教育在数百年艰辛漫长的挣扎之后终于分娩出了青少年公民教育，使公民教育最终完成了从无到有、由弱到强、由隐到显的诞生和发育，走上了积极顺利健康的发展轨道。

在英国历史上，教育每前进一步，都和教育改革的思想和措施密不可分，都是新的教育理念付诸实施、新的改革措施得到落实的结果。从而显示出发展离不开改革，改革处于发展；改革推动和实现发展，发展引起和呼唤改革的规律性来。如前所述，1649年，国会通过法案在威尔士设立免费学

校，从没收的教会财产中拨款补助教育，打击了教会对教育的把持和控制。但却由于资产阶级同封建势力的妥协而无法真正实现国会的改革措施。一切重大的革命性改革亦难于推行。1779 年英国撤销了对非国教派人士办学的限制，从而使得大量私立学校得以开始创办，而学园教育的新模式、新课程、新思想也得以付诸实践，并为以后中等教育的改革提供了基础。1802 年英国议会通过的第一个工厂法，为广大童工提供了接受读、写、算的教育机会。19 世纪 30 年代以后，英国国家通过拨款兴办教育，加强了对教育的干预和监管。1867 年议会通过改革法，扩大了工人的选举权，使普及教育成为政治上的迫切需要。1870 年，通过初等教育法案《福斯特教育法》，公立的初等教育制度开始建立，从而奠定了整个英国教育制度的基础。1871 年，117 个教育委员会制定法律，要求实施某种程度的强迫入学制度。1891 年，完全的免费初等教育开始实行。1872 年，苏格兰议会通过了《1872 年教育法》，建立地方学务委员会和中央教育机构即苏格兰教育署，规定国家代替教会对初、高等教育实行控制。① 可见，英国历史上教育的每一次进步都是改革的产物。

　　英国历史上的上述教育改革，乃是统治阶级在新的教育理念、思想和理论的启发、指导之下，为适应社会历史运动的发展而进行的。因此，任何改革，都必须有特定思想理论的激励和指导。20 世纪之前的英国的教育改革，每一次都离不开一定的教育新思想的推动、启发和激励。亦如前文所讲，19 世纪早期，哲学家 J. 边沁和 J.S. 密尔等资产阶级激进派为了权力斗争的需要，积极鼓吹改革中等教育和高等教育，提出普及教育的主张，倡导实行初等义务教育；工人宪章运动期间，工人阶级意识到通过自己办学、创办技工讲习会、进行自我教育的重要性，认为教育应该是全民的、普及的和免费的，提出了宪章派的教育主张。可见，教育的改革和发展始终都离不开新思

① S. L. Curtis, *History of Education in Great British*, University Tutorial Press, London, 1957.

想、新理念的引导、激励和推动。

20世纪初，《1902年教育法》打破了自19世纪以来形成的中等教育是中上层阶级特权的观念，是一次具有革命性的教育改革法案；实现了教育主管权向地方政府机构的转移，奠定了英国教育管理中良好的中央与地方政府的伙伴关系的基础。《1944年教育法》实现了对英国以往教育制度弊端的否定，奠定了英国战后教育改革与政策的基础，是英国教育制度从传统向现代转变的重要里程碑，成为英国教育现代化的序曲。"它也许构成了英国教育史上所取得的最重要的和最有意义的一个进展。"《1988年教育改革法》使当代英国青少年公民教育的内容体系更加健全，1993年，全国课程委员会再次发表了一份报告，成为政府制定中小学公民教育政策的重要依据。1998年由伯纳德·科瑞克（Bernard Crick）受政府委托挂帅的公民教育与学校民主教育咨询委员会提交了最终研究报告，即《科瑞克报告》（Crick Report）。[1] 该报告就公民教育的必要性、目的、内容、方法、重点等作了阐述，对促进英国的公民教育起到重要作用。该报告发表前，英国的公民教育主要以学科渗透的形式进行。发表后，英国于2000年9月确立新的中小学国家课程标准规定：自2002年8月起，公民课成为英国法定国家课程中的基础科目之一，所有中小学生都必须修习。[2] 要求公民教育课程"发展学生的德性和自主性，帮助他们成为一个公平社会中有责任心和关爱心的公民"，"公民学科要教给学生成为清楚自己权利和义务的有知识、有思想、有责任感的公民，促进其精神、道德、社会和文化的发展，使之无论在校内还是校外都更加自信和富有责任感，激励学生在学校、邻里、社区和更广泛的世界起有益的作用。了解经济和民主体制及其价值，尊重不同的民族、宗

---

[1] Citizenship Education: Second Report of Session 2006–07.http://www.dfes.gov.uk/publications/, 2007–03–08.

[2] 冯周卓，付泉平：《公民权责教育：英国公民教育的新动向》，《全球教育展望》2002年第4期，第66页。

教，培养思考问题和参与讨论问题的能力。"①中小学的公民课侧重培养学生四方面能力：调查和批判性思维能力；讨论与辩论能力；商谈与调解能力；参与学校和社区活动的能力。2007 年的白皮书（即英国教育与技能部发表的《课程检视：多样性与公民权利和义务》（*Curriculum Review : Diversity and Citizenship*）在分析总结近年来英国公民教育实施情况的基础上，突出强调尊重多样性教育的重要性。随着英国社会多元化趋势的日益增强，"尊重多样性的教育"迫在眉睫。该白皮书发表前，尊重多样性受到很大局限，公民教育预期目标并未达到。该白皮书的发表，使这一问题得到了较好的解决。

由此可见，英国教育的每一步前进，都是特定时代的新思想、新理论、新理念在国家政权的改革的推动下，经过实践的作用而实现的。没有改革作为动力的启动和推动，任何新思想、新理论、新理念很难获得付诸实践的机会，也就不可能产生教育的新变化和新发展，公民教育自然也就无从谈起了。也就是说，当代英国青少年公民教育的诞生和振兴，是在这样一种机制中实现的：产生于实践之中的新教育理念、新教育思想和新教育理论，在改革的作用和影响下，再次同实践相结合，最终产生出新的教育产品。对于英国而言，传统教育经过改革的推动，在实践中逐步生成了当代的青少年公民教育。在这整个的过程和机制中，改革将教育的新理念、新思想、新理论推向实践，经过实践机制的内化，最终"生产出"新产品来（如下图）。

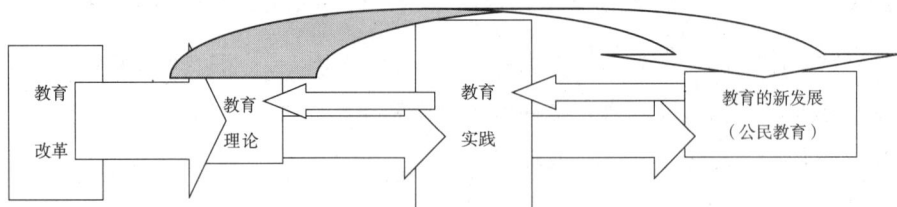

"青少年公民教育改革推动发展的机制"

---

① 汪霞:《英国基础教育课程目标的界定》,《全球教育展望》2001 年第 1 期, 第 11 页。

二、全球化加速时期以改革提升发展水平

全球化是当今世界相互融合的一种趋势，具有历史的必然性。世界各国包括公民教育在内的一切社会活动必将最终全面地"都成为世界性的"，过去各国各民族那种狭隘的民族界限必将遭到新的世界历史潮流的冲刷，而"被各民族的各方面的互相往来和各方面的互相依赖所代替"，"各民族的精神产品成了公共财产。民族的片面性和局限性日益成为不可能……"[①]20 世纪末以来，英国数届政府正是注意到当代世界历史新潮流的动向，不断地进行教育改革，以面向世界的战略思维和眼光不断提升本国公民教育的水平，推动其走向世界、吸引世界、引导世界，加强其培养合格的世界型公民的能力。

（一）全球化形势下英国公民教育的目标和方向

全球化形势下英国着眼于保持世界强国的国际目标，致力于各方面社会改革，利用其雄厚的教育基础和丰富的教育资源，以教育产业化、国际化为契机，着力于提高公民教育的水平和全球化竞争能力。其采取的手段主要有以下几个方面：（1）提升教育民主化水平；（2）提升教育国际化水平；（3）增强公民未来适应能力，造就开放性和具有爱国精神的"世界公民"；（4）争夺教育制高点，整合和利用国际教育资源，争夺教育的世界高地；（5）提升教育应对社会危机的能力。

英国公民教育提升其全球化背景下的民主水平，有两个动机。一是，响应联合国"十年人权教育计划"和《联合国儿童权利公约》（CRC）（1989年），"培养对人权和基本自由以及联合国宪章所载基本原则的尊重；对儿童身份、文化和价值观、国家价值观和其他'不同于自己的文明'的尊重；培养儿童在民主社会中的责任意识，对他人的理解、和平、宽容、男女平等和

---

① 《马克思恩格斯选集》第 1 卷，人民出版社 1995 年 6 月第 2 版，第 276 页。

友好精神"①，以此树立良好的国际形象，吸引五湖四海的海外学子，传播英国文化和价值观，为英国经济社会文化的繁荣和发展作奉献。二是，确保"所有的年轻人必须掌握个人自治、作为公民进入工作和社会生活所必需的能力，培养对个人身份以及对世界、社会和文化多样性的尊重与包容意识"，②"通过积极和有责任感的民主公民教育"，年轻人可以具备"在面临国家之间或国家内部武装冲突以及其他形式的暴力和冲突时与他人和睦相处及争取和平的愿望与能力"③，从而培养21世纪符合国际化要求的合格公民。

（二）全球化形势下英国青少年公民教育的理念

全球化形势下，英国注意到培养公民民主政治的价值观和塑造公民人格、培养至善情怀和宽容和谐精神的极端重要性。在主题为"提高全民教育质量"的欧洲经合组织成员国教育部长会议上，部长们指出教育不仅要教会学生相关工作技能，而且还需培养其民主与社会和谐意识。④而《科瑞克报告》指出，年轻一代"对公共生活冷漠、无知和玩世不恭"达到了令人担忧的地步，如果不给予足够重视，将危及英国社会民主安全。英国在学校民主公民教育课程之外，还提出了如下补充方案："尽可能将青年群体纳入社区活动与传统公共服务之中，发展新的参与形式并在实践中树立年轻一代的个人信心。"⑤该报告认为，民主公民教育包括三个维度：政治素质、社会道德责任及社区参与，并提出了民主公民教育的含义和目标。指出民主公民教育的

① UNESCO, 2001:http://unesdoc.unesco.org/images/0012/001239/123933e.pdf.

② UNESCO,（2004）Message from the 47th Session of the UNESCO *International Conference on Education and Proposed Priorities for Action to Improve the Quality of Education for All Young People*（Geneva, International Bureau of Education）.

③ UNESCO,（2004）Message from the 47th Session of the UNESCO *International Conference on Education and Proposed Priorities for Action to Improve the Quality of Education for All Young People*（Geneva, International Bureau ofEducation）.

④ 唐霞：《浅析国际视野下的英国中小学民主公民教育》，《比较教育研究》2007年第5期。

⑤ Qualifications and Curriculum Authority（QCA）（1998）*Education for Citizenship and the Teaching of Democracy in Schools: Final Report of the Advisory Group on Citizenship*.（the Crick Report）（London, QCA）.

含义是：让学生学会自信，无论在校内还是校外，无论对待权威人士还是其他人，都要为自己的行为承担起社会和道德责任；通过参与社区活动和服务社区，学会关注社区并在社区生活中作出贡献；让学生掌握公共生活中必要的知识、技能和价值观，并知道如何有效运用这些知识和技能。其目标是："确保并增进学生有关参与型民主性质和实践的知识、技能以及价值观，提高成为积极公民所需的权责意识和责任感；以此确立参与本地或更广泛社区活动对个人、学校和社会的价值。必须让学生理解地方和国家民主的机构、实践和目的，包括议会、审议会、政党、压力群体和志愿者团体的工作；让学生知道英国和欧洲正式的政治活动与公民社会是如何联系的，并培养他们对世界事务和全球议题的意识和关注。必须让学生对包括税收与公共支出如何平衡在内的经济生活有一定理解。"① 出于此种目的，2000 年英国对国家课程进行了修订，规定从 2002 年开始将民主公民教育纳入英国国家课程体系。为此，英国公民教育十分重视从培养儿童公民意识和塑造公民人格做起，加强相关方面的政策改革和调整，在全社会广泛开展儿童公民教育的试验活动。

（三）全球化进程中的民主公民教育

英国青少年公民教育重视从儿童开始对学生进行民主公民教育。《联合国儿童权利公约》（1989 年）指出，"儿童的公民权利提供了一个不同的视角来看待儿童在社会世界中的位置。公民权利可以被定义为一种认识、尊重及参与的赋权……据此以来，公民权利对成人或儿童都有着相同的意义，这也显示了成人与儿童在其日常生活中一种新的互动方式。"② 进一步讲，公民权利应该包括：社会多样性的责任感，对他人的坦诚、和谐及尊重，对人类

---

① 　Advisory Group on Citizenship: *Education for Citizenship and the Teaching of Democracy in School*（the Crick Report），London: Qualification and Curriculum Authority, p.40.

② 　Willow C. & Neale, B.，（2004）*Young Children's Citizenship: Ideas into Practice*（York, Joseph Rowntree Foundation）.

基本价值的认可，反对任何形式的剥削、不平等及种族歧视。但是，儿童民主公民教育不应仅仅是权利教育，同时还应重视义务教育；只有权利和义务都得到平衡和协调，才能真正体现"民主"的精神和品质。因此，儿童民主公民教育势必应该坚持杜威的民主教育的基本精神，即：（1）对观点、问题及政策的批判性反思与分析；（2）思想开放性；（3）对学生解决问题能力的充分信心；（4）关心共同利益；（5）尊重个体及少数群体的尊严与权利；（6）倡导民主生活方式的社会制度。对此，英国的新教学大纲就十分强调对儿童进行责任教育，从而坚持了《世界人权宣言》（1948 年）和《欧洲人权公约》（2000 年）的基本要求。21 世纪十来年的英国公民教育在对儿童进行民主公民教育中，主要从九个方面着手树立儿童的公民意识和人格，即：（1）成员身份；（2）个人动力；（3）民主价值观，包括自由、公平、正义以及对民主和多元主义的尊重；（4）政治权利和人权；（5）参与和义务；（6）负责；（7）知识和技能；（8）参与；（9）宪法。这九个方面表现为系统整体的各个要素，它们包含着对自信、技能、知识、价值观以及权力和民主的决策结构的态度和信念，避免了传统自由主义的片面性。①

（四）全球化加速时期的改革新举措

20 世纪末以来，世界全球化进程异常迅速。在此情势下，英国三届政府秉持改革创新进步的精神，继续推进和深化改革，进一步加强国家合作与交流，以教育的国际合作和交流维护和增进国家利益，调整教育经费政策，推动、指导各方面的平等合作与交流，将公民教育推进到一个新的发展水平。

1. 布莱尔政府与《教育与督学法案》（The Education and Inspections Bill）

布莱尔政府执政时期，以《教育与督学法案》推动公民教育的进一步发展。主要措施有：（1）普及"信托学校"，扩大学校办学自主权，尊重学校为满

---

① Apple M.W. & Beane, J.A.（Eds）,（1999）*Democratic Schools: Lessons from the Chalk Face*（Buckingham, Open University Press）.

足学生需要选择合作方的自由权利（如赋予学校与继续教育学院等有关教育机构建立正式合作关系的权利）；（2）开放课程申请和选择权利，允许所有14—19岁的学生不论地域都有考取14种新设特色文凭的任何一种的自由；（3）赋予教育工作者没收、扣留、使用强制力量以及在上学、放学途中处理学生不可接受行为的权利，以此促进和引导学生养成良好公民德行，规定家长无条件配合学校管理工作的义务，赋予家长对学校进行选择和要求设立新学校的权利；（4）赋予地方教育管理机构监督、管理、干预学校办学的权利，运用"整改"、"关闭"等强制手段，引导和推动学校提高办学质量；（5）向地方教育部门提供3000万英镑的专项资金，加强困难学校与先进学校的联合，以帮助贫困地区薄弱学校提高教学质量；（6）增加办学经费，改善学生营养，以保证学生健康发育和成长。①

2. 布朗政府的教育"新思维"

2007年5月，布朗出任英国首相，他十分重视政府和市场各自的优势，随后立即着手教育改革，将建立强大的公共服务体系和市场经济相结合，以所谓"新思维"促进英国公民教育的新一轮发展。他坚信：世界级教育体系不能容忍失败，任何儿童掉队或使儿童失败的学校都是不能被接受的。为此，首先确立教育改革目标和方向，在国外，"建立世界一流的教育体系，培养世界级的技能人才"，成为世界教育的领头羊；在国内，使英国每位青少年成功地向大学过渡，或者在十八九岁时能完成学校教育、在职培训或学徒，获得资格证书，向技能型工作过渡；通过受益培训计划（Train to Gain）使成人提高其职业技能水平。其次，积极调整政策，制订计划。主要措施有十三项：（1）实行教育机构改革，将原教育与技能部一分为二，即儿童、学校和家庭部（DCSF）和创新、大学与技能部（DIUS），同时宣布成立国家

---

① 2008—2009年至2010—2011年三学年学校资助计划（funding settlement）和基建计划（capital settlement）的总投入意味着全国生均经费将达到6600英镑，2010—2011年度，教育经费占GDP的比例将从1996—1997年度的4.7%上升到5.6%。

卓越教育委员会（NCEE），布朗首相亲任该委员会主席。（2）加大教育经费投入，以利地方政府和学校进行合理规划。（3）加大教育硬件建设，从启动到2007—2008年度的三年期间，专门划拨给该计划的基建资金超过60亿英镑。（4）吸引优秀人才进入教师行业，加强教师的继续教育，提高教学标准，设立教学专业硕士（Masters in Teaching and Learning），新任教师在执教的前5年必须获取该硕士学位。（5）实施《儿童计划——创造更美好的未来》，提高儿童服务标准。①（6）系统改造薄弱学校，为所有青少年提供公平的教育机会。②（7）扩大"教学优先计划"（Teaching First Programme），吸引优秀人才到艰苦学校任教，提升薄弱学校教学水平。（8）制订了针对中学的"先锋伙伴计划"（Leading Edge Partnership Programme），鼓励学校联合，共同应对挑战；制订了针对小学的"小学战略学习网络"（PSLNs）计划，通过校际合作提高课程标准、管理水平与教师素质。（9）创建国立综合中学，实行半市场运行机制，由独立的主办方管理，中央政府按照当地其他学校的标准拨款。主办方可以是教育基金会、大学、慈善家、企业、私立学校、教会等，以此改善贫困社区教育环境。③（10）完善学徒制度，增加青少年接受教育的途径。《学徒议案》（*Apprenticeship Bill*）已列入议会

① 包括绿皮书《每个儿童都重要》（*Every Child Matters*，2003年）、《每个儿童的未来都重要》（*Every Child's Future Matters*，2007年7月）、《儿童计划》（DCSF，2007年12月）。

② 为此出台的一系列的改造方案包括：改进教育薄弱地区的"教育行动区计划"（EAZ）（1998年）、改进城市中心区的"卓越城市政策"（Excellence in Cities Policy）（1999—2006年）、示范学校计划（Beacon School Programme）（1998—2005年）等等。儿童、学校和家庭部设立学校改善处（SID），专门负责制定和实施学校改进政策和计划。

③ 2007年9月，中央政府在49个行政区建立了83所国立综合中学。《国立综合中学、信托学校（国家出资、慈善信托支持的基金学校）与高等教育说明书》（《Academies, Trusts and Higher Education: Prospectus》，DCSF与DIUS于2007年6月联合制定）、《国立综合中学与信托学校：学校、6th Form高级中学和继续教育学院的机会》（Academies and Trusts: Opportunities for Schools, Sixth-form and FE Colleges，DCSF于2007年9月制定）鼓励大学和运行高效的中学、6th Form高级中学和继续教育学院作为主办方参与国立综合中学的建设，免除在此之前作为主办方需出资200万英镑的义务。2008年9月修建50所，未来三年将建设150多所这样的中学，最终达到400所。

2007—2008 年度的立法计划。① （11）加强特色学校建设，以"我们未来的可持续发展：领导与学习"（Sustaining Our Future：Leading and Learning）为主题实施个性化教学。② （12）创设新文凭（New Diploma），进行全国职业资格改革。③ （13）继续执行教育维持津贴政策（EMA，2004 年），让生活在贫困家庭的青少年在年满 16 岁后可以继续升学。④

3. 卡梅伦政府的大社会教育计划（2010 年）

2010 年卡梅伦政府又一次提出了"大社会"理念下的教育改革，继续主张发挥非政府成员的作用，让家长进入学校的自治管理机构，决定每个学校的课程设置、班级学生的数量。同时，为配合这一理念的实施，英国政府同时启动了"大社会（Big Society）"、"国家公民服务"（National Citizen

---

① 《世界级的学徒制度：开启智慧，为所有人培养技能——政府关于英格兰学徒制度未来发展战略》DCSF 与 DIUS 于 2008 年 2 月制定）规定，到 2020 年，英格兰学徒要达到 40 万。为此，政府将设立国家学徒服务局（NAS），扩大企业参与学徒计划的范围——目前已有 13 万雇主签订了学徒协议，并呼吁政府、议会等公共机构也要提供学徒机会。

② 目前，英国有 2779 所特色学校，占英格兰所有中学的 86%。英国的目标是把全国所有的中学都建设成为特色学校，提供多样化、可选择性的教育服务，提高青少年的教育参与率。扩大针对在校儿童的"天才学习计划"（Gifted and Talented Learning Programme），让 100 万最有才能的儿童受益于特殊的扩展教育，充分发挥他们在体育、音乐、艺术、文化及创业方面的潜能。

③ 从 2005 年到 2010 年，启动全国职业资格改革计划，将对目前职业资格体系作出重大调整，使职业资格满足学习者及雇主的需要，支持更大的社会公平与机会。改革计划包括六大块，即行业资格改革，资格与学分框架构造，为学习者安排、资助与实施资格培训，现有职业资格合理化改革，沟通（由 DIUS 负责，保证全国四大地区及各项目组对外交流的一致性），研究与评估。1996 年英国成立了资格与课程委员会（QCA）（由原国家课程委员会和国家职业资格委员会合并而成），其中心工作之一就是创设一个普通教育、职业教育各级证书统一相容的全国性资格证书体系。新文凭（New Diploma）是在传统的中等教育普通证书（GCSE）和高级水平考试（A-Level）之外的一种资格系列，旨在为第 10 级（15 岁左右）和 12 级及以上的学生提供更多的学习途径。文凭由雇主设计，分为三级，囊括 14 种就业行业。2008 年首次实施的资格证书包括建筑与环境，创意与媒体，社会、健康与发展，信息技术与工程等五种。2009 年 9 月，72% 的中学将提供新文凭课程。

④ 从 2007 年 9 月开始，2/3 的大学生可以申请高达 3000 英镑的奖学金，高级学徒通过技能账户有至少 3000 英镑的信用可以支付其费用。25 岁以下的青年人在技术学院学习与 A-Level 相当的课程不仅免交学费，而且还可以得到每周 30 英镑的成人学习补助。

Service）和"国际公民服务"（International Citizen Service）等发展战略。其中，"国家公民服务"战略针对 16 岁青年提供技能培训机会，"国际公民服务"项目，是对前者的补充。它将为英国 18 岁至 22 岁的成年青年提供海外志愿服务的机会，使他们能够作为志愿者参与在世界上最贫穷的一些国家所开展的项目。这一战略的理念是基于实践历练和生活体验而强调青少年公民的技能教育，也是一个树立和传播英国价值观的实验活动。

另外，卡梅伦政府的"大社会计划"还包括进一步加强世界性教育合作与交流，特别是加强同人口大国和教育资源十分丰富的中国的教育合作，为更多的海外学生提供留学英国的机会；同时，卡梅伦政府还决定在近五年内增加千余名汉语教师，通过促进中英文化交流进一步加快英国青少年公民教育国际化的步伐。

卡梅伦政府的"大社会计划"，目的是要让人们重新学习社会责任，采用新的办法解决新的问题，这是"一场深刻的、严肃的社会改革计划"，包含着自由主义、责任和放权于民三位一体的整体性计划，它开启了"公民权的新时代"，被卡梅伦称之为政府"最伟大的政治资产之一"。这一旨在"将从政治家手中拿走权力，并将之交给民众"的社会改革计划，主要是鼓励个人和家庭承担更多社会责任，并设立国家公民服务体系以便让 16 岁的青少年参与社会服务。"大社会计划"，让人们"既有自由、又有权力"，通过自治和自助实行自我教育。该计划还秉承"教育第一"的理念和精神，继续国家公民服务计划和改革英格兰学校的计划，培训和鼓励有才能的大学毕业生加入教学事业，帮助英国不发达地区的学校招募和培训高水平的教师。这一计划具体的措施还包括：（1）培训新一代的社区组织者，让他们来协助建立街道组织，在有关当地规划的问题上给予社区更大话语权；（2）鼓励志愿活动和参与社会行动，设立全国性的"大社会日"，把定期参与社区活动作为评价公务员的重要内容；（3）实行"国家公民服务"计划，让青少年参与社会服务、帮助他们在未来成为积极的、负责任的公民；（4）支持合作组织、慈善机构和社会企业更多地参与公共服务管理；等等。

毋庸置疑，英国现政府的"大社会计划"，其实质乃是一项实践教育、行动教育、参与教育、体验教育的公民教育计划。它将同英国学校公民教育相结合，在培养青少年公民意识、公民意志、公民技能，特别是塑造广大未成年群体的公民人格等方面发挥积极作用，并对全球化形势下英国青少年公民教育水平的提升起到良好的影响。

第七章 英国青少年公民教育的得失与评鉴

英国青少年公民教育在经历数百年曲折历程之后，于 20 世纪末实现振兴。由于英国国家和社会对其采取了积极的态度，至今进展比较顺利，取得了一定的成就，实现了较大的飞跃，但同时也有曲折和失误。认真总结英国青少年公民教育的经验和教训，对于推动刚刚起步的我国青少年公民教育有一定的积极意义。

第一节 英国青少年公民教育的成就和问题

英国青少年公民教育是在克服历史的阻力和在资本主义道路上探索前进的。人类历史上，无论多么优秀的文化，多么先进的制度和理念，一切的探索都是带着未知的尝试。这种尝试决定了成功与失败、曲折与顺利往往相伴而行。

一、主要成就

20 世纪末，英国青少年学校公民教育开始振兴以来，社会反响强烈，广大的儿童青少年受到了很大的积极影响。刚刚获得振兴的英国青少年学校公民教育取得了阶段性的成功。

从 2003 年 1 月以来，英国先后启动了儿童发展战略（即"确保开端计划"）、小学发展战略（即"卓越计划"）、中等教育战略（"都市学校卓越计划"/Excellence in Cities，EIC 以及"专门特色中学"/Specialist School）、青年计划战略（"14—19：机会和卓越"（14—19：Opportunity and Excellence）、"让所有人成功"/Success for All）、现代学徒计划（MAs）、公共服务协议目标计划（PSA），并成立了职业优异中心（"实现我们的潜能"）。这些战略计划和中心，为每个人创造学习和发展的机会，充分开发人的潜能，在教育标准和技能水平方面达到优秀。它们的目标在于：（1）在教育方面给儿童一个良好的开端，以便为未来的学习奠定较好的基础；（2）能够使所有的未成年人在技能、知识和个人生活与工作所需要的素质方面得到发展和训练；（3）鼓励成人学习，并为之提供相应的条件，改进其技能，丰富其生活；（4）促进英国大学成为并保持世界一流大学和世界教育轴心，从而帮助国家应对日益加速的全球变革。

从 2003 年 1 月起，几乎所有的 4 岁儿童，88% 的 3 岁儿童，能够受到某种形式的免费早期教育。截至 2003 年 12 月，524 个确保开端地方计划全部得到认可和投入运行，提供了范围广泛的社区卫生和家庭服务。所有的 3 岁儿童都有资格获得免费的部分时间学习。2003 年，中等教育普通证书考试结果表明，学校取得了良好的成绩，在"都市学校卓越计划"和"专门特色中学"等政策的协助下，实现了具有挑战性的目标。"都市学校卓越计划"不仅在 GCSE 考试结果中产生了积极的影响，同时也改进了学生的行为，提高了出勤率，公共服务协议中的减少旷课的目标也已见成效。1997 年工党执政之初，"专门特色中学"只有 181 所，在工党刻意扩增下，到 2000 年有 446 所，2001 年 9 月全英国有 685 所，到 2004 年已有 1686 所指定的专门学校，其中有 1445 所开始运作，还有 241 所学校在 2004 年 9 月开始了运作。这意味着现在的英国有 54% 的中学已是专门特色中学。根据教育标准局（OFSTED）的调查，综合中学在转型为专门特色中学之后，学生各项会考成绩已有显著提升。2003 年 4 月政府发布了《扩大高等教育的参与》的文件，成立"公平入学办公室"（OFFA），提出了较完整的一揽子资助计划，鼓励所有的年轻人在财政资助下寻求继续学习的机会。政府计划到 2004 年底帮助75万成年人、到2007年资助150万成年人接受继续教育。根据计划，从2003年6月开始，英国高等教育入学率到2010年将达到50%，目前入学率已从1999—2000年度的41%提高到2002—2003年度的44%，18—30岁人群的高等教育入学率到2010年将达到50%。到2003年7月，150万成年人已经开始了基础技能课程，而50多万成年人已经获得生涯技能资格。①

　　2004年9月，由社会服务志愿者组织（CSV）实施的一项调查表明，公民课自从在学校开设以后，已经对学生的态度产生了明显的影响。该调查发现：25%的学生感到公民课使他们对他人有了更多的尊重，17%的学生感到公民课促进了更大的宽容，6%的学生感到，他们在公民课上的所学直接改进了他们的行为。② 此外，调查还发现：90%的学生认为公民课是"有用的"，78%的学生说他们喜欢公民课，42%的学生反映，公民课增强了他们的自信或提高了他们的沟通技能。正像CVS的教育主任彼得·海斯所说："学生的反应让我深受鼓舞。这是对公民课引入课程的强有力的认可。它说明，年经人对社会有着积极的态度和责任感，他们愿意参与进来。"③ 英国下议院教育与技能委员会2006—2007年度第二次报告《公民教育》也指出，自公民教育课程实施以来，"最令人鼓舞的进展当数公民教育的原则已渗透到学校生活的各个方面"，"年轻人在学校管理中有真正的权利，他们能够对自己相关的事情有决定权"。④ 大学公民教育方面，1991年英国青年高校升学的比例由1979年的8∶1提高到了5∶1。表明英国政府所制定和实施的各项有关政策使高等学校的学生人数有了快速的增加，同时还制定了21世纪达到大学升学率达到3∶1的目标。"与过去相比，更多的16岁以上的青年在接受全日制教育。所有18—19岁的青年，每五人中便有一人在接受

①　*British Department for Education and Skills.*Annual Report, 2004.

②　《中国教师报》2004年9月23日。

③　李茂：《英国公民教育初见成效》，《中国教师报》2004年9月15日。

④　House of Commons Education and Skill Committee. *Citizenship Education*. Second Report of Session 2006-07, pp.20-21.

高等教育。……总之，社会各个阶层有更多的人受到了高等教育。"公民教育由于对象的年龄、职业、心理等特点的不同分别实现于不同层次的学校和环境，而青少年公民教育则主要实施于各中小学和大学。可见，英国高等教育"比过去任何时候更有效率，更有成效"。①

总之，英国学校公民教育自振兴以来实现的重要成就体现在以下几个方面：（1）公民教育受到普遍重视，具有广泛的社会基础；（2）各级各类学校普遍开设公民科课程；（3）公民教育已被纳入国家课程体系，得到英国政府的高度重视；（4）英国已形成实施、督导、评价公民教育现状和质量的制度体系；（5）经过若干年的公民教育实践，英国青少年的公民意识、公民素养、公民技能有了明显改善，其参与态度、热情和行为亦有较大提高；（6）英国公民教育实践得到世界认可，其所组织的世界公民教育交流与合作获得世界广泛支持和参与；（7）在短暂的十年来时间内，英国青少年公民教育已经形成了以学校课程为中心的完整体系，而且其实践经验亦趋于成熟。总而言之，英国公民教育实践其最大的成就就在于青少年的公民性得到了很好的培育，使培养青少年公民性的理论和实践有了不断的改善。

英国青少年公民教育，之所以得到了健康顺利的发展，并取得重大的阶段性成就，乃是因为：一方面，英国在面临加速发展的全球化形势下及时地制定政策、推行改革，启动了一系列的行动计划；另一方面，又积极组织专家调查小组对全国公民教育状况进行分析研究，提出和发表了《科瑞克报告》等具有代表性的学术理论文献，为全英实施公民教育提供了理论基础和依据；同时还对学校公民教育不断地加大投入，② 实施了统一的规范性管理

---

① 吕达等主编：《当代外国教育改革著名文献》（英国卷·第2册），人民教育出版社2004年8月第1版，第5、7页。
② 按2004年开支评估（SR2004），在2004—2005年度和2007—2008年度之间英国的教育开支将增长130亿英镑，即从630亿增长到760亿英镑。到2007—2008年度教育开支从2004—2005年度的占GDP的5.4%上升到5.6%，确保教育开支占国民收入的比率的提高。英国《独立报》网站。

和指导，从而为当代英国的青少年公民教育顺利实施创造了有利的条件。

二、主要问题

英国至今的公民教育也存在不少问题，成为制约学校公民教育健康发展和进一步有效实施的严重障碍。英国中小学青少年公民教育亦并非全然健全，它潜存着不少问题。主要表现在宏观、中观和微观三个层面。

（一）宏观层面

宏观层面是指国家的问题。这一层面有下述表现。第一，传统双轨制的问题。这是英国教育的一项重要制度，这是制约教育公平的根本性制度问题。它把阶级和阶层的统治与被统治的差异鲜明地展示了出来，并成为教育资源分配的重要依据，从而将课程、教育的实施和评价体系等相应地分离开来。① 这就使英国公民教育始终被笼罩在不平等的阴影之中。第二，国家弱势的问题。这是指相对于非政府组织（NGO）而言国家对学校公民教育的支持方面力度不足。在英国历史上，由民间组织和非政府组织倡导和负担公民教育是一个很重要的传统，在这方面政府的缺位和弱势异常突出。在公民教育而今已成为国家课程的情况下，其在教材、课程和其他资源以及具体实施上对国家指导的要求，与国家课程文件相对不足存在严重矛盾。第三，政治价值取向的问题。公民教育重视政治引导和塑造，是包括英国在内的西方国家的一贯传统；但随着价值多元和文化多样性的日益扩张，教育偏重政治不断遭受质疑。鉴于此，1996 年的英国教育法要求地方教育当局、政府首脑和校长禁止在任何学科的教学中提倡某一党派的政治观点。第四，管理体制的问题。英国的课程设置实行"三级制"，即国家、地方和学校三级都有权设置课程，这样一来其灵活有余，而统一性势

---

① 李茂编译：《英国公民课四年之惑》，http://www.drcnet.com/DRCnet.common.web/DocViewS-ummary.aspx?LeafID=3176&DocID=1359520&chnID=1046&gourl=/DRCnet.common.web/docview_a.aspx.

必受到影响；而且，现今的公民教育已被纳入国家课程体系，但尚未被列入普通中等教育证书（GCSE）考试科目，这也使得英国公民教育面临一系列现实的具体问题。显然，这又使得英国公民教育在积极发展过程中不得不花费心思和精力来认真应对这些问题。这无疑消耗了公民教育的内力和动力。

（二）中观层面

这一层面指涉的主要是居于国家和具体公民教育单位之间的"中间阶层"的问题。首先，认识的问题。这是指英国社会对公民教育的重要性的认识并非完全一致，在传统的和现代的两种教育模式杂陈并举的时代，社会各方面很难在此问题上达成共识。其次，理念的问题。一方面，是对未成年学生的态度问题，尽管英国各方面都十分重视公民教育的培养目标，但现实中却有一种轻视和不关心青少年的倾向，致使一些青少年对公民教育产生了淡然和疏离的情绪；另一方面，是对师资标准的看法的问题，《科瑞克报告》中竟出现"或许有必要对公民教育师资实行专门培训"的模糊措辞。这就制约了英国青少年公民教育师资状况的改善和教育教学水平的提高。再次，对公民课的界定问题。在英国，有一种观点认为："我们的公民教育不能以牺牲其他的学科为代价"①；在本来已经负担很重的中小学课程体系中增加一门新的学科，必然给学校的课程带来额外的新的压力。英国中小学与大学领袖协会，中学校长协会原主席苏·科克汉姆就发表过类似的看法说：公民课无非是政府的又一次心血来潮。甚至还有一种说法，认为在现有紧张的课程体系中再引入一门新的公民课，"这给学校的教学组织带来了很大的困难"②。这一问题影响到学校公民教育的效果。除此而外，还有

---

① 参见《科瑞克报告》。

② 李茂编译：《英国公民课四年之惑》，http://www.drcnet.com/DRCnet.common.web/DocViewS-ummary.aspx?LeafID=3176&DocID=1359520&chnID=1046&gourl=/DRCnet.common.web/docview_a.aspx.

评价的问题。这是由于对公民教育内涵和意义认识不足而引发的问题。从理论上看，公民不是传统的知识课，教授知识、掌握理论，绝非它唯一的目的，也绝不是最重要的目的；公民教育最重要的目的，是要培养未成年未来的生活能力、发展能力、工作能力以及满足国家和社会实际需要的各方面的能力，其中，公民性的品质、精神、意志是最根本的。还有，就是公民科的地位问题。由于国家各级部门对学校、学生考核的要求与标准在传统科目和公民科之间存在严重差别，前者一般作为考试科目，后者却常常作为考查科目。即使是在国家课程体系将公民课作为法定学科引入中小学之后，由于通常是同其他合适的学科结合起来多渠道、多形式地实施教学，这显然与公民教育作为国家核心课程的目标相矛盾。因此，公民教育课在目前的英国有一种不受重视的倾向。这使这门新的课程缺乏独立的学科地位而处于十分尴尬的地位，这就难以调动承担这门课程教学的教师的热情和积极性。

(三)微观层面

这是指具体的公民教育学校的问题，也有几方面具体的表现。一是认识的问题，就是人们将公民教育课视为"万金油"、"杂牌军"，从而使得公民教育课在学校缺乏应有的独立地位，得不到应有的重视。二是师资使用的问题。学校内部对公民教育师资的分配和使用存在混乱，公民教育作为一门新兴的素质课，需要有经过严格训练的专门性教师来担任教学、管理和服务。然而，对于目前英国的公民教育，至少先后有这样的人员承担过学校公民课程，他们分别是学校体育课的教师、年级辅导员和其他辅修课程的教师或者辅导老师。客观地说，这些人员一般都没有接受过专门性的职业训练，就连他们自己对什么是公民和公民教育恐怕也知之甚少，更难说掌握有过硬的职业技能和素养了。另外，师资的培训也是问题。2002年4月，一个社区服务志愿者协会的调查发现，71%的教师没有受到任何的公民教育培训。到2006年，全英格兰也就只有区区数百名合格的公民课教师，学校不得不被迫起用其他教职员工。① 三是方法的问题。具体实践中的英国公民教育有一种鼓励顺从的倾向，在学校和学生之间产生分歧和冲突时，学生往往又得不到应有的尊重，致使学生的主动性受到打击，而缺乏必要的学习和积极参与的信心与勇气。四是，对公民课和学生公民素质的考试和考查同其他课程相比存在严重的差别，这也是使公民课得不到重视的重要原因之一。五是，等级差别的问题。由于不同背景的学生进入不同的学校，使追求平等精神的公民教育实际上在学生层面很难开展，在社会上很难获得广泛认同。加之，不同的教育模式仍然存在，一些学生进入以公学为代表的主要为贵族服务的私立学校，其他的进入面向大众的公立学校；一些进选拔性学校，一些进非选拔性学校。同时，公立中等学校的选择制度使它们的学生拥有的公民教育经历比其他学校的同伴要少：它们既没有为公学学生提供的公共服务教育，也没有其他非选择性学校提供的基本的公民知识教育。可见，在青年一代的教育经历中，平等公民权的实现本身就遇到了问题。这显然会影响学生对"公平、社会正义、民主"的理解。六是课程基础的问题。这给学校在设立新课程方面带来了有不少困难，使得学校公民课显得单薄和平淡，很难激发学生方面的学习积极性。② 七是阻力的问题。英国社会是一个极富传统的国度，历史上的"绅士教育"之中有很深厚的等级观念的根基，这些重视地位、等级的顽固思想和习俗，即使是在今天民主和现代化大发展的时代，也很难被完全摆脱掉。因此，要想在学校真正彻底地推行平等的公民教育，需要克服很强的传统势力的阻力。七是经费的问题。由于历史上英国教育主要由社会参与，国家在此方面长期缺位，而今天尽管形势已有所改变，但国家的投入

---

① 李茂编译：《英国公民课四年之惑》，http://www.drcnet.com/DRCnet.common.web/DocViewS-ummary.aspx?LeafID=3176&DocID=1359520&chnID=1046&gourl=/DRCnet.common.web/docview_a.aspx.

② Catherin Larkin. *Citizenship Education or Crowd Control? –The Crick Report and the Role of Peace Education and Conflict Resolution in the New Citizenship Curriculum*. http://www.brad.ac.uk/acad/confres/assets/ccr9.pdf.

还在相当大的程度上远不能满足学校实际的需要。这就需要各个学校同社会组织保持密切的相互联系。这自然势必影响到学校办学的独立性。八是价值取向的问题。公民教育课程从政治教育发展而来，是西方和英国的传统。这一点制约了学校公民教育开展的形式和内容，甚至也影响到同社会有关方面合作的形式和途径，更影响到学校教学对学生的态度和方法等；同时对在多元化的社会潮流中积极应对社会复杂性的问题也会造成不利的影响。因此，在这种情势下，"尊重多样性教育"难以普遍顺利推行。[①] 还有就是秩序的问题。由于公民教育属于素质课，因而，教师所争相采取的课堂教学和实践教学的方法和形式很容易出现失控的局面，难以把握尺度和分寸，致使课堂和学校存在失序的风险。

需要说明的是，英国青少年公民教育尽管也有上述不少的问题，是探索和尝试的产物，它们却不但不影响英国青少年公民教育实践所取得的成绩，相反恰恰表明青少年公民教育处于前进和发展之中，展示出青少年公民教育未来进一步拓展的空间和前景。

第二节　英国青少年公民教育的经验与教训

人类历史上，任何实践活动既然都是特定时空内的一种带着未知的尝试，那么在成功或顺利与失败或曲折之中，必然存在分别导致二者的精神的因素。这些因素，相对于这两个相互矛盾的方面即是需要认识和归纳的经验与教训。

一、主要经验

经验和教训都是产于人类实践之中的精神财富，作为理性认识，两者都是事物和社会实践活动内在规律的揭示。前者表现为积极的肯定认识，从正

---

① Keith Faulks. *Education for Citizenship in England's Secondary Schools: A Critique of Current Principle and Practice*. Journal of Education Policy. Vol.21, No.1, January 2006, pp.59–77.

面体现规律性；后者表现为消极的否定认识，从反面表现规律性。经验和教训是具体的，也是发展变化的，因而还是相互转化的，变化、发展和转化的条件是要立足于特定的实践，坚持在实践中正确地发挥经验和教训的作用，以便推动事物和实践的不断进步和提高。为此，必须首先总结经验和明确教训。

英国青少年公民教育的具体经验有以下十个方面：

1. 将公民性培养作为一项首要和根本的战略目标加以实践贯彻

根据《科瑞克报告》，公民教育课程就其主要方面包括：社会和道德责任；公共参与；政治认知。该报告将社会和道德责任视为第一个层面，要求学生从一开始培养自信，遵循社会和道德义务要求，在课堂内外，面对领导和伙伴自信和负责任地行动；将公共参与积极的生活、有效参与集体的活动、关心集体和在参与集体活动、服务于公共利益的过程之中获得学习的机会视为第二个层面；将学习知识视为第三个层次。可见，公民性培养是英国学校公民教育培养儿童青少年的根本目标和核心内容。在进行公民性培养方面，极其重视以本民族和英国国家的核心价值观加强儿童青少年的爱国主义教育，以此为基础，学习多元文化的内涵和意义，并学会尊重和理解。

2. 面向实际和需要完善和改革培养内容和教学内容

英国青少年公民教育面向生活和社会需要培养未来公民。它依据其根本的培养目标确定具体的培养内容，并注意社会各方面的实际情况而不断完善、扩充和改进。

3. 注意课程和教材的建设

英国学校公民教育，尤其强调适应不断变化的形势，依据根本目标不断进行课程和教材建设。从《科瑞克报告》发表以来，国家课程局等部门就先后对全国统一的课程大纲作了不断的完善，又对公民课教材的编订作了一些原则性的规定。其教材体例和模块设计讲求趣味性和效果。虽形式较为固定，但内容却不断更新。

4. 加强国家对青少年公民教育的建议和指导、组织和协调、监督和管理

长期以来，英国在教育管理体制上采取分权管理的模式，即由地方教育当局管理当地的教育事业。20世纪80年代，中央政府开始加强对教育的控制与管理，以便实现适度的集中与统一，规范办学秩序，提高教育质量。

5. 坚持以改革推动发展

改革是发展的动力。长期以来，英国十分注重根据形势的需要，自觉地进行改革。自20世纪末以来，英国历届政府秉承改革的精神，都提出了各自的一系列改革的措施，极大地推动了公民教育的发展，也为未来的公民教育事业提供了有益的改革经验。

6. 重视学术研究，加强科学研究，坚持大政方针从实践中来，从科学研究中来

学术是发展的后劲，同时也引导发展。英国青少年公民教育在20世纪末的振兴，就得益于《科瑞克报告》。它是英国后来推行和改善公民教育的重要依据。21世纪以来的英国学校公民的课程建设、培养目标等都是按照这一学术文献的建议和观点进行的。

7. 坚持改进和完善教学措施和方法，注重实践教学，创造性地发挥好课堂教学的积极功能

英国青少年公民教育，由于不再是要培养"书呆子"和"记忆的工具"，而是要培养有独立个性、有独立见解、善于学习、有效工作，并富于爱国心的有为公民，因此，实践型教学是公民教育的重要特点之一。公民教育的教师很注意课堂教学才能的发挥和创造，不仅将课堂当成传授知识、传递信息的场所，而且也将其当做训练的基地和表演的舞台，还将其用作交流、沟通与合作的平台。

8. 注重横向合作与交流，拓展发展空间，坚持和实践"全人教育"和"大教育"理念和策略所谓"全人教育"，即是培养"全面发展的人"的教育，它要求未来合格公民必须是在具备合格的公民性素养的条件下，同时具

备公民之为公民所需要的各方面的知识、技能。《科瑞克报告》指出，"对公民教育的授权应该包括技能、价值、态度、理解和知识的学习，这是参与社会以及作为公民参与议会民主和更广泛的政治世界作准备所必需的。经验学习、社会和政治问题的讨论以及正式的教学应该是这一过程的组成部分……"21世纪初英国的教育政策规定：教育的目的是要为每个人创造学习和发展的机会、充分开发人的潜能、在教育标准和技能水平方面达到优秀；而最终的目的则是要提高英国在世界上的经济竞争力，并构建一个具有包容性（inclusive）的社会。这是英国青少年公民教育注重培养全面型的未来公民的理念和目标。

同时，还应当坚持公民教育是全社会的事业，事关每一位社会成员的切身利益。对此，《科瑞克报告》将直接参与我们孩子教育的人——政治家和公务员、社会团体代表、宗教团体、学校督学和管理者、教师培训者和教师自身、家长以至学生一律视为公民教育的主体。[1] 为达到培养全人的目标，所有参与公民教育的个人和组织，应该加强合作和交流，既要凝聚成主体的合力（比如教育部门同劳动和退休金部的联系与合作），还要形成主客体的合力（比如学校中师生的合作），也要进行必要的积极的海内外合作。对于后者，英国重视建立良好的伙伴关系，促进教育国际化，目的在于帮助本国学生获得全球劳动市场上需要的基本技能和资格，成为"世界公民"。它们把本国青少年体验外国作为教育的组成部分，因而极其重视建立和保持海外合作关系。比如，英国在欧盟和经合组织（OECD）及其他国际组织中发挥积极的带头作用，开展与伙伴国家的建设性的双边合作。英国政府在2003—2004年度教育国际化的工作和成就包括：2004年2月启动了全球网关（Global Gateway）；2003年10月的联邦教育部长会议上，鼓励以全球网关为基础促进英联邦国家之间的学校联系；2003年11月举办首次英国国际

---

① 参见《科瑞克报告》。

教育周，强调了国际教育联系的重要性，并任命了英国大使馆的教育专员；2004 年 3 月启动了新的扩充国际学校奖励，对具有创造性的国际学校伙伴关系给以认可；2004 年 1 月召开有关教育中使用 ICT 技术的首次国际部长研讨会。2004—2005 年度国际化方面的优先政策包括：在 2005 年下半年为英国成功担任欧盟轮值主席国作准备；帮助英国大学发展为教学和研究的国际轴心；同国际发展署（DFID）合作，特别是在非洲的合作。①

9. 改进和完善考试考核办法，实行理性监管、科学评价

考核是公民的重要环节之一，是为了检验和验证，是"测量"其有效性的有用的工具。英国历史上一直很重视运用考试和考核的手段对教育进行干预和控制。通过必要的考核和监管，以引导和调节教育活动。近年来，英国学校公民教育注意考评和监管方式的创新，比如"保留一份档案"就是对学生公民素质培养的有益的形式和手段。这是实现公民教育目标的重要保证。

10. 重视投入，有效利用并不断开发青少年公民教育的有益资源

英国是一个教育资源相当丰富的教育强国。为了提高英国公民的素养和能力，近年来英国不断加大对教育的投入和资源供给，不仅政府在逐年提高教育投入经费占国民产值的比例，而且也在帮助学校建立一些横向交往和合作的平台，以拓展其资金和资源途径的多元化和多样化。

二、主要教训

教训来源于失败和挫折，实质是缺乏对事物规律性的正确认识，或者对规律的违背。英国青少年公民教育就其在前进过程中，有以下几方面的教训。

1. 对传统因素的忽略

英国教育发展的历史上，"双轨制"曾经是不平等的专制制度的产物，

---

① 潘发勤：《21 世纪初的英国教育政策极其进展》，《世界教育信息》2004 年第 9 期，第 5—9 页。

它反过来不但体现着封建神学和王权的等级思想本质，而且又以其特殊的功能进一步巩固和强化了专制压迫和等级不平等的制度。如前所述，"双轨制"是英国教育的一项重要制度，这是制约教育公平的根本性制度问题。它在新的时代继续维护着阶级和阶层的不平等差别，制约着公民教育平等理念和国家关于"每一个儿童都重要"精神的实践贯彻，同时也在教育的分配供给上造成了学校之间巨大差异。这无疑是制约现实中英国青少年公民教育真正践诺平等精神的一大传统障碍。

2. 对政治性教育过于偏爱

公民教育源于政治教育，这是西方的传统，也是英国社会政治运动的需要。历史上法国大革命时期公民教育之所以引起思想家和政治家的高度重视，在很大程度上乃是出于资产阶级自身政治革命利益的需要。而今的英国青少年公民教育，作为国家维护自身统治秩序的工具，它依然难于避免国家同个人之间在利益上的矛盾和冲突。因此，现行的英国学校公民教育政策，在道德伦理和宗教精神等公民性层面上的具体内容中，无法从根本上排除其政治价值的目标取向。这种取向在实践中，必然造成如上文所讲到的那样，一些学生由于不满于部分教师和学校的灌输式政治教育而对公民课表现出冷淡与消极的态度。

3. 观念和政策与实践不协调

当代英国，无论是首相，还是学术理论界的一批专家学者，都十分重视对儿童青少年实施公民教育。近些年来国家在经费、管理等方面的政策上也给予了相当大的支持，学术界也在积极深入地进行相关方面的理论探讨，并通过组织国内外学术交流与合作满足本国发展公民教育的需要。除此而外，有关领域的社会和部门合作也在积极地进行。可是，到了实际的执行和实施环节，公民教育的一些学校中却总是被公民课的合法性、独立性问题所困扰。致使学校层面上的课程安排、课时计划、实施评价，教学层面上的教师教学，学生层面上的学生学习，显示出公民教育步履艰难的迹象。这种状况，除了相关制度和体制尚不成熟以外，恐怕同人们对公民教育和公民课的理解不够深刻有着重大关联。

4. 形式主义、功利主义、放任主义没有被有效地克服

目前，英国学校公民教育方面有一种形式主义、文牍主义、放任主义的倾向。国家层面上，领导人执政宣言信誓旦旦，建构庞大政策框架；学术层面上，注重形式和程式，轻视素质和质量；学校层面上，虽实行专家管理，但专家成天忙于会议和交流，对内部质量管理工作却重视不够。另外，英国国家利益意识相当严重，急功近利思想有广阔的市场。其所推行的教育产业化和国际化，特别是让大学成为世界教育轴心的追求，导致了重规模、重数量的不良现象。这是英国学校公民教育振兴以来学生素质的改善并没有大的飞跃的重要原因之一。

5. 实施环节中管理、协调、指导并不到位，也没有能够有效地实施考核和评价公民教育是人做人的工作

居于主体地位的人和处于客体地位的人都有各自的需要和思维见解，为了保证教育实施过程中的秩序和效果，必须实行正确的、适度的科学管理和协调。但是，自20世纪末以来，英国对境内的各个学校所实施的管理中却严重存在着传统的弊端，即中央和国家的两个弱势与地方和社会的两个强势，对具体的公民教育学校并没有有效的管理和协调。国家采取或放任或扶持的有差别的态度与方式，结果不但对各个学校公民教育的有效开展不利，而且对公民教育在全国的健康发展也是不利的。

上述几方面的教训同政府和学术界没能解决好传统政治文化中精粹与糟粕的问题存在着一定的联系。

第三节　英国青少年公民教育的评鉴

英国青少年公民教育是在英国社会历史运动中发育生长和形成发展起来

的，它是历史的产物，当然具有历史的局限；但同时又是社会实践探索的结晶，自然就有探索的经验和教训。成功和失误、经验和教训都是问题的两个方面，既要学习和借鉴积极的经验，又要汲取失误的教训。全面和深入地分析其经验与教训及其历史性根源，既是英国青少年公民教育继续前进的条件，也是中国公民教育学习借鉴的有益资源。

一、英国青少年公民教育的历史贡献

英国青少年公民教育的积极意义，主要是它所取得的历史性成就的价值，也包括历史上英国在公民化运动中所提出的公民和公民权的思想的历史性价值。[①]

在英国历史上，曾经在以下三个方面为世界作出了极大贡献。首先，霍布斯的自然法思想对后世产生了深刻的影响。他在政治哲学上的伟大发明，使在他之后的道德哲学有了重要的思想和理论基础；他关于自然法原则、关于公民、关于政体等的思想探索，使他成为近代政治哲学的重要奠基人和自由主义的创始人。其次，英国历史上关于自由民主思想的艰辛探索和重大发现，给世界的自由民主运动及探索提供了重要的指导，使自由主义公民观"一直支配了从过去两个世纪至今的历史"[②]。再次，1640年爆发的英国资产阶级革命和18世纪中后期开始的资本主义工业化运动，将人类历史推进到了一个新的纪元。特别值得一提的是，政治思想家洛克的《政府论》（上下篇）为人类确立了自由主义公民身份的基调。在此基础上，美国人将公民身份转化成了"生命权、自由权和追求幸福的权利"，法国人将其表达为

[①] 英国从近代以来的民主政治运动实质上就是该国从王权社会和宗教神学专制统治走向倡导并推行自由、民主的社会历史运动。在任何一个时期的公民制度都不是十全十美、绝对健全的，因而其任何时期的教育探索和改革都是不断地"去传统化"的公民教育的实践探索。

[②] ［英］布莱恩·特纳编，郭中华、蒋红军译：《公民身份与社会理论》，吉林出版集团有限责任公司2007年12月第1版，"代译序"，第3页。

"自由、财产、安全和反抗压迫"的权利。后来英国社会学家 T.H. 马歇尔于
1949 年，又明确提出了"公民身份"概念。这是古典自由主义孕育已久的
一个胚胎。他于 1949 年在剑桥关于"公民权与社会阶级"的年度演说对人
类关于公民思想的探索进程具有重要的里程碑意义，被誉为"社会分析的瑰
宝"（达伦多夫语），是 20 世纪英国对世界社会政治思想理论的"最杰出贡
献"（克林·贝尔语）①。

　　另外，英国是老牌的资本主义国家，它有资格享受世界政治民主运动开
创者的桂冠美誉。公民教育尽管并没有选择在这个国度首先生发和实施，但
公民性的发育、自由民主的公民运动及公民教育的探索，在这个国度还是有
悠久历史的。可以说，英国历史上 1215 年《大宪章》运动就是一次公民运
动的最初萌芽，1689 年的《权利法案》就是由新兴资产阶级首先发布的资
产阶级公民权利的第一个宣言书，1838 年的《人民宪章》就是由工人阶级
发布的劳动群众公民权利的第一个宣言书。这些对于人类的自由民主运动、
公民教育的诞生和全面实施具有历史性的奠基作用。尽管上述的贡献并非直
接的公民教育的成就，但这些历史中却始终包含着英国公民性的思想和文化
颗粒，也正是得益于这些历史的思想的启发和实践运动的推动，才有了当代
英国公民教育的振兴，从而才有其当代的成就及其积极的历史意义。

　　今天的英国在青少年公民教育的探索和实践创造，也给英国社会自身的
进一步发展准备了基础，同时还为推进世界公民教育进程特别是在促进国际
交流方面作出了贡献。首先，它在理论上探索的成果（如《科瑞克报告》等
和《公民教育》（四卷本）给英国和世界公民教育今后的发展提供了必要的
启发，也给世界公民教育的研究提供了依据；其次，它在战略、政策的制定
和实施特别是在历次的教育改革和调整中所提出和发布的若该重要文件，是
英国公民教育今后继续前进的基础，也是世界公民教育进一步发展的重要借

① 　Bulmer, M. and Rees, A. M. , *Citizenship Today: The Contemporary Relevance of T.H.* Marshall,
London and Bristol, PA: University College London Press, 1996.

鉴；再次，它在理论上的缺陷和不足，与实践中的失误，从反面为其日后的积极推进准备了有益的积极因素，也成为世界公民教育探索和尝试的有益鉴戒。

需要注意的是，我们在评价当代英国青少年公民教育的世界历史性贡献时，切不可将其历史的、现实的两个阶段的成就和贡献截然割裂开来，而必须以辩证的态度和正确的方法对其进行客观和准确的科学评价。我们应该将英国青少年公民教育的成就和经验，视为资本主义至今还在延续和发展之中的文明体系的组成部分，视为人类思想文明进程中特定阶段的世界文明体系的组成部分。它不仅需要英国人的继承和进一步丰富与完善，也要求我们中国人正确地对待之，并结合我们自身的实际情况和需要创造性地进行学习和借鉴。

二、英国青少年公民教育得失的原因分析

英国青少年公民教育，从它在英国社会历史特别是在传统教育的母腹中发育，到今天振兴时期的发展，无论成功还是问题，都有其深刻的历史和社会文化根源。对这些根源性进行分析，不仅是我们借鉴学习的前提，也是其自身继续前进的条件。

（一）社会基本矛盾运动决定其历史必然性

在人类社会的历史运动中，社会基本矛盾是引起社会运动、推动社会发展、引导文明进步的最终决定力量。公民作为自由民主运动的产物，公民性作为自由民主运动的精神动力，公民教育作为自由民主运动的历史性结晶，始终都是社会基本矛盾运动的产物；它们反过来又都以比它们当初从社会基本矛盾那里所获得的动力要强大得多的力量推动和引导社会的进一步发展。

1. 社会基本矛盾运动催生公民教育

社会基本矛盾表现为生产关系和生产力、上层建筑和经济基础之间的矛盾，人类社会的这一基本矛盾是推动社会历史运动和变化发展的根本动力。

人类历史上的一切社会现象、事件归根结底都是社会基本矛盾运动作用的产物。公民教育作为文化教育的一个领域，在任何时候和任何国度都是社会基本矛盾或直接作用或间接影响的结果。公民是公民教育的前提，公民教育是培养公民的实践，无论前者还是后者，都是在社会生产力的实践运动中发育和产生的，都是社会生产力发展到一定历史阶段的产物，同时还是生产关系反作用于生产力、上层建筑反作用于经济基础的结果。在人类社会的实践活动中，公民性的许多因素是在生产劳动的实际过程中发育的，但是这些因素的最终形成却始终是也必然是以生产关系的变革为契机的。公民性一旦形成，反过来又成为推动生产关系变革、使之适应生产力发展的精神动力。在公民性的形成过程中，社会基本矛盾的另一对矛盾，在生产关系同生产力之间的矛盾的制约和作用下，为了迎合生产力发展的需要，上层建筑的各个因素必然随社会生产关系在生产力的强制下发生相应的改变；而上层建筑的这一改变的直接后果，便是公民性的更大的解放。因此，在人类社会基本矛盾的运动中，生产劳动的实践孕育和催生公民性，促进和呼唤公民教育；生产关系乃至上层建筑的变革，又为公民性的成长和公民教育的实施提供了条件和保障。

　　社会基本矛盾运动催生公民性和公民教育，总是在具体的社会经济、政治和文化之中进行的。在特定的社会有机体内，一定的经济、政治和文化又是以"合力"的形式推动社会发展和历史运动的。在这里，社会基本矛盾运动实际而具体地存在于这三个基本方面的活动之中，它对社会事物的影响和作用也是通过这三个方面的实际而具体的活动来实现的。所谓经济，实质上是一种物质生产的实践活动，它一方面以这一实践的活动来引起社会结构中的其他因素的产生和变化，另一方面又以自身的活动的成果为其他因素提供条件和保障（如物质生产活动为教育事业既提供经验和原动力，又提供基本设施和经费的保障等）。所谓政治，即是一种权和利的关系，是经济的集中表现，体现为分配和管理的秩序和状态。政治对社会结构中的经济和文化的作用，主要是通过确立制度、制定政策，为经济文化事业创造条件（如对公民身份与公民权责的确立和认可、保护和监督，对公民性的培养给予政策和舆论引导等）。所谓文化，就内涵而言有广义和狭义之分。"从广义来说，指人类社会历史实践中所创造的物质财富和精神财富的总和。从狭义来说，指社会的意识形态，以及与之相适应的制度和组织机构。文化是一种历史现象，每一社会都有与其相适应的文化，并随着物质生产的发展而发展。"① 社会的文化和政治是两个相互作用又相互渗透和转化的要素，它们同时受到社会生产方式的决定和制约，反过来又作用于一定的社会生产方式。毛泽东曾经指出："一定的文化（当作观念形态的文化）是一定社会的政治和经济的反映，又给予伟大影响和作用于一定社会的政治和经济；而经济是基础，政治则是经济的集中的表现。"② 文化对政治和经济的作用和影响具有必然性，而文化对自身系统内的教育的影响也是显而易见的。现实中，公民性属于文化的范畴，是文化的重要成分，在当代它将越来越鲜明地成为文化的最核心的要素，成为促进文化繁荣、引导社会文明、激励敬业进取、劝善积德的巨大动力，也是今天培养和塑造健全公民人格的核心。公民教育作为要求自身富于公民性，又以培养公民性为目标的一项社会实践，当然离不开积极和有利的社会文化环境与氛围。可见，社会基本矛盾运动总是通过一定社会的经济、政治、文化的活动以及这三者之间的相互作用，去具体地引起、促进、激励和引导公民性的培养和公民教育的发展的。

2. 英国青少年公民教育是英国社会矛盾运动的产物

如前所述，在英国，公民性的孕育和生长、公民的诞生、公民制度的确立，以及青少年公民教育的成长和振兴，和英国的工业革命、民主运动、宪政制度以及崇尚自由的民族精神等都是根本一致的。英国自《大宪章》以来的历史表明，正是英国社会基本矛盾的历史运动，催生了和推动着英国社会

① 《辞海》，上海辞书出版社 1979 年版，第 1533 页。
② 《毛泽东选集》，人民出版社 1991 年版，第 663—664 页。

公民性和青少年公民教育的孕育与成长。

从近代开始，英国渐渐实现了生产方式的根本变革，首先由于生产力的进步，出现了新兴中产阶级对于自由和权力的要求；其次由于统治集团权力结构的嬗变，出现法律对于国王权力的限制，从而在一定程度和范围内改善了各种权利在国家和社会结构体系中的分配格局。由此强化了原本就已萌动的自由、平等、民主、正义的激进思想和政治权利诉求。这就使得臣民到人民的演进、人民到公民的发展成为必然。这一切发生在思想文化和政治领域的巨大变化，都是由于现代工业革命的爆发和资本主义市场经济的发展所带来的必然结果。由于生产力达到了现代化的发达水平，这就为下层社会的劳动群众提供了条件，使得他们逐步具备了争取和享受公民各种权利的能力和机会；由于市场经济和资本主义统治方式根本改变，特别是两大对立阶级关系状况和互动方式的根本改变，被统治、被压迫、被剥削阶级依照法治的要求合理地表达与统治阶级平等的诉求，并突破封建专制条件下被禁锢的藩篱，而采取一切合法的形式向资产阶级要求政治、社会、经济等公民权利。这种由于生产方式的现代化发展而改变了的社会关系的状况，同时也使得统治阶级必须考虑在资本主义生产方式范围内采取一切可能的政治经济文化政策，通过适度扩大社会成员的各项公民权而更加有效地维持和加强自己的统治地位。事实表明，随着生产方式的愈益现代化，特别是现代科技革命的日新月异的发展，以及由于日益加强的世界全球化趋势的强力推动，包括英国在内的世界各国政治民主化和文化思想多元化历史进程都在相互作用中不断加强。英国在 20 世纪的最后一二十年正式走上由国家推动公民教育的轨道，这正是社会生产方式根本作用的外在具体体现。

（二）国家根本政治制度决定其局限性

英国是老牌的资本主义国家和殖民帝国主义国家。从国家层面评价其青少年公民教育，根本制度是最为根本的因素。根本制度表现在政治上，实行阶级专制;表现在经济上,采取阶级剥削;表现在文化上,实行笼络和欺骗政策。英国的根本制度,最根本的特点是不平等、私有制和对根本思想的禁锢。资本主义和其他任何形态的社会一样,其根本的政治、经济和文化之间是互相凭借、相辅相成的。这种关系在阶级社会始终表现为对被统治阶级的专制统治、经济剥削和文化奴役。这是由人类处于较低级阶段的不成熟的社会利益关系所决定了的。"利益本身所体现出来的是人与人之间关系"。① 在这一点上,"人以其需要的无限性和广大性区别于其他一切动物";② 但是,阶级社会的人类需要又都是受其特定的阶级性所制约的,因此,一切阶级斗争的背后都有利益上的冲突:③ 而经济利益是基础,"政治权力不过是用来实现经济利益的手段"④,文化亦不过是前两者的反映,并成为维护它们的工具。可见,出于需要,为了利益,资产阶级都必须在政治、经济和文化中,运用权力实施对社会的控制和引导。马克思、恩格斯在《德意志意识形态》中曾指出:"统治阶级的思想在每一个时代都是占统治地位的思想。这就是说,一个阶级是社会上占统治地位的物质力量,同时也是社会上占统治地位的精神力量。支配着物质生产资料的阶级,同时也支配着精神生产的资料⋯⋯"⑤ 他们还指出:"凡是在有关系存在的地方,这种关系都是因我而存在。"⑥ 由此可见,由于英国资本主义的根本国家制度,真正的平等自由、民主法治、公平正义、人权博爱以及公民制度通过实施公民教育以实现全体社会成员利益的需要的切实行动,也是不可能的。诚如恩格斯所讲的那样,"要使从相对平等的原始观念中得出国家和社会中的平等权利的结论,""能够成为某种自然而然、不言而喻的东西,必然要经过而且确实已经经过了几

① 王伟光:《利益论》,人民出版社 2001 年 12 月第 1 版,第 71 页。
② 《马克思恩格斯全集》第 49 卷,人民出版社 1975 年版,第 130 页。
③ 王伟光:《利益论》,人民出版社 2001 年 12 月第 1 版,第 10 页。
④ 《马克思恩格斯选集》第 4 卷,人民出版社 1995 年 6 月第 2 版,第 250 页。
⑤ 《马克思恩格斯选集》第 1 卷,人民出版社 1995 年版,第 52 页。
⑥ 《马克思恩格斯全集》第 1 卷,人民出版社 1979 年版,第 129 页。

千年"，①迄今为止，的人类仍然还没有达到这一理性和理想的境界，甚至离此目标尚有十分遥远的距离。事实上，人类至今尚处于一种每一个人各自都在"努力维护其自己的个别性"的混战的秩序和进程之中。②显然，英国青少年公民教育在当代实践中非技术性的缺憾，首先是由资本主义的历史时代以及英国的根本国家制度所决定的，也是由人类整个的现代文明史的进程所决定的。它们需要在未来的历史前进中去克服，并转变为新的成功的经验。

因此，对今天英国的国家制度的认识，必须以历史的态度客观地加以审视，以便于正确看待当今人类的公民民主运动的历史进程和公民教育的发展状况，冷静和理性地评价当代英国青少年公民教育的成功的经验和曲折的教训。上述当代英国的青少年公民教育的局限性，其实是人类历史发展过程中的局限性，只不过是由历史交与英国去执行而产生的不足罢了。这些历史的局限性不仅需要英国人在自身的社会历史的前进中加以克服，也需要其他各国人民引以为戒。

（三）历史文化传统孕育其先天劣根性

英国是一个具有悠久文化历史的国家，尽管其资产阶级革命和资本主义工业化开始得早，历史上追求平等、自由、权利的政治运动也颇为频繁，而且声势浩大，但是封建专制思想和宗教压迫的残余并没有因为国家的现代化而荡然无存。事实上，这些传统的思想文化因素，还杂存和寄生于英国近代社会之中，被现代资产阶级所继承。英国历史上，资产阶级同封建王权的多次妥协，在较大程度上为政治和思想文化专制的封建余毒预留了存在的地盘。而本质上仍然是剥削压迫制度的资本主义社会又继续充当了旧思想和旧政治在新形势下以新的形式存在的温床。另外，在英国的民族文化中，对自由利益的伸张在经历上千年的蕴积之后，当它同资本主义世界和时代的利益观相联系和相结合的时候，必然要化合生成利己主义和片面狭隘的个人自由

---

① 《马克思恩格斯选集》第 3 卷，人民出版社 1995 年 6 月第 2 版，第 444 页。
② 黑格尔：《精神现象学》（上卷），商务印书馆 1979 年版，第 251 页。

主义。而这种自由主义所要求的自由同真正的公民的自由是有根本区别的，它不是真正的个人的自由，而是受人们各自的脑海中消弭他人、侵害集体的狭隘自私思想奴役的"被缚的普罗米修斯"。而当代英国所提倡的"大社会运动"和培养"世界公民"，也不过是要造就符合英国国家利益的有用之人。

再就是，历史上英国曾是头号殖民帝国和"世界工厂"，这也和英国民族和社会文化中的自信、勇敢、冒险的精神分不开。如果这种自信的社会心理被"均分"至每一个具体的人，在这种心理不加约束的情况之下势必会造成人际交往的紧张；若这种心理同资本主义物欲横流、利益至上的时代精神相结合，又可能导致过激的个人利己主义倾向。显然，这些都是为公民性所不容的，与公民教育的实质和精神也是相悖的。再推而广之，这种文化心性若延展于国家层面，则当今英国所要建立的世界教育轴心的企图则可能和一种教育殖民、教育霸权的梦想相联系。由此观之，在一个有着根深蒂固的自由文化传统的国度，从事真正的公民教育，是需要克服许多所困难的。

（四）理论不足制约其有效性

英国青少年公民教育出现问题还有一个原因，就是理论指导缺乏完善的科学性。当代英国的青少年公民教育实践是以 1998 年发表的《科瑞克报告》为依据的。由此而来，这份报告的缺陷必定制约了学校公民教育的效能。

第一，《科瑞克报告》忽视社会现实复杂的情况而过于理想化地畅谈公民教育的价值和意义。推行公民教育固然是造就民主社会"积极公民"的一个必要条件，但它不是包医百病的万能良方，它不可能解决人们期望亟待解决的所有个人和社会问题。当它给人们所带去的期待与现实发生严重冲突时，在某种程度上就会降低公民教育在人们心中的地位，到了真正实施公民教育之时必然会遭遇到各种困难。①

---

① Catherin Larkin. *Citizenship Education or Crowd Control?—The Crick Report and the Role of Peace Education and Conflict Resolution in the New Citizenship Curriculum*. http://www.brad.ac.uk/ acad/confres/assets/ccr 9.pdf.

　　第二，内容和要求存在矛盾和冲突，又给人无所适从之感。一方面，提出严格的统一课程模式，似乎有一种科学性和原则性兼具的意图；但另一方面，它又支持实践层面的灵活性，鼓励学校和教师创新各自的教学与管理模式。这样，如何在严格而统一的考核标准与实际的灵活形式之间建立起内在必然的联系，恐怕就让人难得其解了。同时，公民教育引入国家课程体系，赋予其强制性，对其进行正式的考核和评估，必然涉及对内容的限定；然而该报告却又同时强调了内容的广泛性和丰富性。这一倾向，可能会造成有关管理、考核、评估工作陷于左右为难的境地。①

　　第三，目标和内容全面并举，但缺乏主体性。该报告对培养公民性提出了一定的要求，但又同时强调了政治参与。其实，公民性涵括了政治性。问题是若过度重视政治性，至少可能造成两个后果：一是，学生尚未达到身心成熟阶段，他们既没有足够机会参与政治，又可能因为政治与现实的矛盾和反差而逐渐远离政治参与；二是，忽视未成年人心智和德性的培养，将可能塑造人格和心灵并不健全的不合格的"公民产品"。

　　第四，采用一些模棱两可的用词，表明对公民教育相关问题缺乏深刻与准确的理解。比如对师资资格和素质的问题，就用了"或许"之类的措辞。这是作为政府制定政策和全国学校公民教育具体实施依据的理论报告所不应该有的。

　　然而，《科瑞克报告》毕竟是英国工党政府实施的一项重要工程，并成为1997年工党执政后关于公民教育的宣言书，事实上它将英国公民教育引入了一个新的发展时代。英国政府以此为依据，在英国历史上首次将公民教育规定为国家必修课程，纳入国家课程体系，这无疑对英国青少年公民教育的政策和实践产生了重大的影响，在英国公民教育发展史上具有里程碑的意义。

---

① David Scott. *Editorial–Responses to Crick and Citizenship Education*. The Curriculum Journal. Vol.11. No.1. Spring, 2000.

三、英国青少年公民教育经验与教训的价值

英国青少年公民教育在不算长的振兴过程中，发展顺利，状况良好，取得了比较好的效果。虽然成功与困难相随、成绩与问题相伴，但是经验是主要的，不足是第二位的。无论就英国自身而言，还是就我们参考借鉴而言，英国青少年公民教育的经验和教训都具有极其重要的价值。它的成功经验的价值主要有四个方面。

第一，指出了青少年公民教育的一般方向。未来世界各国青少年公民教育的一般方向应该是尊重人的方向。在教育实践中，尊重人，最根本的就是把人当人看，把学生当做人去培养。这就要求必须树立普遍的公民人权和公民人格的正确健康理念。这就需要教育主体始终把学生视为和自己平等的人。恩格斯指出：现代的平等"更应当是……一切人，或至少是一个国家的一切公民，或一个社会的一切成员，都应当有平等的政治地位和社会地位"。[1] 在现代民主社会之中，特别是在实行公民制度的国家中，公民身份是一种做人的资格，是"我们能彼此配给的首善之物"[2]。在英国青少年公民教育不断推进的过程中，"每个儿童都重要"、"让所有人成功"、"实现我们的潜能"既是一种重要的理念和精神，又是一项方针和政策。"总之，我们的目的在于让每一个英国青年人充分发挥他或她特有的才能，并在生活中有一个尽可能最好的起点和机会。"[3] 由此表明，实施公民教育的首要前提，就是每一个参与这项工程的人和组织都要树立人人生而平等的理念，英国青少年公民教育正好就表达了这种理念。

---

① 《马克思恩格斯选集》（第 3 卷），人民出版社 1995 年 6 月第 2 版，第 444 页。

② ［美］托马斯·雅诺斯基（Thomas Janoski）著，柯雄译：《公民与文明社会：自由主义政体、传统政体和社会民主政体下的权利与义务框架》，辽宁教育出版社 2000 年版，第 266 页。

③ 吕达等主编：《当代外国教育改革著名文献》（英国卷第 2 册），人民教育出版社 2004 年版，第 35 页。

　　第二，还提供了一种值得重视的理念，这就是坚持国家精神、树立至善诚信的精神。国家和社会都是现代人的共同体，既是生存发展之基，又是共同的精神家园。国家精神就是爱国的精神，就是爱家爱社会的情怀。这一精神内在包含着至善、和谐、诚信、包容、互助、团结的品德和意志。英国青少年公民教育要求对儿童的教育，自始至终就将培养这种精神和品德作为课程和教材内容的根本指针，并将其贯彻于课堂教学和实践训练之中。《科瑞克报告》以及"个人、社会和健康教育计划"、"确保开端计划"等都对此作了规定和说明。

　　第三，也呈现出了一种值得借鉴的方法。这种方法就是不拘一格地创造课堂教学和参与训练的有效形式。公民教育的根本目的，就是培养全面发展的真正实用、真正好用、真正能用的人，不仅对于国家和社会实用，而且公民自身也能有效地适应他（她）所需要的各方面社会生活，并有利于自我的社会性发展。英国青少年公民教育为此提供了在课堂教学和实践训练中根据学生特点采用多样化的组织方式和方法的范例。这种方式和方法，内在地凝结着公民性的德性和精神，弥漫着公民性的馨香，让师生都能通过行动和体验真切地感受到。这样的方式和方法被英国青少年公民教育所运用、所改善、所创造，表明它们对于公民教育不过是一种中性的技术性策略。

　　第四，英国青少年公民教育还提供了一种精神和智慧，一种态度和品德。公民教育是历史的产物，更是改革和进步的结晶。作为产物和结晶，它表明人类至今的探索意义深远；但这种产物和结晶本身又体现着一种奋斗的勇气和创造的智慧。在英国文化中，勇敢、勤奋、冒险和个人意志，是这个民族和国家的斗志，它使英国在世界上较早地摆脱了封建制度的纠缠，进行了资产阶级革命的尝试，并完成了资本主义工业化运动，又较早地发起了自由、平等的民主化运动；另外，它第一个建立了最为强大的全球殖民体系，因此成为并不光彩的"日不落帝国"。然而，所有这些历史事件，无疑都是英国人勇气、意志和智慧的体现。而青少年公民教育的重要性一旦被英国人所认识，当代的英国就坚定地走上实施公民教育的道路，并以不断改革的毅力和智慧，继续推进其迈向新的历史阶段的发展进程。

它的缺陷和问题的教训有三个方面。

首先，它向我们提供了一种鉴戒。成功和失败以及经验和教训都是互为相对方的、相互砥砺、相互转化和相辅相成的。邓小平曾经以"不是"的否定形式蕴涵积极的肯定，从而为人们指出了与失败和挫折完全相反的方向。英国青少年公民教育坚持以人为本的理念和精神，坚持以教育推动发展、以教育促进和谐、以教育改善生活的主张，其愿望无疑是好的；但遗憾的是，当今的英国统治阶级中无论哪一个政治派别，都无法跨越资本主义这个"卡夫丁峡谷"，更不可能超越资本主义根本的国家制度的掣肘。它给我们的鉴戒就是中国式的公民教育只能沿着中国特色社会主义道路前进。这是根本方向上的鉴戒。另外，英国青少年公民教育，还在技术层面给我们指出了一种鉴戒，就是：（1）理论和政策必须经过严格的科学论证，必须保持内在的协调和一致性，必须保证理论和实际相符合，理想和现实相映照；（2）不能放弃对传统文化的甄别和选择，必须以真正的公民精神和公民态度实施和推进公民教育；（3）理论和课程体系建设，不能过于抽象笼统，不能制造普遍原则和具体操作的根本的抵触；（4）不能泛化政治性教育，在根本目标和重心问题上不能摇摆；（5）管理、考核、评价不能容忍等级歧视，招生、就业不能执行歧视政策和门派路线；如此等等。

其次，它给人们留下了一种探索和尝试的空间。空间是存在和活动的形式，特定的空间具有特定的活动的局限。青少年公民教育是一个广阔的实践领域，特定的实践领域总是具有有限性，即特定事物存在形式的局限性和排他性。在同样的公民教育的实践领域，教学层面上可供利用和开发的新途径、新形式、新方法，由于学生的特点、客观条件的局限、教育主体的特点和局限，其具有新颖性和有效性相统一的类型，不可能无限地多样化。可见，在英国青少年公民教育受到局限、存在不足的地方，可能就是别的国家搞公民教育的发展空间和创新空间。就我国而言，真正的公民教育可能还在起步之中，我们要克服的传统阻力、现实困难一定不少，但我们创新的空间却也十分广阔。

再次，它给人们提供了一种动力。人类有一种特有的精神，就是百折不挠、前仆后继的精神。这种精神是人类生命不息、岁月不绝、奋斗不止的精神动力。对于一个具有这种精神即气质、意志的民族来说，失败和挫折本质上不过是一种反向的激励，它可能比胜利和成功更能提供强大的精神动力，激发、驱策人类顽强探索、不懈求索、坚毅进取。一方面，英国青少年公民教育自身，可能就是在其历史上多次的失败和曲折中找到了坚持进行青少年公民教育的内在动力的；另一方面，在英国青少年公民教育有所失误和所遭遇挫折的地方，人们可能会因此产生一种新探索的动机和热情。毫无疑问，这样一种动力必定能推动人们实现新的发现和新的创造。

结　语

　　英国青少年公民教育有许多经验，对于我国而言，下述方面比较有借鉴价值：（1）重视公民性在现代公民素质中的核心地位，以此改善和提高国民素质；（2）重视先进文化建设，突出公民文化在其中的地位；（3）加强国家和全社会的公民教育意识，引导家庭、社区和企事业单位支持并参与青少年公民教育；（4）支持公民教育学术研究，创造条件促进充分的国内外交流与合作；（5）树立公平、公正理念，促进教育公平公正；（6）组织开展公民教育调查研究，形成合力加强公民教育体系建设，不断进行课程、教材、教学、督导等各环节的改进和完善，积极探索课堂教学和实践训练的新形式、新方法；（7）支持公民教育中的新事物，引导社会健康向上。

　　为此，我们必须树立及时实施公民教育的紧迫感和使命感，加强以现代公民性改善和提升传统民族文化的凝聚力，强化公民意识教育与思想政治教育的共振性、互补性、协调性和整合性，切实地和持之以恒地将全民公民教育进行下去。

　　具体地讲，我们需要在以下几个方面下工夫：（1）以胡锦涛关于公民意识教育的精神为动力和指针，加强国民素质建设，促进社会和谐，推动社会建设，增强文化软实力，提高民族和国家综合实力；（2）更新文化观念、树立现代精神，以改革和探索的勇气将公民性、公民文化植入民族文化之中，并突出其地位，加强现代公民性对传统民族文化的补益作用，尽快在全社会造成一种尊重、崇尚和践履民主法治、自由平等、公平正义理念的积极氛围，激励和引导我国社会主义公民早日确立起崇高的民族精神、坚定的理想信念、民主法治素养、自由平等理念、公平正义品质和权利义务意识；（3）尽快建立以学校为主渠道、以儿童青少年教育为重心、以"新公民学校"为范例、社会各方面相互配合、相互支持、通力合作的全民公民教育体系，同时将党员和领导干部的公仆意识同公民意识正确地联结起来，使公民意识启发公仆意识、公民意识教育促进公仆意识教育以及公仆意识激励公民意识、公仆意识教育引导公民意识教育的良好局面；（4）以《国家中长期教育改革和发展规划纲要（2010—2020）》为指导和依据，尽快组织力量进行全国统一的公民教育体系研究与建设，尽早形成完善的可行的各类公民教育课程体系、教材体系和考核评价与指导管理的科学模式，在青少年公民教育道路上，坚持改革、勇于创新。

目前，我国社会正处于社会转型期，社会经济成分、组织形式、就业方式、利益关系和分配方式多样化趋势在进一步加强。

鉴于英国青少年公民教育极端重视以本国特有的价值观和国家精神去教育、引导、训练和培养未成年公民，以促进本国社会的长期稳定与繁荣发展，这给我国推进以社会主义核心价值观体系为主要内容的青少年公民意识教育提供了借鉴。

为此，现阶段我们需要务实和创造性地去开展大中小学青少年学生的思想政治教育工作。

第一，在社会主义核心价值体系中植入现代公民性因素，以加强社会主义核心价值观体系的时代性、大众性；加强爱国主义教育，从课程计划和教材编订以及教学形式和爱国主义基地建设等多个方面，实施主题鲜明、形式新颖、真切可感的"五爱"教育；加强科学理论和理想信念教育，引导树立坚定的为人民服务的立场和中国特色社会主义与共产主义的理想和信念，培养高尚的道德情操和勇于奉献、勤于工作、爱岗敬业、团结协作的时代精神；加强青少年公民的道德教育，帮助摆脱道德误区和困惑，引导和促进青少年建立积极健康的社会交往关系，使之充分融入现实社会的生活之中，从而为其适应未来社会生活扎下牢固根基。

第二，加强政治教育，拓宽青少年学生的政治认知，提高其政治热情，向现代公民性注入符合当代中国要求的政治内涵，为传统思想政治教育注入民主法治、自由平等、公平正义的现代精神，在各方面的教育工作中"决不能抱着教育不问政治……不联系政治的观点"①，坚决摆脱将公民教育和政治价值观对立起来的思想认识误区，将对于人类的普遍关怀与当代中国的政治文明相结合，使学校思想政治教育和公民教育为造就健全完善的未来合格公民服务。

第三，树立"大教育"、"大学校"、"大课堂"和"全人教育"、"终身教育"理念，树立"每个人都重要"、"每个方面都重要"、"每个阶段都重要"的精神，支持和引导新公民学校等新生事物，广泛交流与合作，帮助青少年学生做好迎接未来和终身学习的充分准备；创造性地探索"大社会运动"的有效形式和途径，多方面地开拓实践教学的新手段和新方法，适当减少知识性讲授的课时，较多地将知识传授融入和贯穿至生活体验与活动训练之中；有原则地增强课程和教材建设的灵活性，适时对小学《品德与生活》（低年级）、《品德与社会》（高年级）和初中《思想品德》、高中《思想政治》以及高校思想政治教育的课程与教材进行改革和完善，突出"行动参与"导向。

第四，按照《国家中长期教育改革和发展规划纲要（2010—2020）》的要求，更新人才培养观念，树立多样化人才观念，尊重个人选择，鼓励个性发展，注重因材施教，根据学生不同特点和个性差异，发展每一个学生的优势潜能；创新人才培养模式；倡导启发式、探究式、讨论式、参与式教学，注重学思结合，帮助学生学会学习；注重知行统一；坚持教育教学与生

---

① 《列宁全集》第39卷，人民出版社1990年版，第399页。

产劳动、社会实践相结合；改革传统过时的人才评价制度；根据培养目标和人才理念，建立科学、多样的评价标准；做好学生成长记录，完善综合素质评价。

第五，改革和完善思想政治教育，向其注入符合时代要求和青少年个人发展诉求的现代性积极因素。在思想政治教育实践中，以"应然"适应和满足儿童青少年的"实然"，从"实然"的实际需求出发，科学地树立思想政治教育的理念和目标；同时，以"应然"引导和激励"实然"，以积极健康的应然性思想内容引导广大未成年人的实然性特殊要求。新时期，我国青少年思想政治教育工作，必须立足于青少年社会成员的身心实际，着眼于未来社会国家和个人融合共生与积极健康发展的根本利益，将传统思想政治教育和现代公民教育有机地结合起来，以中国特色和民族立场对二者实行有效统整；在构建和谐和实践科学发展观的过程中，将儿童青少年个体需要与国家、社会、集体、家庭的要求相结合，将过去时代中国青少年的历史足迹和当代青少年的现实状况和需求与未来社会中国青少年的发展利益相结合，将应然的较高层次的思想政治与道德要求与青少年具体的身心夙愿相结合。以此正确地建构科学的青少年公民教育体系，并切实有效地推进当代青少年公民教育的实施。

2011年4月24日，胡锦涛在清华大学建校100周年庆祝大会上讲话中认为：从总体上看，我国高等教育同国际先进水平相比还有明显差距，我们决不能骄傲自满、故步自封，必须谦虚谨慎、埋头苦干。胡锦涛指出，综合判断国际国内形势，我国发展仍处于可以大有作为的重要战略机遇期，因此，我们必须适应实现经济社会又好又快发展、促进人的全面发展、推动社会和谐进步的要求，借鉴国际先进理念和经验，不断为社会主义现代化建设提供强有力的人才保证和智力支撑。

在新的历史形势下，我们应坚持探索的勇气、求是的精神、宽广的胸怀，善于从不同的文明中汲取经验，在青少年教育研究问题上不断深化认识。

参 考 文 献

1. 《马克思恩格斯选集》(第1、3、4卷)，人民出版社1995年第2版。

2. 《马克思恩格斯全集》(第1、49卷)，人民出版社1979、1975年版。

3. 《列宁全集》第39卷，人民出版社1990年版。

4. 《李大钊全集》第1卷，人民出版社2006年3月第1版。

5. 《毛泽东选集》(第1、2卷)，人民出版社1991年版。

6. 《邓小平文选》第2卷，人民出版社1994年10月第2版。

7. 《江泽民文选》，人民出版社2006年8月第1版。

8. 胡锦涛:《高举中国特色社会主义伟大旗帜，为夺取全面建设小康社会新胜利而奋斗》，人民出版社2007年版;《在构建和谐社会省部级干部研讨班上的讲话》，《人民日报》2005年2月20日。

9. 温家宝:《正义是社会主义制度的首要价值》，2007年3月16日，http//www.sina.com.cn。

10. 联合国教科文组织国际教育发展委员会:《学会生存》，上海译文出版社1979年版。

11. 北京大学哲学系编译:《十八世纪法国哲学》、《古希腊罗马哲学》，商务印书馆1979、1982年版。

12. 陈光辉、詹栋梁主编:《各国公民教育》，台北:水牛出版社1998年版。

13. 陈思贤:《西洋政治思想史》(古典世界篇)，吉林出版集团有限责任公司 2008 年 8 月第 1 版。

14. 褚松燕:《个体与共同体:公民资格的演变及其意义》,中国社会科学出版社 2003 年版。

15.《陈独秀文章选编》(上),三联书店 1984 年版。

16. 陈永明:《比较教育行政学》,华东师范大学出版社 2005 年版。

17. 邓正来:《自由与秩序:哈耶克社会理论的研究》,江西教育出版社 1998 年版。

18. 方汉文:《西方文化概论》,中国人民大学出版社 2006 年 3 月第 1 版。

19. 法学教材编辑部编:《西方法律思想史资料选编》,北京大学出版社 1983 年版。

20. 方志钦、王杰主编:《康有为与近代文化》,河南大学出版社 2006 年 6 月第 1 版。

21. 高建主编:《西方政治思想史》(第 3 卷),天津人民出版社 2005 年。

22. 郭忠华、刘训练编:《公民身份与社会阶级》,江苏人民出版社 2007 年版。

23. 高兆明、李萍等:《现代化进程中的伦理秩序研究》,人民出版社 2007 年 11 月第 1 版。

24. 顾明远主编:《教育大辞典》,上海教育出版社 1998 年版;王璐:《英国教育督导与评价》,高等教育出版社 2010 年 5 月第 1 版。

25. 黄俊杰:《古希腊城邦与民主政治》,台北:学生书局 1981 年版。

26. 侯钧生:《西方社会思想史》,南开大学出版社 2007 年 9 月第 1 版。

27. 康有为:《大同书》,中州古籍出版社 1998 年版。

28. 李石岑:《教育哲学》。商务印书馆 1925 年版。

29. 林火旺:《正义与公民》,吉林出版集团有限责任公司 2008 年 4 月第 1 版。

30. 蓝维、高峰等:《公民教育:理论、历史与实践》,人民出版社 2007

年第 1 版。

31. 刘同舫:《简明哲学原理》,华南理工大学出版社 2004 年 1 月第 1 版。

32. 罗明东、褚远辉等主编:《教育学:当代教育一般性问题概论》,云南大学出版社 2006 年 8 月第 1 版。

33. 梁启超:《新民说》,辽宁人民出版社 1994 年 9 月第 1 版;《论近世国民竞争之大势及中国前途》、《论国家思想》、《论权利思想》,《饮冰室合集》文集之四第 56 页、专集之四。

34. 吕达、周满生主编,刘立德、邹海燕副主编:《当代外国教育改革著名文献》(英国卷·第二册),人民教育出版社 2004 年 8 月第 1 版。

35. 罗立祝:《高校招生考试政策研究》,华中师范大学出版社 2007 年 10 月第 1 版。

36. 苗力田:《古希腊哲学》,中国人民大学出版社 1989 年版。

37. 秦树理:《国外公民教育概览》、《西方公民学》,郑州大学出版社 2005、2008 年版。

38. 宋希仁主编:《西方伦理思想史》,湖南教育出版社 2006 年 4 月第 1 版。

39. 史振鼎主编:《公民教育之问题与对策》(上册),台北:台湾省教育会。

40. 苏振芳主编:《当代国外思想政治教育比较》,社会科学文献出版社 2009 年 1 月第 1 版。

41. 沈明明等:《中国公民意识调查数据报告 2008》,社会科学文献出版社 2009 年 9 月第 1 版。

42. 田培林著,贾馥茗编:《教育与文化》(上册),五南图书出版社有限公司 1976 年 7 月第 1 版。

43. 唐君毅:《中国文化之精神价值》,广西师范大学出版社 2005 年 10 月第 1 版。

44. 唐克军:《比较公民教育》,中国社会科学出版社2008年7月第1版。

45. 王彩波:《西方政治思想史——从柏拉图到约翰·密尔》,中国社会科学出版社2004年9月第1版。

46. 汪凤炎、郑红:《中国文化心理学》,暨南大学出版社2004年11月第1版。

47. 王孝哲:《哲学原理新论》,安徽大学出版社2006年3月第1版。

48. 王雨辰、胡贤鑫、朱书刚主编:《马克思主义哲学原理》,湖北人民出版社2005年8月第1版。

49. 王晓华:《断裂中的传统——人文视野下的大学理想》,首都师范大学出版社2002年版。

50. 王伟光:《利益论》,人民出版社2001年12月第1版。

51. 许耀桐:《西方政治学史》,外语教学与研究出版社2009年9月第1版。

52. 徐大同主编:《西方政治思想史》第5卷,天津人民出版社2006年版。

53. 阎照祥:《英国政治思想史》,人民出版社2010年3月第1版。

54. 俞可平:《社群主义》,中国社会科学出版社2005年5月第2版。

55. 阎宗临:《欧洲文化史论》,广西师范大学出版社2007年10月第1版。

56. 周辅成编:《从文艺复兴到十九世纪资产阶级哲学家政治思想家有关人道主义人性论言论选辑》、《西方伦理学名著选辑》(上卷),商务印书馆1966、1964年版。

57. 张桂琳主编:《西方政治思想史》,中国政法大学出版社1991年5月第1版。

58. 周晓虹:《西方社会学历史与体系》(第1卷),上海人民出版社2002年5月第1版。

59. 张楚廷:《教育哲学》,教育科学出版社2006年8月第1版。

60. 张法琨选编:《古希腊教育论著选》,人民教育出版社2007年3月第

2 版。

61. 张蓉编著:《比较教育学》,南京师范大学出版社 2009 年 4 月第 1 版。

62. 张秀雄主编:《各国公民教育》、《公民教育的理论与实践》,台北:师大书苑 1996、2002 年版;张秀雄、邓毓浩主编:《多元文化与民主公民教育》,台北:韦伯文化国际出版有限公司 2006 年 11 月版。

63. 阿尔蒙德、维巴:《公民文化》,浙江人民出版社 1989 年版;阿尔蒙德、鲍威尔:《比较政治学》,上海译文出版社 1987 年版。

64. 柏拉图:《理想国》(第 4 卷),外语教学与研究出版社 1998 年英文版;《柏拉图全集》(王晓朝译),人民出版社 2002 年版。

65.[英]埃德蒙·柏克著,蒋庆等译:《自由与传统——柏克政治论文选》,商务印书馆 2001 年 1 月第 1 版。

66.[美]戴维·L、德克尔著,沈健译:《老年社会学—— 老年发展进程概论》,天津人民出版社 1986 年版。

67.[美]法斯特著,徐汝椿、陈良廷译:《公民汤姆·潘恩》,平民出版社 1954 年版。

68. 黑格尔:《法哲学原理》、《哲学史讲演录》(第 4 卷)、《精神现象学》(上卷),商务印书馆 1961、1978、1979 年版。

69. 霍布斯:《利维坦》,商务印书馆 1985 年版。

70.[美]威廉·A.哈维兰著,瞿铁鹏、张钰译:《文化人类学》(Cultural Anthropology),上海社会科学院出版社 2006 年 1 月第 1 版。

71. 汉弥尔顿等:《联邦党人文集》,商务印书馆 1980 年版。

72.《杰斐逊选集》,商务印书馆 1999 年版。

73. Albert Jacquard 著,龚慧敏译,刘伟校:《自由的遗产》,广西大学出版社 2005 年 7 月第 1 版。

74. 洛克:《政府论》上、下篇,中国政法大学出版社 2003 年版;傅任敢译:《教育漫话》,教育科学出版社 2001 年版。

75. 罗克著，关文运译:《人类理解论》上册。

76. 莱布尼茨《人类理解新论》上册，商务印书馆 1982 年版。

77. 卢梭著，何兆武译:《社会契约论》，商务印书馆 1997 年版

78. ［英］A．J．M．米尔恩著，王先恒、施青林、孔德元、荣长海译:《人权哲学》，东方出版社 1991 年 12 月第 1 版。

79. ［美］约翰·罗尔斯著，何怀宏等译:《正义论》，中国社会科学出版社 1988 年 3 月第 1 版。

80. 马基雅维利:《君主论》，商务印书馆 1985 年版。

81. 孟德斯鸠:《论法的精神》（上），商务印书馆 1963 年版。

82. ［英］泰勒:《柏拉图生平及其著作》，山东人民出版社 1991 年版。

83. 亚里士多德:《政治学》，商务印书馆 1965 年版。

84. ［英］亚当·斯密著，谢祖钧译，孟晋校:《道德情感论》，陕西人民出版社 2004 年 7 月第 1 版。

85. ［英］休谟著，王淑芹译:《道德原理探究》，中国社会科学出版社 1999 年版；关文云译:《人性论》，商务印书馆 1980 年版。

86. ［美］托马斯·雅诺斯基（Thomas Janoski）著，柯雄译:《公民与文明社会自由主义政体、传统政体和社会民主政体下的权利与义务框架》，辽宁教育出版社 2000 年版。

87. 陈永明:《英国大学教师聘任制的现状与特征》,《集美大学学报》（教育科学版）2006 年第 4 期。

88. 陈杨光:《英国学校课程的传统与变革》,《外国教育研究》1993 年第 2 期。

89. 陈鸿莹:《英国公民教育简述》,《外国教育研究》，2003 年第 9 期。

90. 冯周卓、付泉平:《公民权责教育：英国公民教育的新动向》,《全球教育展望》2002 年第 4 期。

91. 高峰:《公民教育在英国》,《上海教育》2004 年第 12 期（B）。

92. 韩骅:《英国中小学教育世纪末的改革与发展》,《外国教育研究》1997 年第 5 期。

93. 黄葳:《公民教育:责权主体的教育》,《现代教育论丛》1997 年第 2 期。

94. 胡艳蓓:《当代西方公民教育述评》,《国外社会科学》2002 年第 4 期。

95. 蒋一之:《英国公民教育的历史变革与现状分析》,《外国教育研究》2003 年第 11 期。

96. 李大华:《谈公民教育》,《开放时代》2001 年第 9 期。

97. 李锦旭:《从社会学看公民教育:曾光荣有关研究述评》,《教育研究双月刊》1998 年第 3 期。

98. 廖小平:《成年人与未成年人:多学科的界定》,《江西社会科学》2008 年第 6 期。

99. 林亚芳:《英国的公民教育》,《江西教育科研》2001 年第 10 期。

100. 潘发勤:《21 世纪初的英国教育政策极其进展》,《世界教育信息》2004 年第 9 期。

101　钱宁:《从人道主义到公民权利——现代社会福利政治道德观念的历史演变》,《社会学研究》2004 年第 1 期。

102. 钱扑、李明丽:《中英公民教育教材比较研究》,《教育科学》2009 年第 3 期。

103. 石磊:《英国中小学教师的资格、聘用和晋升》,《国中小学教育》1987 年第 4 期。

104. 唐霞:《浅析国际视野下的英国中小学民主公民教育》,《比较教育研究》2007 年第 5 期。

105. 王智:《公民教育与政治教育》,《广东教育学院学报》1999 年第 1 期。

106. 汪霞:《英国基础教育课程目标的界定》,《全球教育展望》2001 年第 1 期。

107. 吴雪萍、张程：《促进社会和谐的英国公民教育》，《教育发展研究》2007 年第 6 期（A）。

108. 徐学莹、黄忠敬：《当代英国中等教育的课程改革与存在的问题》，《外国教育研究》1998 年第 4 期。

109. 郑航：《英国中小学公民教育的发展及其特点》，《外国中小学教育》2004 年第 4 期。

110. 郑秉文：《社会权利：现代福利国家模式的起源与诠释》，《山东大学学报》（哲社版）2005 年第 2 期。

111. 姬振旗：《二十世纪八十年代以来的英国中小学公民教育研究》，系 2007 年河北师范大学的博士论文。

112. 朱歌姝：《托马斯·埃利奥特：简论十六世纪英国的绅士教育——从〈统治者必读〉到〈学校教师〉》，系北京大学 2004 年 5 月硕士毕业论文。

113. 朱红梅：《国外的教育出口热——从国家政策的层面分析》，北京大学 2007 年硕士毕业论文。

114. Alison Elliot, Heidi Poon. (Ed.) *Growing Citizens*, Edingburh: Saint Andrew Press, 2009.

115. Allan Bloom. *The Republic of Plato (2nd ed.)* , Translated, with Notes, An Interpretive Essay, and A New Introduction. Basic Books, 1991.

116. Advisory Group on Citizenship. *Education for Citizenship and the Teaching of Democracy in Schools (the Crick Report)* . London: Qualification and Curriculum Authority, 1998. Foreword.

117. Apple, M.W. & Beane, J.A. (Eds), (1999) *Democratic Schools: Lessons from the Chalk Face* (Buckingham, Open UniversityPress).

118. Bernard Crick: *The English Citizenship Order 1999: Content and Presuppositions*. Andrew Locker, Bernard Crick, John Annetie (ed) :Education for Democratic Citizenship. Ashgate Publishing Limited, 2003.

119. Becker Barnes: *Social Thought from Lore to Science*, Washington, D.C.: Harren Press, C1978, Volume2.

120. *British Department for Education and Skills*. Annual Report, 2004.

121. Bulmer, M. and Rees, A. M. , Citizenship Today: *The Contemporary Relevance of T.H. Marshall, London and Bristol*, PA: University College London Press, 1996.

122. Brain Wilcon & John Gray（1996）. *Inspecting Schools, Holding Schools to Account and Helping Schools to Improve*. Buckingham: Open University Press.

123. Christian Meier, *The Political Art of Greek Tragedy*（Baltimore, M. D. : The Johns Hopkins University Press, 1993, English translation by Andrew Webber）.

124. Christopher Winch & John Gingell（2008）. *Philosophy of Education, the Key Concept*（Second Edition）. London: Routledge.

125. David Scott. *Editorial-Responses to Crick and Citizenship Education*. The Curriculum Journal.Vol.11. No.1. Spring, 2000.

126. Derek Heater.*The History of Citizenship Education in England*, The Curriculum Journal Vol.12，No.1, 2001.

127. DFEE & QCA, *The National Curriculum for England: Statement of Values by the National Forum for Values in Education and the Community*, Crown, London, 1999.

128. *Citizenship Education in England*. The Curriculum Journal. 2001, Vol. 12, No.1.

129. EPPT（2003, in progress）An International Review of Citizenship Education Research, *The Evidence for Policy and Practice and Information and Coordinating Centre*（London: Coordinating Centre（London: EPPT）.

130. F. M. Conford tr. , *The Republic of Plato* (Oxford University Press), Part 1.

131. George F. Kneller ed. *Foundation of Education* (New York: John Wiley and Sons, 1963.

132. Geraint Parry. *Citizenship Education: Reproductive and Remedial*. Tony Breslin, Barry Dufour. *Developing Citizens: A Comprenhensive Introduction to Effective Citizenship Education in the Secodary School*, Hodder Murry, 2006.

133. *House of Commons Education and Skill Committee*. Citizenship Education. Second Report of Session 2006-07.

134. H.C.Dent, *Education in England and Wales*, Hedderand Stoughton, London, 1982.

135. Kymlicka, Will and Wayne Norman (ed.) , *Citizenship in Diverse Society\ies*. Oxford University Press, 2000.

136. Kerry J. Kennedy (ed.) . Citizenship Education in England. *In Citizenship Education and the Modern State*. London, Washington,D.C.The Falmer Press, 1997.

137. Keith Faulks. Education for citizenship in England's secondary schools: *A Critique of Current Principle and Practice.Journal of Education Policy*. Vol.21, No.1,January 2006.

138. Liam Gearon, *How Do We Learn To Become Good Citizens*? British Education Research.

139. Lucian Pye. *Aspects of Political Development*, Boston: Little Brown, 1986.

140. Marshall , T. H. , *Citizenship and Social Class*. In T. H. Marshall & Tom Bottomore (eds.) ,*Citizenship and Social Class*. London : Pluto Press, 1992.

141. Mogens Herman Hansen, *The Athenian Democracy in the Age of Dem-*

osthenes（Oxford, England: Basil Blackwell, 1991）.

142. Maurice Kogan & Margaret Maden（1999）. *An Evaluation of Evaluators: the System of School Inspection, in Cedric Cullingford*（ed.）An Inspector Calls. London: Kogan Page Limited.

143. Oldfield, Adrian（1990）. *Citizenship and Community*: *Civic Republicanism and the Modern World*. London: Routledge.

144. Pratte, Richard（1988）. *The Civic Imperative: Examining the Need for Civic Education*. New York: Teachers College Press.

145. Qualifications and Curriculum Authority（QCA）（1998）. *Education for Citizenship and the Teaching of Democracy in Schools: Final Report of the Advisory Group on Citizenship*.（the Crick Report）（London, QCA）.

146. Richard E. Gross, Thomas L. Dynneson. *Social Science Perspectives on Citizenship Education*, Teachers College, Columbia University, New York and London,1991.

147. Ritzer, G., *Sociological Theory*（Four Edition）, New York: The Mcgraw-Hill Companies, Inc. 1996.

148. S. L. Curtis, *History of Education in Great Britain*, University Tutorial Press, London, 1957.

149. Spencer, H., *The Principle of Sociology*, Volume 1; *The Man Verses the State*; Social Statistic, New York: D. Appleton and Company, 1925; First Principles, New York: D. Appleton and Company, 1910.

150. S. Verba, "*Comparative Political Culture*", Lucian Pye and Sidney Verba（ed.）, *Political Culture and Political Development*, New Jersey: Princeton Press, 1965.

151. *The Republic（Trans.）*. Desmond Lee, Penguin Books, 1955.

152. T. K. Oommen. *Crisis of Citizenship Education in the Indian Republic:*

Contestation Between Cultural Monists and Pluralists. James A. Banks（ed）：*Diversity and Citizenship Edecuation: Global Persprctive*. San Francisco: Jossey-Bass. 2004.

153. *The Association for Education in Citizenship*（ed.）. *Education in Citizenship in Elementary School*. London:Oxford University press, 1939.

154. William Galstor, *Liberal Purposes*. Cambridge University Press, 1991.

155. Willow, C. & Neale, B., *Young Children's Citizenship: Ideas into Practice*. York, Joseph Rowntree Foundation, 2004.

156. Young, Iris Marion, *Campus Wars: Mulitculturalism and the Politics of Difference*, Colorado: Westview Press, 1995.

157. 中央政府门户网站，2011 年 4 月 24 日，www.gov.cn.

158. 新华网：2007 年 2 月 17 日，www.xinhuanet.com.

159. 中新网，2010 年 11 月 11 日，www.chinanews.com.

160. http://www.sina.com.cn，2010 年 01 月 06 日 05:17.

161. http://www.sina.com.cn，2010 年 01 月 06 日 05:17.

162. National Curriculum Online: citizenship. http://curriculum.qca.org.uk/.

163. Citizenship Education: Second Report of Session 2006-07. http://www.dfes.gov.uk/ publications/, 2007-03-08.

164. www.3633.com.cn/news/edu021.php?news_id=1730.

165. http://www.drcnet.com/DRCnet.common.web/DocViewSummary.aspx?.LeafID=3176&DocID=1359520&chnID=1046&gourl=/DRCnet.common.web/docview_a.aspx.

166. RM Data Solutions, www.forvus. co. uk..

167. http://www.drcnet.com/DRCnet.common.web/DocViewSummary.aspx?

168. http://www.blog.edu.cn/user1/22631/archives/2007/1709816.shtml.

169. http://hi.baidu.com/maguannan/blog/item/0a0d38f46ab8e1d8f2d38514.

html. http://www.sce.tsinghua.edu.cn/publication/qhjx_htm/0506/15_01.htm.

170. http://www.sina.com.cn 2003/01/28 10:09.

后 记

2007 年 10 月，中国共产党第十七次全国代表大会正式发出加强公民意识教育的号召，以此为契机，当代中国基于社会主义市场经济实践的学术探索不断出现热烈场面。这使得公民教育在中国迎来了积极发展的大好机遇。有鉴于此，本书以积极参与和竭诚奉献的善良愿望，经过对原博士论文的完善和修正，由人民出版社公开出版。

本书出版，需首先向北京大学的程立显、黄南平、谢龙、魏英敏、孙熙国、李翔海、李毅红，中国人民大学的宋希仁、李萍，首都师范大学的高峰等国内知名教授表达由衷谢忱。同时需要向北京大学的李景鹏、孙熙国，北京师范大学的江学秀，南开大学的寇清杰，郑州大学的王东虓，苏州大学的方世南，台湾元智大学的刘阿荣、洪泉湖、谢登旺，香港中文大学的谢均才，澳门大学的单文经，牛津大学的 Sarah Harper，伯明翰大学的 James Arthur，夏威夷大学的 David P. Ericson 等国内外著名专家致以诚挚谢意。最后还需向中共中央文献研究室、国家老龄委、郑州大学社科处等单位的有关领导鞠躬鸣谢。

在本书的审核和出版过程中，人民出版社的陆丽云和武丛伟等同志付出了可贵心血，夫人李蓉对本书的公开出版亦曾给予真诚理解与大力支持，在此谨向三位女士致谢。

出版本书，不是探索的终结，而是新的远征的开始。身怀激情，肩负重任，满心期待，唯愿百尺竿头更上高楼！

李 丁

2011 年 10 月